本书编委会

主　编　查玉祥　张礼萍

副主编　陶雪琴　熊　凡　崔丽霞　蔡　娟　夏敏玲

编　委　卢　涛　马　药　宋明隆　刘　念

前言

Excel 在现代办公事务处理中已占有非常重要的地位，凡是涉及数据处理的地方都能使用 Excel，Excel 以其强大的表格处理功能、图形分析功能和数据处理功能，在同类型软件中独占鳌头。

Excel 数据处理不仅为企业财务提供详实的参考依据，而且在企业的其他财务领域也发挥着相当重要的作用，众多企业利用 Excel 的数据处理及电子表格的强大功能，逐渐替代了传统的纸质财簿、凭证以及各种印制的纸质报表。由于市面上专业的财务软件需要兼顾各种使用类型和规模的企业使用，且功能烦琐、价格高昂，因此，对于规模不大的企业，自己设置一个专门针对本企业的 Excel 账务系统会更加方便实用。

为了满足企业对财经类人才的需求，能够给企业培养出高素质高技能人才，我们在参考了大量的已出版的同类教材的基础上，删繁就简，通俗易懂，遵循“贴近实际，适用够用”的原则，结合企业的岗位需求对本教材的章节和内容进行了合理编写。

本书具有如下特点。

1. 浅显明了，全面细致

为了方便学生学习，本书采用大量图片对会计账务处理中的每个步骤都有详细介绍，对于较复杂的公式和函数的嵌套公式，还附有详细的分析图和说明文字。

2. 贴近实际需要

本书以会计实务为主要中心点，结合中小企业的实际情况，教会学生学习如何根据本企业状况，创建本企业使用的会计账务系统。

3. 层次分明，易于学习掌握

本书在讲解每一个会计账务流程时，都采用标准统一的叙述方式，先进行文档创建，再进行各工作表的格式设置，最后进行数据关系的整理和设置。学生在学习时，只要跟随本书的介绍，就可以一步步建立起完备的电算化财务系统。

4. 综合案例、课后实训典型实用

本书中所选实例都具有一定的代表性，利于读者理解账务的创建过程，以及配合每一章后面的课后实训，让学生强化巩固所学知识。

本书包括以下内容。

第 1 章　Excel 基础知识，介绍 Excel 2003 的软件界面、工作簿与工作表基础，以及工作表的一些基础操作。

第 2 章　常见财务单据和统计表，介绍一些常见财务表格的制作。

第 3 章　账务处理，介绍使用 Excel 制作会计凭证、建立总账及明细账的方法。

第 4 章　进销存管理及往来账务，介绍使用 Excel 建立准确的进销存数据记录，并掌握有效的信息的方法。

第 5 章　工资管理，介绍使用 Excel 进行公司员工工资的计算、统计、查询和分析的方法。

第 6 章　固定资产管理，介绍使用 Excel 进行固定资产的折旧计算、管理和查询，以及图表分析的方法。

第 7 章　会计报表管理，介绍使用 Excel 编制资产负债表、利润表、现金流量表等会计报表的方法。

第 8 章　会计报表分析，介绍使用 Excel 对会计报表进行财务分析，包括数据分析和图表分析的方法。

本书图文并茂，条理清晰，通俗易懂，内容丰富，在讲解每个知识点时都配有相应的实例，方便读者上机实训。同时对于难于理解和掌握的部分，给出相关提示，让学生能够快速地提高操作技能。

本书是多人智慧的集成，作者是从事多年的相关教学工作具有丰富的实践经验的老师。本书由查玉祥和张礼萍任主编，陶雪琴、熊凡、蔡娟和夏敏玲任副主编，卢涛和马药参编。具体编写分工是：查玉祥编写第 1 章和第 3 章，张礼萍编写第 4 章，熊凡编写第 5 章～第 7 章，卢涛编写第 2 章，陶雪琴、马药共同编写第 8 章。同时，崔丽霞、蔡娟、夏敏玲、宋明隆、刘念也参与了部分内容的编写和资料整理。全书统稿工作由查玉祥、熊凡合作完成。在本书的编写过程中，参考了一些相关著作和文献，由于编者水平有限，书中难免存在不足之处，欢迎广大读者批评指正。我们的邮箱是：jjzdxxgc@163.com。

编　者

2013 年 10 月

21世纪高职高专财经类规划教材
21SHIJI GAOZHIGAOZHUAN CAIJINGLEI GUIHUA JIAOCAI

Excel在会计与财务管理中的应用

Application of Excel in the Accounting and Finance Management

21SHIJI GAOZHIGAOZHUAN CAIJINGLEI GUIHUA JIAOCAI

查玉祥 张礼萍 ◎ 主编

人 民 邮 电 出 版 社
北 京

图书在版编目（CIP）数据

Excel在会计与财务管理中的应用 / 查玉祥，张礼萍主编. -- 北京 ：人民邮电出版社，2014.2（2016.12 重印）
21世纪高职高专财经类规划教材
ISBN 978-7-115-34081-8

Ⅰ. ①E… Ⅱ. ①查… ②张… Ⅲ. ①表处理软件－应用－会计－高等职业教育－教材②表处理软件－应用－财务管理－高等职业教育－教材 Ⅳ. ①F232②F275-39

中国版本图书馆CIP数据核字(2013)第315388号

内 容 提 要

本书从 Excel 的基础知识入手，循序渐进地介绍利用 Excel 解决企业会计核算和进行财务分析等知识。本书主要内容包括 Excel 基础知识、常见财务单据、Excel 在账务处理中的应用、Excel 在进销存及往来账务中的应用、Excel 在工资管理中的应用、Excel 在固定资产管理中的应用、Excel 在会计报表管理中的应用、Excel 在会计报表分析中的应用等内容。本书以工作过程为导向，从教学实际需求出发，合理安排知识结构。为了方便学生学习，本书采用大量图片详细介绍会计账务处理步骤，对于较复杂的公式和函数的嵌套公式，还附有详细的分析图和说明文字。本书中所选实例都具有一定的代表性，利于读者全方位理解账务过程，配合每一章后面的课后实训，让学生可以强化巩固所学知识。

本书适合作为大专、高职院校会计专业、会计（注册会计师方向）专业、财务管理专业、信息管理专业、会计电算化及相关专业的教材，也可作为 Excel 会计应用的培训教材，是广大 Excel 使用者值得拥有的一本参考书。

◆ 主　　编　查玉祥　张礼萍
　责任编辑　王　平
　责任印制　杨林杰

◆ 人民邮电出版社出版发行　　北京市丰台区成寿寺路 11 号
　邮编　100164　　电子邮件　315@ptpress.com.cn
　网址　http://www.ptpress.com.cn
　三河市海波印务有限公司印刷

◆ 开本：787×1092　1/16
　印张：10.25　　　　2014 年 2 月第 1 版
　字数：253 千字　　　2016 年 12 月河北第 4 次印刷

定价：26.00 元

读者服务热线：(010) 81055256　印装质量热线：(010) 81055316
反盗版热线：(010) 81055315
广告经营许可证：京东工商广字第 8052 号

目录

第 1 章　Excel 基础知识 …… 1

1.1　Excel 的基本操作 …… 1
1.2　工作簿和工作表 …… 2
1.3　Excel 中数据的编辑 …… 4
1.4　数据管理与分析 …… 11
1.5　图表 …… 16
1.6　修饰工作表 …… 19
课后实训 …… 22

第 2 章　常见财务单据和统计表 …… 24

2.1　银行借款登记卡 …… 24
2.2　往来客户一览表 …… 26
2.3　收付款单据 …… 28
2.4　部门借款单 …… 30
2.5　差旅费报销单 …… 32
2.6　费用统计表 …… 34
课后实训 …… 37

第 3 章　账务处理 …… 38

3.1　背景资料 …… 38
3.2　会计凭证 …… 42
3.3　总账及试算平衡表 …… 51
3.4　明细分类账 …… 53
课后实训 …… 55

第 4 章　进销存管理及往来账务 …… 59

4.1　背景资料 …… 59
4.2　采购管理 …… 60
4.3　销售管理 …… 64

4.4 库存管理……66
课后实训……69

第 5 章 工资管理……72

5.1 背景资料……72
5.2 基本数据的输入……74
5.3 设置工资项目……75
5.4 工资数据的查询与统计分析……83
5.5 制作打印工资条……87
课后实训……91

第 6 章 固定资产管理……94

6.1 固定资产管理系统参数设置……94
6.2 创建固定资产清单……96
6.3 使用折旧函数计算固定资产折旧……97
6.4 制作固定资产卡片……103
6.5 使用数据透视表分析折旧费用……108
6.6 用图表法进行折旧分析……110
课后实训……113

第 7 章 会计报表管理……114

7.1 资产负债表……114
7.2 损益表……118
7.3 现金流量表……124
课后实训……131

第 8 章 会计报表分析……134

8.1 财务状况及变化分析……134
8.2 资产负债表综合分析……143
8.3 利润表综合分析……146
8.4 现金流量表综合分析……149
课后实训……156

第 1 章

Excel 基础知识

Excel 是微软公司的 Office 系列办公组件之一，是目前世界上最流行的表格编辑软件。作为微软 Office 家族的重要成员之一，Excel 具有强大的数据计算和处理功能，在各行各业都有着广泛的应用。Excel 的基本职能是对数据进行记录、计算与分析。

在企业财务工作中，Excel 可以逐笔记录企业发生的经济业务；可以方便地对凭证数据进行自动计算、自动分类；可以将工作表中的数据用图形直观地表示出来；可以根据设置自动生成一系列会计报表及相应的汇总表格等。

本章将介绍 Excel 的基础概念、相关知识以及与财务业务有关联的功能。这些将是在会计工作中应用 Excel 所必备的基础知识。

【学习目标】

- 熟悉 Excel 的工作界面，掌握 Excel 的菜单类型以及操作。
- 掌握工作簿、工作表的概念及基本操作。
- 熟练掌握 Excel 中数据的编辑和工作表的修饰。
- 了解 Excel 的公式和常用函数并且灵活运用。
- 熟练掌握 Excel 中数据的管理与分析。
- 熟练使用 Excel 中的图表功能。

1.1 Excel 的基本操作

1. Excel 的启动与退出

（1）Excel 启动的 4 种方式。

① 从“开始”菜单启动。单击“开始>程序>Microsoft Office> Microsoft Office Excel 2003”命令。

② 双击桌面上 Excel 快捷方式。

③ 右击桌面空白处，单击“新建> Microsoft Excel 工作表”命令。

④ 双击已有的某 Excel 文件“***.xls”图标。

（2）Excel 退出的 4 种方式。

① 单击窗口右上角的关闭按钮。

② 单击菜单栏“文件>退出”命令。

③ 同时按下 Alt+F4 组合键。

④ 双击 Excel 窗口标题栏左上角图标。

2. Excel 的工作界面

Excel 的工作窗口由标题栏、菜单栏、工具栏、编辑栏、单元格区域、状态栏及滚动条组成，如图 1-1 所示。

- 标题栏：显示当前窗口 Excel 工作簿文件的名称，若是新建一个文件时，系统自动以 Book1、Book2……这样的名称为工作簿命名。
- 菜单栏：包括多个菜单分组，每个菜单分组下又包含多个或多级子菜单。

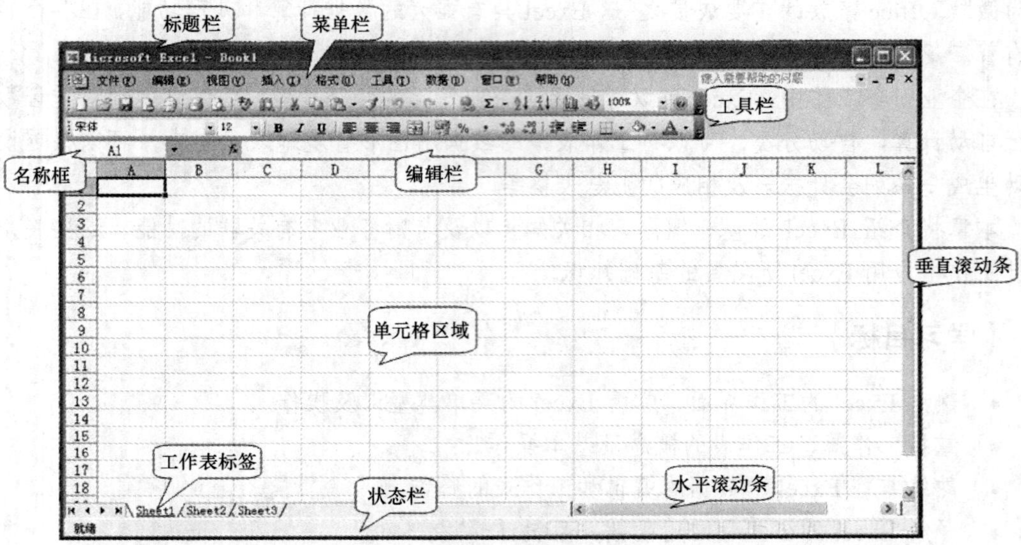

图 1-1　Excel 的工作界面

- 工具栏：用图标代表常用的命令，可鼠标单击快速执行。通常显示常用工具栏和格式工具栏。其余工具栏可以根据需要个性化添加。步骤为“视图>工具栏”命令。
- 编辑栏：显示当前选中单元格正在编辑的内容，也可选中单元格后直接在此进行输入和编辑。左侧的名称框显示当前单元格的地址。名称框右侧的工具按钮区分别为“取消”✕、“输入”✓和“插入函数”fx，常用于单元格中公式和函数的编辑工作。
- 单元格区域：由暗灰线组成的表格区域。组成表格的最小单位称为“单元格”，单个数据的输入和修改都是在单元格中进行的。
- 状态栏：对当前操作状态的提示。
- 滚动条：单击上下左右箭头或单击滚动条上下左右拖动，便于在窗口中查看整个工作表的内容。

1.2　工作簿和工作表

Excel 文件的最大特点是，在一个文件中有多个工作表，就像有着多页纸的活页簿，因此，Excel 文档被称为工作簿。工作簿是计算和存储数据的文件，其文件名后缀为“.xls”。

新建的工作簿会被自动命名为 Book1，直到用户为其重命名。

工作表是工作簿的一部分，也称电子表格。工作表是 Excel 存储和处理数据的最重要部分，其中包含排列成行和列的单元格。新建的工作簿中默认包含 3 张工作表，其工作表名称分别为 Sheet1、Sheet2、Sheet3，称为工作表标签（见图 1-1）。

1. 工作表管理

利用工作表标签可以进行工作表的添加、重命名、删除、隐藏、移动、复制等操作。

① 插入新工作表。右击插入位置右边的工作表标签，选择快捷菜单中的“插入”命令，将出现“插入”对话框，选定“工作表”后单击“确定”按钮，如图 1-2 所示。

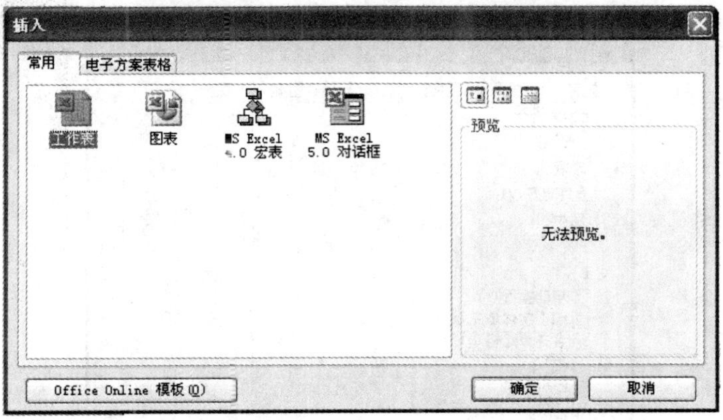

图 1-2　“插入”对话框

② 重命名工作表。右击要重命名的工作表标签，选择快捷菜单中的“重命名”命令，输入新的工作表名称即可。

③ 删除工作表。右击要删除的工作表标签，选择快捷菜单中的“删除”命令。

④ 移动或复制工作表。单击工作表标签选择工作表，拖动鼠标到目标位置即可。如果复制工作表，则拖动鼠标的同时按住 Ctrl 键。或者同样使用右击快捷菜单中的“移动或复制工作表”命令。

⑤ 隐藏工作表。选定需要隐藏的工作表标签，单击菜单中的“格式>工作表>隐藏”命令即可隐藏工作表。若要取消隐藏，单击“格式>工作表>取消隐藏”命令，选中需要取消隐藏的工作表名称。

2. 编辑工作表

① 选定工作区域。单击单元格可选中某个单元格；单击行号、列标可选择一行或一列；单击鼠标左键拖动可选定相邻的区域；按住 Ctrl 键单击单元格或行号、列表可选择不连续的区域；全选按 Ctrl+A 组合键。

② 插入与删除单元格。选定想要插入与删除的单元格位置，单击鼠标右键，选择“插入”或“删除”，可执行插入或删除单元格命令。如图 1-3、图 1-4 所示。

③ 插入与删除行和列。选定想要插入或删除行和列的位置，单击鼠标右键，选择“插入”命令或“删除”命令，可以插入或删除一行或一列。

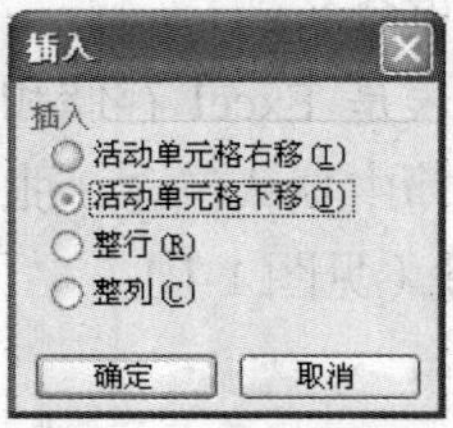

图 1-3　插入单元格

图 1-4　删除单元格

④ 合并单元格。选定想要合并的单元格区域，单击鼠标右键，选择“设置单元格格式”，打开对话框后选择“对齐”选项卡中的“合并单元格”完成合并。如图 1-5 所示。

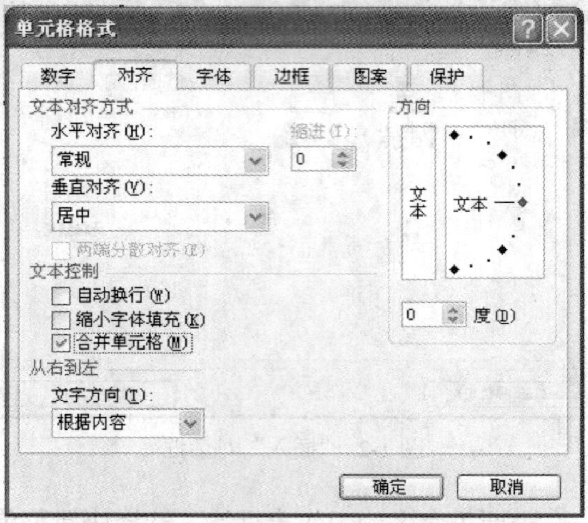

图 1-5　合并单元格

1.3　Excel 中数据的编辑

要创建工作表，就必须在单元格中输入数据。在工作表的单元格中，可以使用两种基本的数据格式，即常数和公式。常数是指文字、数字、日期、时间等数据，而公式则指包含“=”号的函数、宏命令等。

单元格中数据的输入方法有以下 3 种。

- 单击目标单元格，直接输入。
- 双击目标单元格，在闪烁的光标后进行输入。
- 单击目标单元格，在编辑栏中进行输入。

1. 输入文本

文本包括汉字、英文字母、具有文本性质的数字、空格以及其他键盘能输入的符号。默认情况下，文本沿单元格左侧对齐，如果相邻的单元格中没有数据，Excel 允许长文本覆盖在其右边相邻的单元格中，否则只显示开头部分。

在输入文本的过程中，文本会同时出现在活动单元格和编辑栏中。按 Backspace 键可删除光标左边字符，按 Delete 键可删除光标右边字符。

如果需要将某一段数字作为文本来处理（例如身份证号、电话号码等），只要在输入数字时先输入一个半角字符的单引号（’），Excel 就会自动把该数字作为文本处理，将沿单元格左侧对齐，如图 1-6 所示。

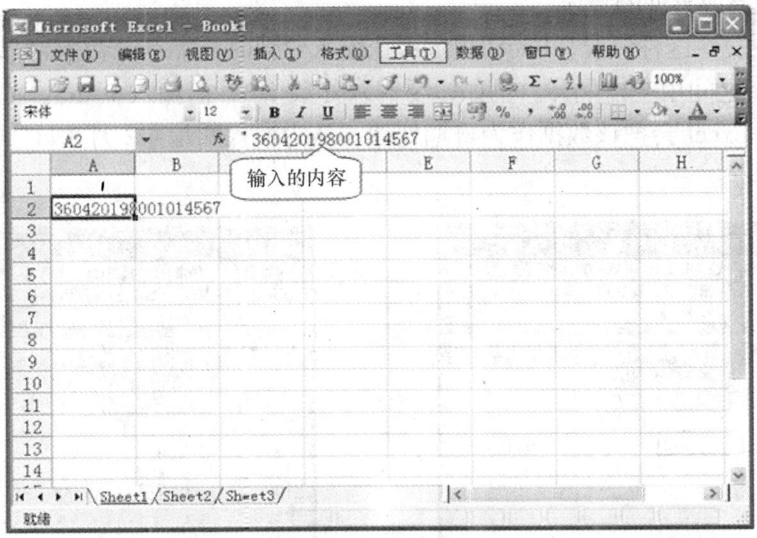

图 1-6　输入文本型数字

如果要在单元格中输入硬回车，可按 Alt+Enter 组合键，如图 1-7 所示。

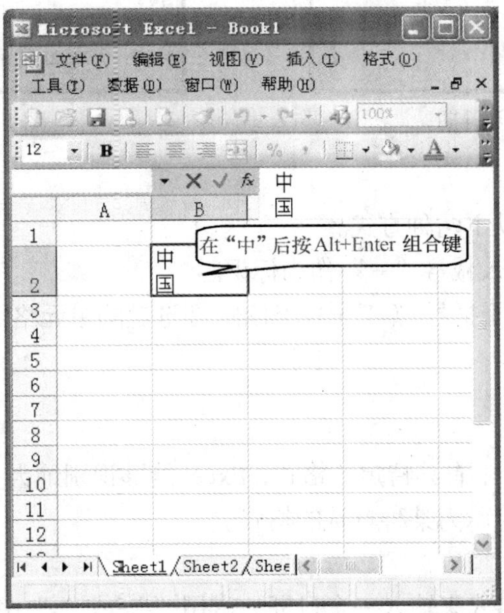

图 1-7　输入硬回车符

2. 输入数字

在单元格中输入数字时，与文本不同的是，默认状态下数字在单元格中右对齐。在

Excel 中，可作为数字使用的字符有："0"、"1"、"2"、"3"、"4"、"5"、"6"、"7"、"8"、"9"、"-"、"("、")"、"."、"e"、"E"、","、"/"、"$"、"¥"、"%"。

（1）输入分数。

在工作表中，分式常以斜杠"/"来分界分子和分母，其格式为"分子/分母"，但日期的输入也是以斜杠来分隔年月日（稍后一节会详细讲解），这就可能造成在输入分数时系统会自动将分数当成日期的错误。

为了避免发生这种情况，Excel 规定：在输入分数时，需在分数前输入 0 表示区别，并且 0 和分子之间用空格隔开。例如，要输入分数 2/3，需输入 0 2/3。如果没有输入 0 和一个空格，Excel 会把该数据作为日期处理，认为输入的是"2 月 3 日"，如图 1-8、图 1-9 所示。

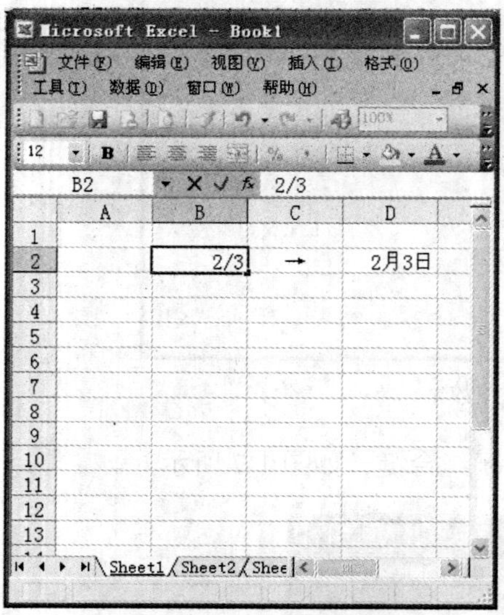

图 1-8 输入日期

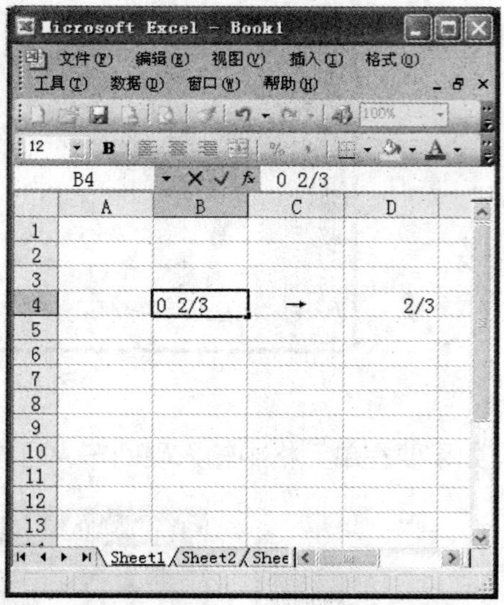

图 1-9 输入分数

（2）输入负数。

在输入负数时，有以下两种方式。

- 直接在负数前输入减号"－"作为标识。
- 将负数的数字至于括号"( )"中。例如，在选定的单元格中输入(1)，再按 Enter 键，即显示为"-1"。

3. 输入日期和时间

日期和时间在 Excel 中有其特定的格式，Excel 能够识别绝大多数用普通表示方法输入的日期和时间格式，并显示为某种默认的格式。

（1）输入日期。

用户可以使用多种格式来输入一个日期，常用"/"或"-"来分隔日期的年、月和日。例如，在单元格中输入 12/05/20 或 12-05-20 并按 Enter 键后，Excel 会自动转换为默认的日期格式 2012-05-20，如图 1-10 所示。

图 1-10 中的日期显示只是多种日期格式中的一种。若要设置日期的其他格式，步骤

为：选定目标单元格>“格式”>“单元格”>“数字”选项卡>“日期”，选择所需格式，如图 1-11 所示。

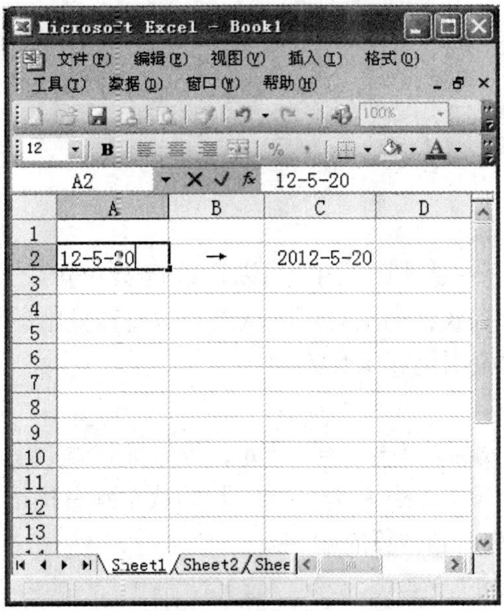

图 1-10　输入日期

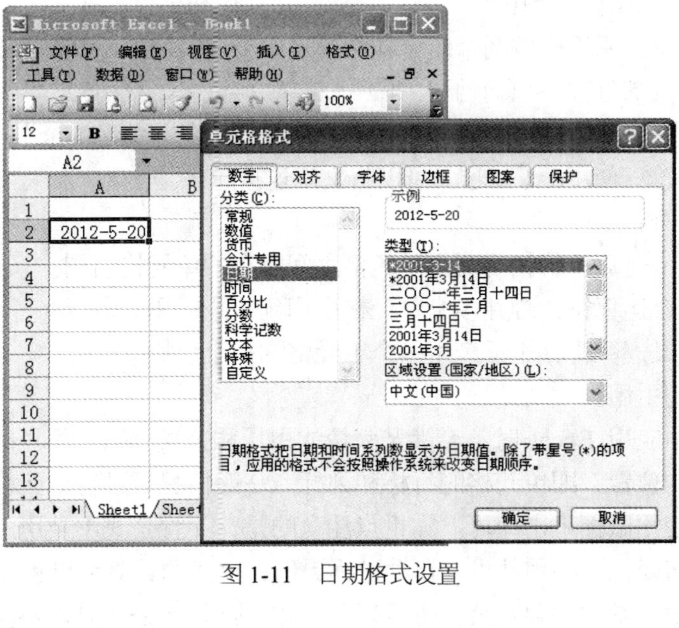

图 1-11　日期格式设置

（2）输入时间。

在单元格中输入时间的方式有两种，其中时、分、秒之间用半角字符“:”隔开。

- 按 12 小时制输入：需要在时间数字后加一空格，然后输入 a（AM）或 p（PM），字母 a 表示上午，p 表示下午。例如，下午 3 时 25 分 20 秒的输入格式为“3:25:20 p”。
- 按 24 小时制输入：直接输入时间即可。例如，下午 3 时 25 分 20 秒的输入格式为

“15:25:20”。

小技巧

要输入当前日期，可使用“Ctrl+;”快捷键；要输入当前时间，可使用“Ctrl+Shift+;”快捷键。注意日期和时间都为当前系统设置时间。

4. 输入公式和函数

Excel 最强大的功能之一是计算。用户可以在单元格中输入公式，用于对工作表中的数据进行计算。公式指一个等式，利用它可以从已有的值计算出一个新值。公式中可以包含数值、算术运算符、单元格引用和函数等。

（1）输入公式。

在 Excel 中，所有公式都以等号“=”开始，等号标志着数学计算的开始，等号后面是参与计算的元素（运算数）。Excel 从等号（=）开始从左到右执行计算（根据运算符优先次序），可以使用括号组合来控制计算的顺序。

Excel 中的运算符分为以下 4 类。

① 算术运算符：包括 +（加号）、-（减号或负号）、*（乘号）、/（除号）、%（百分比）、^（求幂）。完成基本的数学运算，返回值为数值。例如，在单元格中输入“=6+2^2”后按 Enter 键确认，结果为“10”。

② 比较运算符：用于比较两个值，其结果是一个逻辑值，不是 True 就是 False。常见的比较运算符有=（等于）、<（小于）、>（大于）、<=（小于等于）、>=（大于等于）、<>（不等于）。例如，在单元格中输入 =6<7 后按 Enter 键，结果为“True”。

③ 文本运算符：使用&（和号）可以将文本连接起来。

④ 引用运算符：

:（冒号）范围运算符：指向两个单元格之间所有的单元格引用。

,（逗号）联合运算符：合并多个单元格引用到一个引用中。

（空格）交叉运算符：用于产生多个单元格的一个引用。

（2）单元格的引用。

在财务工作中应用 Excel 时，会涉及大量的引用和公式计算。引用的作用就是指明公式使用数据所在的位置，即单元格的行标和列标。一般情况下进行单元格引用时，不需手动输入，只需要使用鼠标单击即可。需重点注意的是，不管公式中被引用的单元格或单元格区域的内容如何变化，引用都可以自动进行更新，公式的计算结果也将自动更新。

在实际工作中，常常需要对公式进行复制操作。当复制公式时，不同的引用将会对公式产生不同的影响，从而对计算结果产生不同的影响。引用的类型有以下 3 种。

① 相对引用：把公式复制到其他单元格中时，行和列的引用都会改变。例如，在单元格 E2 中输入公式“=B2+C2-D2”，当向下自动填充公式时，公式中引用的单元格地址也会发生相应变化，如图 1-12 所示。

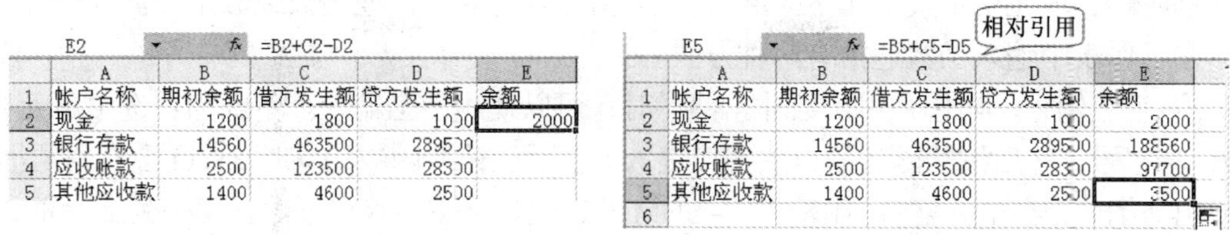

图 1-12　单元格地址的相对引用

② 绝对引用：把公式复制到其他单元格时，行和列的引用都不会改变，需要在行标或列标前加“$”符号。例如，在单元格 E2 中输入公式“=$B$2+$C$2-$D$2”，当向下自动填充公式时，公式中引用的单元格地址不会发生相应变化，还是计算 B2+C2-D2 的结果，如图 1-13 所示。

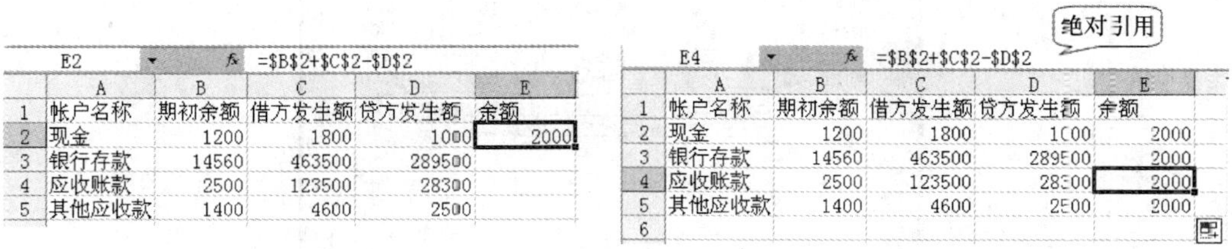

图 1-13　单元格地址的绝对引用

③ 混合引用：指在一个单元格地址引用中，既有相对地址引用，也有绝对地址引用。例如，在单元格 E2 中输入公式“=B$2+C2-D2”，当向下自动填充公式时，由于第一个加数是对行的绝对引用，所以复制公式后，第 1 个参数始终不变，后面的参数随单元格地址发生变化，如图 1-14 所示。

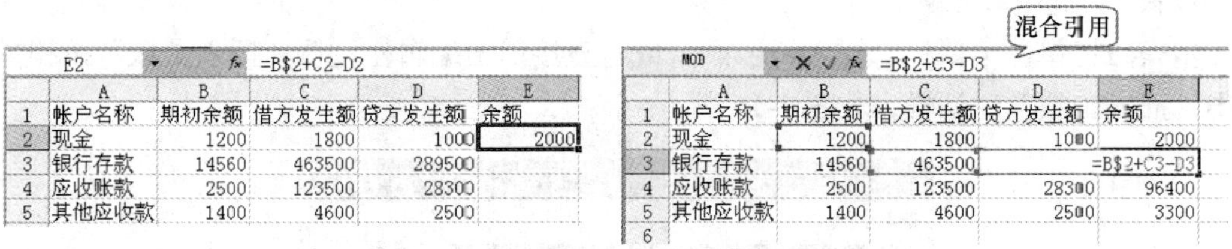

图 1-14　单元格地址的混合引用

小技巧

光标移至单元格地址引用处，按 F4 键可进行引用类型快速切换。

（3）输入函数。

函数是 Excel 中预定义的一些公式，属于公式的一种，用户只能通过改变函数参数的取值来更改函数的计算结果，函数的优点在于，其能够准确地计算较复杂的计算过程，且能够保证其计算的准确度。

函数的一般结构是：函数名（参数 1，参数 2，……）

其中，函数名是函数的名称，每一个函数都有其唯一可被识别的名称。函数中的参数可以是名称、单元格（或单元格区域）、文字值、表达式、其他函数或数组等。

在工作表中输入函数通常有两种方法。

① 手工输入。当用户对函数非常熟悉时，可以使用手工输入。步骤为：选中单元格，输入“=“号，然后按照函数的语法直接键入。在手工输入函数的同时 Excel 会有语法提示框弹出。例如，在单元格 B6 中输入“=SUM()”，此时会在输入点下面出现一列提示框，用来引导用户正确输入函数的参数，如图 1-15 所示。

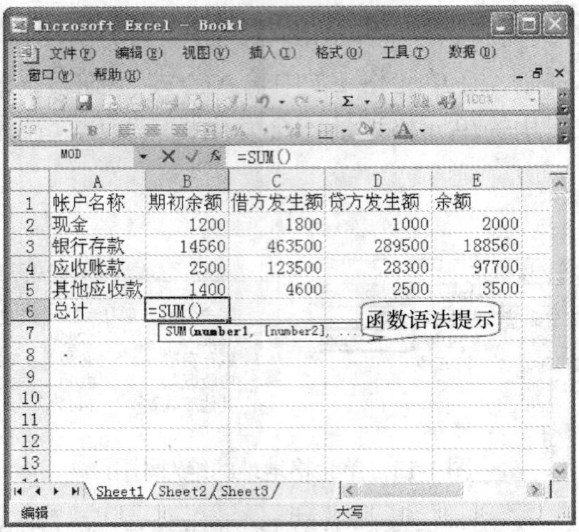

图 1-15 手工输入函数

② 使用“插入函数”对话框。“插入函数”对话框可以辅助用户使用半手工的方式输入函数及其参数。具体步骤如下。

步骤 1：选中单元格。

步骤 2：单击菜单栏“插入>函数”，或者直接单击编辑栏左侧“插入函数”按钮 。弹出“插入函数”对话框，如图 1-16 所示。

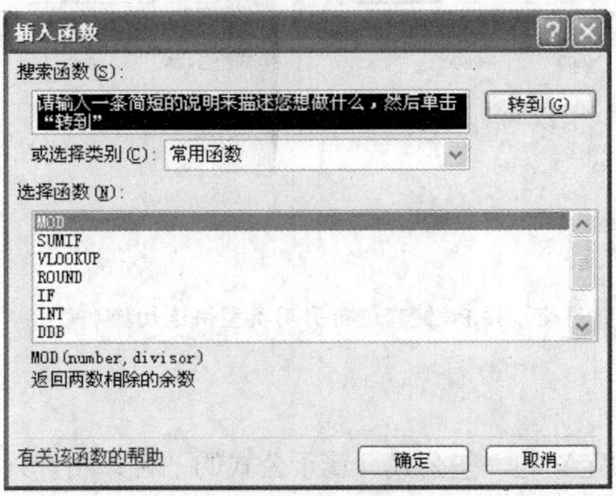

图 1-16 “插入函数”对话框

步骤 3：选中或搜索选中需要的函数后，单击“确定”按钮，弹出“函数参数”对话框，如图 1-17 所示。用户既可以直接在相应的文本框中输入参数，也可以使用折叠按钮选择需要引用的单元格。

步骤 4：设置好参数后，单击“确定”按钮，完成函数的输入，得到运算结果。函数也可拖动填充复制公式。

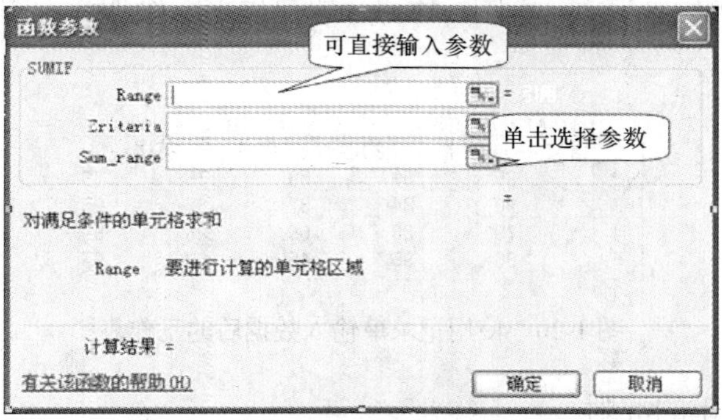

图 1-17　“函数参数”对话框

1.4　数据管理与分析

Excel 在管理数据方面提供了强大的功能。

1. 数据清单

所谓数据清单，就是包含有关数据的一系列工作表数据行。当对工作表中的数据进行排序、分类汇总时，Excel 会将数据清单看成是数据库来处理。数据清单中的行被当成数据库中的记录，数据清单中的列被看作对应数据库的字段，数据清单中的列名称作为数据库中的字段名称。

（1）使用记录单。

记录单可以提供简捷的方法在数据清单中一次输入或显示一个完整的信息行，即记录。在使用记录单向新数据清单添加记录时，这个数据清单在每一列的最上面必须有标志。Excel 使用这些标志来生成记录单上的字段。

例如，使用记录单在数据清单中添加数据的步骤如下。

① 单击需要向其中添加记录的数据清单中的任一单元格，如图 1-18 所示。

② 单击“数据>记录单”命令，将弹出“记录单”对话框，如图 1-19 所示。

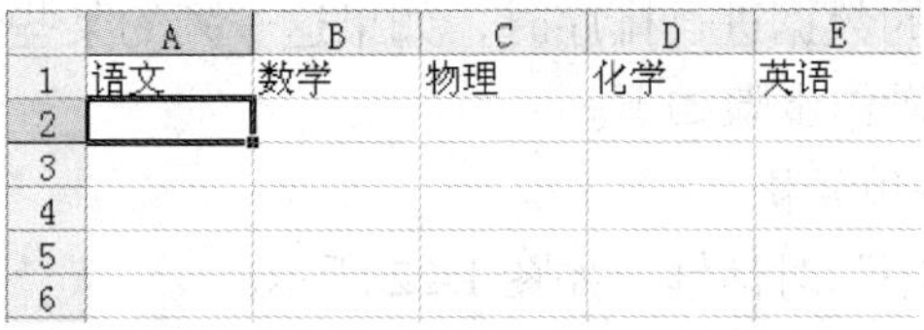

图 1-18　添加记录的数据清单

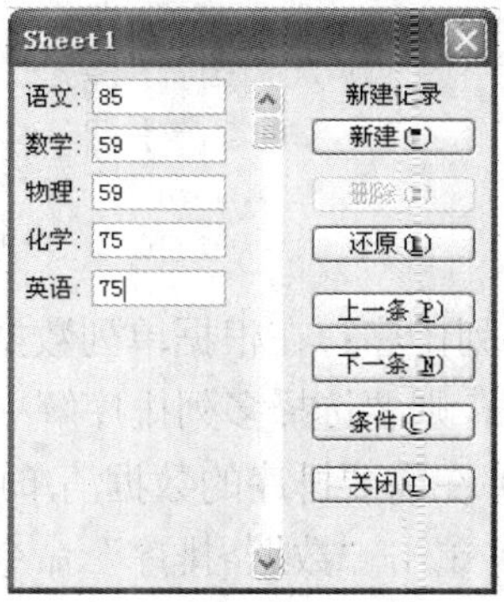

图 1-19　“记录单”对话框

③ 单击“新建”按钮。

④ 输入新记录所包含的信息。如果要移到下一字段请按 Tab 键，如果要移到上一字段请按 Shift+Tab 组合键。完成数据输入后，按 Enter 键继续添加记录。

⑤ 完成记录添加后，单击“关闭”按钮完成新记录的添加并关闭记录单，所添加的数据如图 1-20 所示。

	A	B	C	D	E
1	语文	数学	物理	化学	英语
2	85	59	59	75	75
3	90	84	87	68	25
4	78	88	65	86	59
5	66	85	45	68	95
6					

图 1-20 使用记录单输入数据后的工作表

（2）建立数据清单的准则。

Excel 提供了一系列功能，可以很容易地在数据清单中处理和分析数据。在运用这些功能时，必须按照下述准则在数据清单中输入数据。

① 避免在一个工作表上建立多个数据清单。

② 在工作表的数据清单与其他数据间至少留出一个空白列和一个空白行。

③ 避免在数据清单中放置空白行和列。

④ 避免将关键数据放到数据清单左右两侧。

⑤ 在数据清单的第一行里创建列标志。

⑥ 使用带格式的列标。

⑦ 在单元格的开始处不要插入多余的空格。

（3）数据清单排序。

在工作表或者数据清单中输入数据以后，经常要进行排序，以便更加直观地对比各个记录。

单列排序：根据某一列的内容对行数据排序其操作步骤如下。

① 在待排序数据列中单击任一单元格，或者直接单击列标选中该列。

② 单击“常用”工具栏中的“升序”按钮或者“降序”按钮。

例如，在图 1-21 所示的数据清单中，对“语文”这一列进行升序排序。

	A	B	C	D	E	F
1	姓名	语文	数学	物理	化学	英语
2	丁	66	85	45	68	95
3	丙	78	88	65	86	59
4	甲	85	59	59	75	75
5	乙	90	84	87	68	25

图 1-21 按升序排序排列的结果

多列排序：在根据单列数据对工作表中的数据进行排序时，如果这一列的某些数据完全相同，则要选择多列排序解决排序问题，操作步骤如下。

① 在需要排序的数据清单中，单击任一单元格。

② 单击“数据>排序”命令，弹出“排序”对话框，如图 1-22 所示。

③ 在该对话框中，分别单击选择“主要关键字”和“次要关键字”以及“第三关键字”

下拉列表框的下拉箭头，设定好排序列的排序顺序，然后单击“确定”按钮。

例如，图 1-23 所示为主要按照语文成绩，其次按照数学成绩，第三按照物理成绩排序的特殊成绩单。

图 1-22　“排序”对话框

	A	B	C	D	E	F
1	姓名	语文	数学	物理	化学	英语
2	甲	66	59	59	75	75
3	乙	66	84	87	68	25
4	丁	66	85	45	68	95
5	丙	66	85	65	86	59

图 1-23　特殊成绩单

2. 数据筛选

所谓筛选，就是从数据中找出满足给定条件的数据。

（1）自动筛选。

一次只能对工作表中的一个数据清单使用筛选命令。操作步骤如下。

① 单击需要筛选的数据清单中的任一单元格或任一列。

② 单击“数据>筛选>自动筛选”命令。

③ 单击待筛选的数据列上端的下拉箭头。

④ 单击需要显示的数值，则筛选的结果显示，其他数据暂时隐藏。如果要全部显示，则单击下拉箭头里的“全部”选项。

⑤ 再次单击“数据>筛选>自动筛选”命令来关闭自动筛选。

例如，图 1-24 所示为筛选数学成绩为 85 分的学生。

	A	B	C	D	E	F
1	姓名	语文	数学	物理	化学	英语
4	丁	66	85	45	68	95
5	丙	66	85	65	86	59

图 1-24　使用自动筛选

（2）自定义自动筛选。

筛选的条件为比较运算符而不是简单的等于。操作步骤如下。

① 单击需要筛选的数据清单中的任一单元格或任一列。

② 单击“数据>筛选>自动筛选”命令。

③ 单击待筛选的数据列上端的下拉箭头。

④ 单击“自定义”按钮，弹出“自定义自动筛选方式”对话框。

⑤ 在对话框里选择和输入筛选条件完成筛选。自定义筛选可以定义两个条件。

例如，图 1-25 所示为筛选物理成绩高于 60 分的学生。得到如图 1-26 所示的筛选结果。

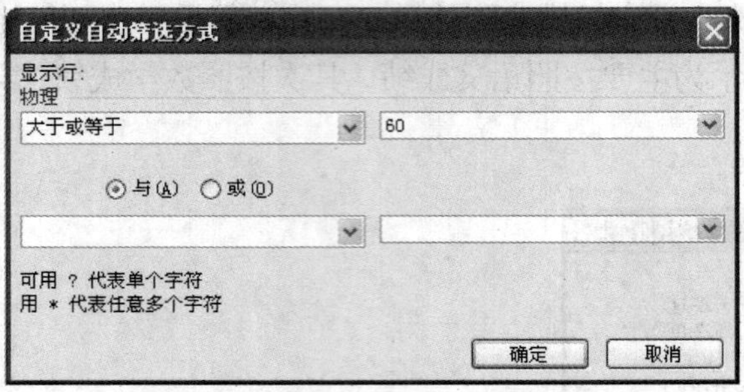

图 1-25 “自定义自动筛选”对话框

	A	B	C	D	E	F
1	姓名	语文	数学	物理	化学	英语
3	乙	66	84	87	68	25
5	丙	66	85	65	86	59

图 1-26 使用自定义筛选

（3）高级筛选。

可以对工作表和数据清单进行更复杂的筛选操作。如果要进行高级筛选，必须在工作表的数据清单上方，至少留出 3 个能被用作条件区域的空行，并将含有带筛选值的数据列的列标志复制到该条件区域的第一个空行中。因此，进行高级筛选的数据清单必须有列标志，而且要设置条件区域。

例如，在数据清单中进行高级筛选，将已筛选值放置在数据清单上方，如图 1-27 所示。

	A	B	C	D	E	F
1	姓名	语文	数学	物理	化学	英语
2		>=80	>=70	>=60	>=68	>=70
3						
4	姓名	语文	数学	物理	化学	英语
5	甲	66	88	65	86	59
6	乙	87	85	45	68	95
7	丙	89	84	87	68	25
8	丁	55	59	59	75	75
9	戊	66	88	65	86	59
10	己	87	85	45	68	95
11	庚	89	84	87	68	75
12	辛	55	59	59	75	75

图 1-27 高级筛选的条件区域

① 单击需要筛选的数据清单中的任一单元格。

② 单击“数据>筛选>高级筛选”命令，弹出“高级筛选”对话框，如图 1-28 所示。

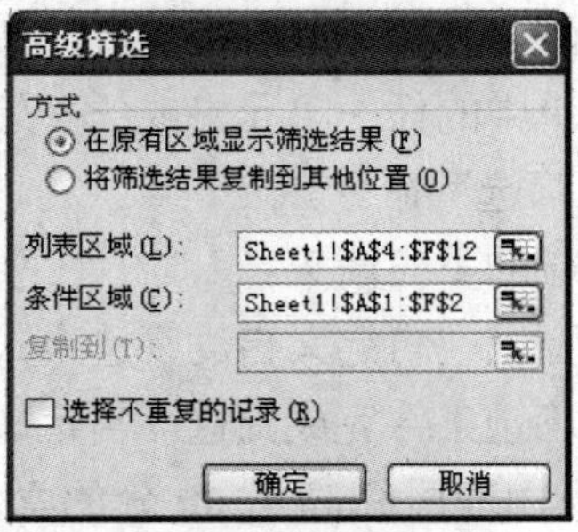

图 1-28 “高级筛选”对话框

③ 在该对话框中的“列表区域”和“条件区域”文本框中，单击折叠按钮，在工作表中选定相应区域。单击“确定”完成筛选，结果如图 1-29 所示。

	A	B	C	D	E	F
1	姓名	语文	数学	物理	化学	英语
2		>=80	>=70	>=60	>=68	>=70
3						
4	姓名	语文	数学	物理	化学	英语
11	庚	89	84	87	68	75

图 1-29　高级筛选结果

④ 若要取消筛选，单击“数据>筛选>全部显示”命令。

3. 数据的分类汇总

分类汇总是在数据清单中快捷轻松地汇总数据的方法，用 Excel 的分类汇总命令，不必手工创建公式，Excel 可以自动地创建公式、插入分类汇总与总和的行并且自动分级显示数据。数据结果可以轻松地用来进行格式化、创建图表或者打印。

为让分类汇总正确工作，需要在标志列中组织数据。Excel 使用列标志去决定如何创建数据组以及如何计算总和。还需要在待分类汇总的组里排序数据。如果想在数据清单中只选定特定行，可以先筛选出所需要的数据。

分类汇总的操作步骤如下。

① 单击需要分类汇总的数据清单中的任一单元格。

② 单击“数据>分类汇总”命令，弹出“分类汇总”对话框，如图 1-30 所示。

图 1-30 “分类汇总”对话框

③ 单击“分类字段”下拉列表，选择需要分类汇总的数据列。

④ 单击“汇总方式”下拉列表，选择所需用于计算分类汇总的函数。

⑤ 在“选定汇总项”列表框中，选定与需要对其汇总计算的数值列对应的复选框，可多选。单击“确定”按钮完成分类汇总。

⑥ 若要删除分类汇总，则单击“分类汇总”对话框中的“全部删除”按钮。

4. 数据透视表

数据透视表是一种对大量数据快速汇总和建立交叉列表的交互式表格。可以转换行和列以查看源数据的不同汇总结果，可以显示不同页面以筛选数据，还可以根据需要显示区域中的明细数据。

数据透视表由 7 个部分组成：页字段、页字段项、数据字段、数据项、行字段、列字段和数据区域。

建立数据透视表的操作步骤如下。

① 单击需要建立数据透视表的数据清单中的任一单元格。

② 单击“数据>数据透视表和数据透视图”命令，将弹出如图 1-31 所示的对话框。

选中数据源来自 Microsoft Office Excel，创建报表类型为“数据透视表”，选择“下一步”按钮。

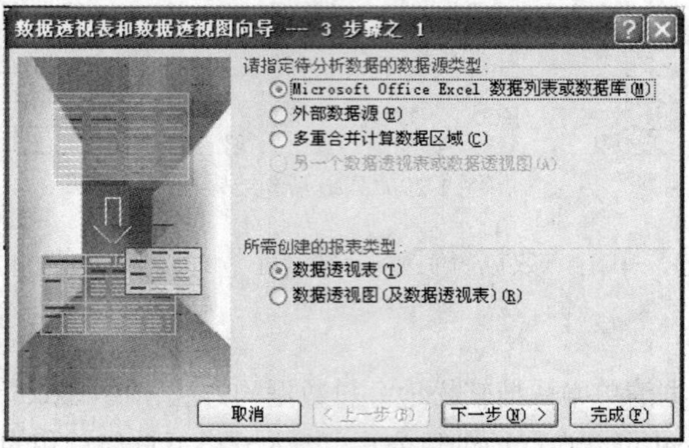

图 1-31 “步骤 1”对话框

③ 在步骤 2“选定区域”文本框中输入或者通过折叠按钮来选取数据源区域，单击“下一步”按钮。

④ 在步骤 3 里单击“布局”按钮，按照提示将“字段”拖动到左边的草图上，如图 1-32 所示，接下来按步骤构建出数据透视表。

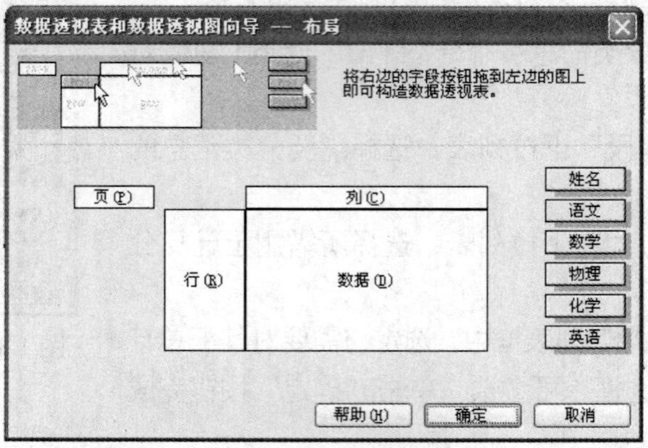

图 1-32 “布局”对话框

⑤ 若要删除“数据透视表”，单击“数据透视表”工具栏中的“数据透视表>选定>整张表格”，单击“常用”工具栏中的“编辑>清除>全部”，完成删除数据透视表。

⑥ 数据透视图的生成：选中数据透视表单击鼠标右键，在弹出的快捷菜单中选择“数据透视图”命令。

1.5 图 表

使用 Excel 的图表功能可以将工作表中枯燥的数据转化为简洁的图表形式。当编辑工作表中的数据时，图表也会相应地随数据的改变而改变。

1. 图表类型

Excel 一共提供了 14 种图表类型，每种图表类型还包含几种不同的子类型，子类型是在图表基础上变化而来的。表 1-1 所示为各种图表类型的用途。

表 1-1 各种图表类型用途

图表类型	用　途
柱形图	用于显示一段时期内数据的变化或者各项之间的比较关系
条形图	用于描述各项之间的差异变化或者显示各个项与整体之间的关系
折线图	用于显示数据的变化趋势
饼图	用于显示数据系列中各项占总体的比例关系，注意饼图一般只显示一个数据系列
XY（散点）	多用于科学数据，用于比较不同数据系列中的数值，以反应数值之间的关联性
面积图	用于显示局部和整体之间的关系，更强调幅值随时间的变化趋势
圆环图	用于显示部分和整体之间的比例关系，这一点和饼图类似，但可表示多个数据系列
雷达图	用于多个数据系列之间的总和值的比较，各个分类沿各自的数值坐标轴相对于中点呈辐射状分布，同一序列的数值之间用折线相连
曲面图	用于确定 2 组数据之间的最佳逼近
气泡图	一种特殊类型的 XY 散点图
股价图	用于分析股票价格的走势
圆锥、圆柱和棱锥图	它们都是三维效果图，用途与二维效果图类似

2. 创建图表

下面通过一个实例说明图表的创建步骤。

① 选中要用图表表示的数据清单范围，如图 1-33 所示。

	A	B	C	D
1	产品销售表			
2		产品一	产品二	产品三
3	一季度	8900	5780	2320
4	二季度	15612	4870	5210
5	三季度	11055	8250	4860
6	四季度	9099	3550	6500

图 1-33　图表基础数据

② 单击“常用”工具栏中的“图表向导”按钮，或单击“插入>图表”命令，进入步骤 1，如图 1-34 所示。选择要创建的图表类型的种类，单击“下一步”按钮。

③ 进入步骤 2，如图 1-35 所示．选择图表源数据，若创建图表向导前未选中数据区域，则此时单击“数据区域”的折叠按钮来选择源数据，单击“下一步”按钮。

④ 进入步骤 3，设置图表选项，如图 1-36 所示。设置好后单击“下一步”按钮。

⑤ 进入步骤 4，设置图表位置，如图 1-37 所示。设置好后单击“完成”按钮。

图 1-34　图表向导之步骤 1

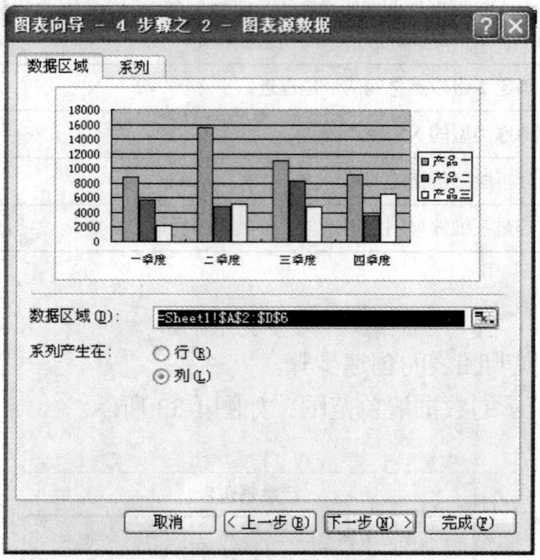

图 1-35　图表向导之步骤 2

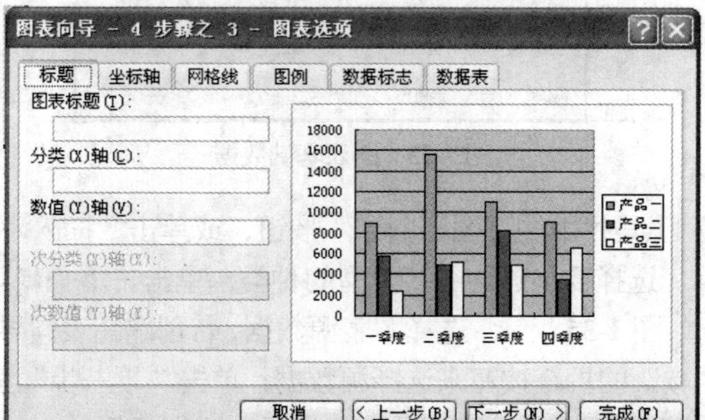

图 1-36　图表向导之步骤 3

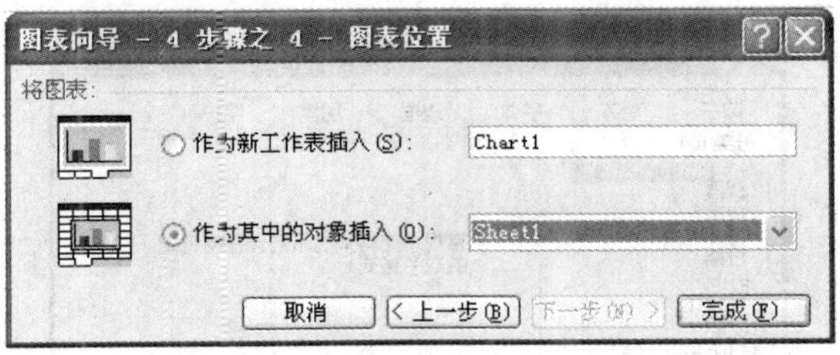

图 1-37　图表向导之步骤 4

⑥ 图表结果如图 1-38 所示。

⑦ 图表的编辑与修改：修改哪项则双击哪项，或单击鼠标右键选择修改位置，进行编辑或修改。

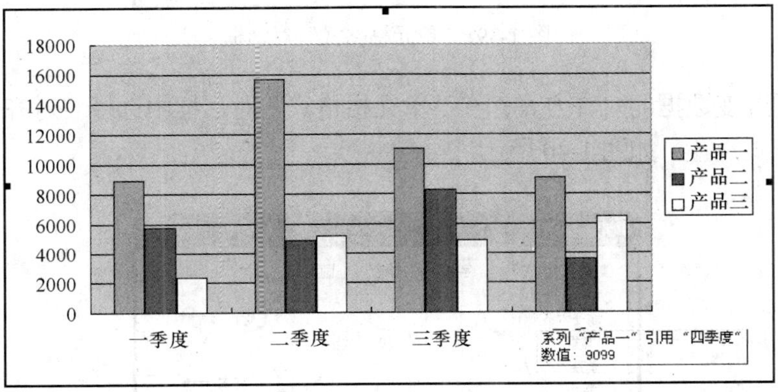

图 1-38　绘制的图表

1.6　修饰工作表

一个专业的电子表格不仅需要有充实的数据内容和公式分析、统计功能，而且还应配有美观、廉洁、实用的外观。

1. 设置单元格格式

Excel 中的单元格或单元格区域可以设置各种格式，包括设置单元格中数字的类型、文本的对齐方式、字体、单元格的边框以及单元格保护等。

设置单元格格式步骤如下。

① 选定要进行格式设置的单元格或单元格区域。

② 单击“格式>单元格”命令，或者右击选定单元格，在弹出的快捷菜单中选择“设置单元格格式”命令，弹出“单元格格式”对话框，如图 1-39 所示。

（1）设置数据对齐方式。

单元格中的数据为了排版整齐，一般是要对齐的。在默认状态下，单元格中的文字是左对齐，数字是右对齐。

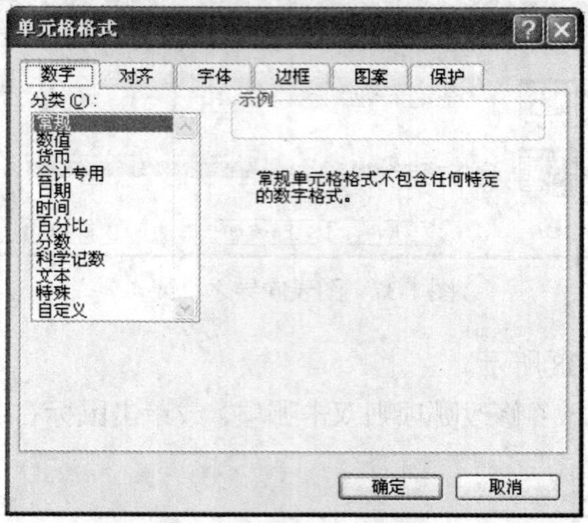

图 1-39 “单元格格式”对话框

如果想要改变数据的对齐方式，在“单元格格式”对话框中选择“对齐”选项卡，进行文本对齐方式设置。如图 1-40 所示。

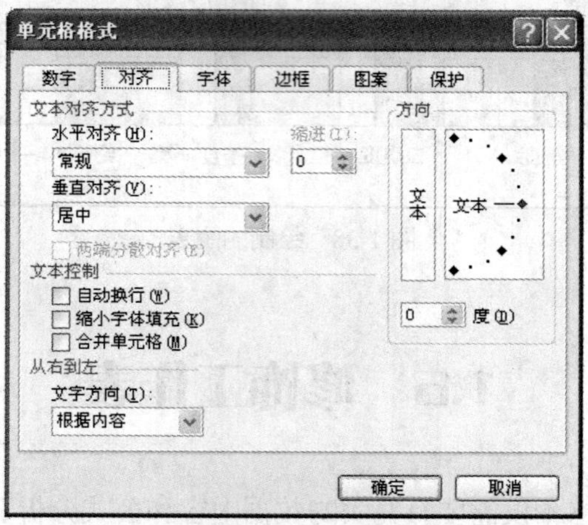

图 1-40 “对齐”选项卡

① 设置水平对齐方式：包括常规、左（缩进）、居中、靠右、填充、两端对齐、跨列居中和分散对齐等选项。“缩进”为单元格内容从左向右以字符为单位缩进。

② 设置垂直对齐方式：包括常规靠上、靠下、居中、两端对齐和分散对齐。默认是文本靠下垂直对齐。

③ 设置文本控制选项。

- 自动换行：单元格文本自动换行。
- 缩小字体填充：根据列宽自动缩小单元格中字符的大小。
- 合并单元格：所选的单元格将合并成一个单元格。若单元格中都有数据，则弹出消息框提示只保留左上方单元格内容。

④ 设置文本旋转方向：改变单元格中文本旋转的角度。

（2）设置单元格字体。

要设置单元格字体，在“单元格格式”对话框中选择“字体”选项卡，如图 1-41 所示。在该选项卡中对字体、字形、字号、下划线和颜色及特殊效果进行设定。

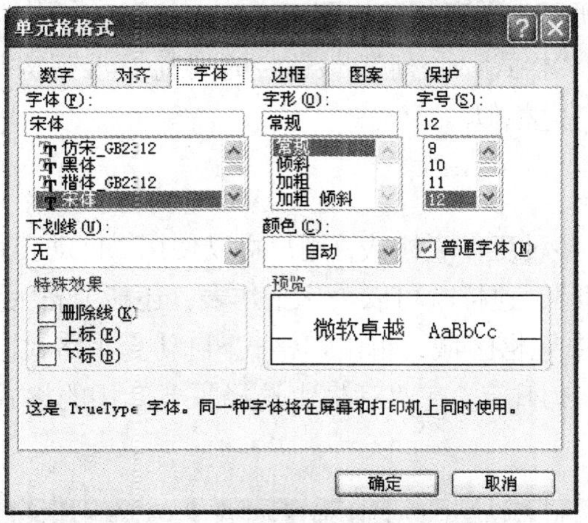

图 1-41　“字体”选项卡

（3）设置单元格边框。

在工作表中给单元格添加边框可以突出显示工作表数据，使工作表更加清晰明了。要设置单元格边框，在“单元格格式”对话框中选择“边框”选项卡进行设定，如图 1-42 所示。

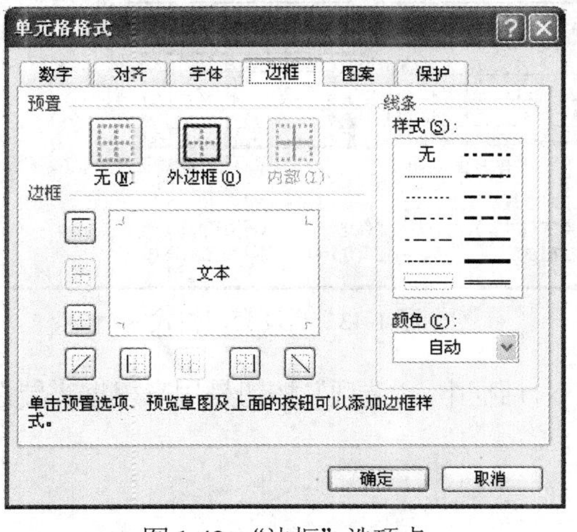

图 1-42　“边框”选项卡

（4）设置单元格图案。

如果想改善工作表的视觉效果，可以为单元格添加图案。在“单元格格式”对话框中选择“图案”选项卡，其中可以设置单元格底色、底纹类型和颜色。

（5）设置单元格保护。

为单元格设置保护，防止非法的修改。在“单元格格式”对话框中打开“保护”选项卡进行设置。

2. 格式化行和列

为了使工作表更加美观，需要适当地调整工作表的列宽和行高。

① 使用鼠标：将鼠标移到行号区数字上下边框或列号区字母的左右边框上，按住鼠标拖动调整行高或列宽至所需位置释放鼠标即可。

② 使用菜单：单击“格式>列>列宽/最适合的列宽/标准列宽”命令，调整列宽到合适宽度。调整行高的方法与之相似。

3. 自动套用格式

Excel 为用户提供了多种工作表格式，用户可以使用“自动套用格式功能”给工作表穿上一件自带的“修饰外套”，这样既可以美化工作表，还能节省大量的时间。

选择要套用格式的单元格区域，单击“格式>自动套用格式”命令，弹出“自动套用格式”对话框，如图 1-43 所示。在对话框中选择需要套用的格式，单击“确定”按钮完成套用。

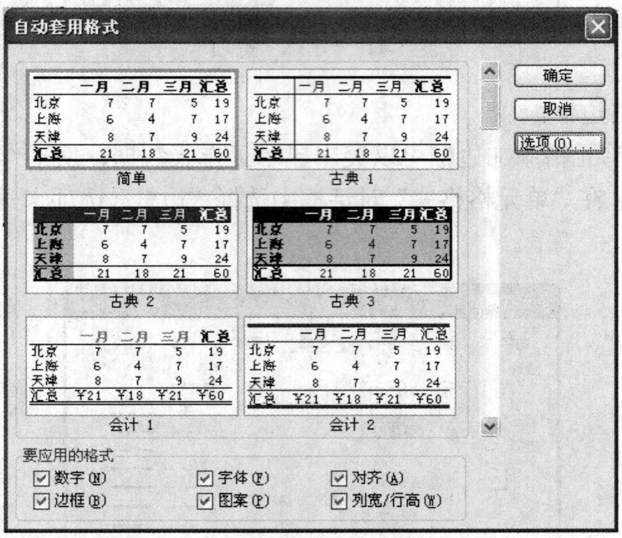

图 1-43 自动套用格式

在“自动套用格式”对话框中，“选项”按钮是用来根据需要选择只套用某种格式类型的部分格式效果。

课后实训

1. 利用函数求 10 个 0 ~ 100 的整数的和、平均数、最大值。

操作提示

（1）输入 10 个整数；

（2）用 SUM 函数求和；

（3）用 AVERAGE 函数求平均数；

（4）用 MAX 函数求最大值。

2. 自行设计的一个班的期末考试成绩统计表，如图 1-44 所示。

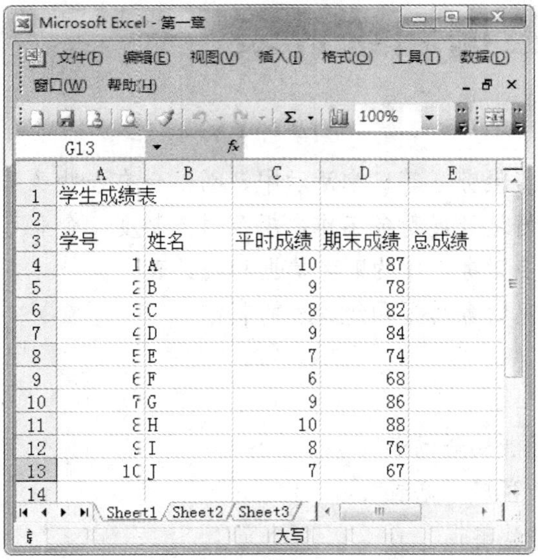

学号	姓名	平时成绩	期末成绩	总成绩
1	A	10	87	
2	B	9	78	
3	C	8	82	
4	D	9	84	
5	E	7	74	
6	F	6	68	
7	G	9	86	
8	H	10	88	
9	I	8	76	
10	J	7	67	

图 1-44　某班期末成绩

实训要求：

（1）美化工作表；

（2）以公式计算总成绩；

（3）以总成绩作为关键字进行降序排序；

（4）显示总成绩大于等于 80 且小于 90 的记录，然后恢复原状；

（5）利用公式计算各成绩的平均分；

（6）利用筛选筛选出平时成绩高于 8 分，期末成绩高于 80 分的所有记录。

第2章

常见财务单据和统计表

企业在销售商品、提供劳务等日常活动中，必然会有一些费用产生，这就需要制作相应的财务单据。为了更好地开展财务工作，规范财务制度，企业可以根据自身生产经营的特性，设计出适合本企业财务工作的财务单据和统计表。

本章将介绍一些常见财务单据和统计表的制作。

【学习目标】

- 学会制作“银行借款登记卡”。
- 学会制作“往来客户一览表”。
- 学会制作“收付款单据”。
- 学会制作“部门借款单”。
- 学会制作“差旅费报销单”。
- 学会制作“费用统计表”。

2.1 银行借款登记卡

案例背景：银行借款是企业资金来源的一个重要途径，在实际工作中，财务部门应该及时做好银行借款的登记工作，按时归还到期的银行借款，以提升企业在银行的信誉度。

案例分析：银行借款登记卡应反映银行名称、银行账号、每一笔借款（或还款）发生的日期、借款原由、抵押品、借款金额、还款金额和未偿还金额等内容。制作银行借款登记卡的具体步骤如下。

① 启动 Excel 2003，创建一个空白工作簿，将其命名为“银行借款登记卡”。

② 在工作表 Sheet1 的适当位置输入银行借款登记卡的表格标题和相关项目，如图 2-1 所示。

③ 设置好表格标题的字号为 18 号，并合并及居中单元格区域 A1:H1，可以通过打开“单元格格式”对话框中的“对齐”选项卡进行设置，如图 2-2 所示。或者选中合并居中的区域后直接单击“格式”工具栏中的“合并及居中”按钮进行合并。

④ 以同样的方式合并及居中以下单元格区域：A2:C2、A3:C3、A4:C4、D2:H2、D3:H3，并对其余单元格均设置水平居中。

⑤ 适当减小 A、B、C 列宽，适当增大 D~H 列宽到合适大小。

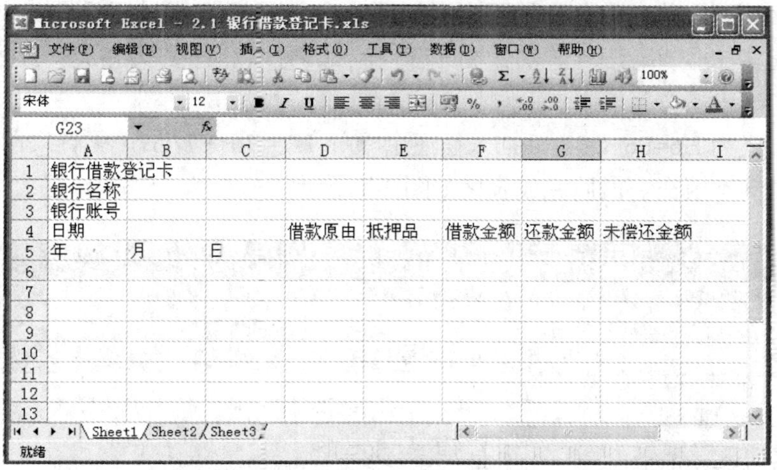

图 2-1　输入标题和相关项目

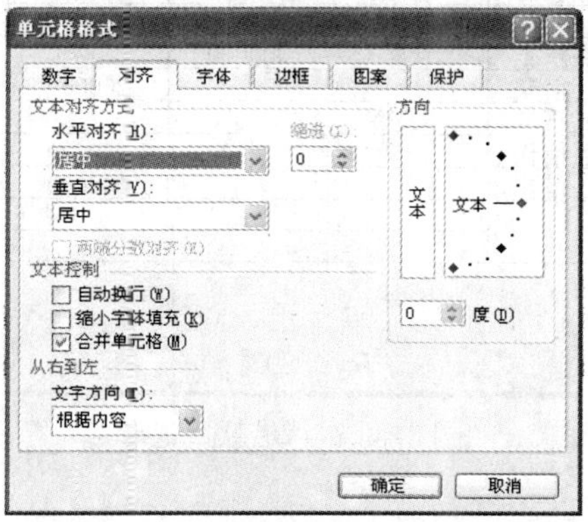

图 2-2　对单元格区域设置“合并及居中”

⑥ 选中 A2:H12 单元格区域，打开“单元格格式”对话框中的“边框”选项卡，添加所有框线。或者直接单击“格式”工具栏中的“边框”快捷按钮旁下拉箭头，添加所有框线。

⑦ 空白的“银行借款登记卡”制作完成。单击“打印预览”按钮，表格如图 2-3 所示。

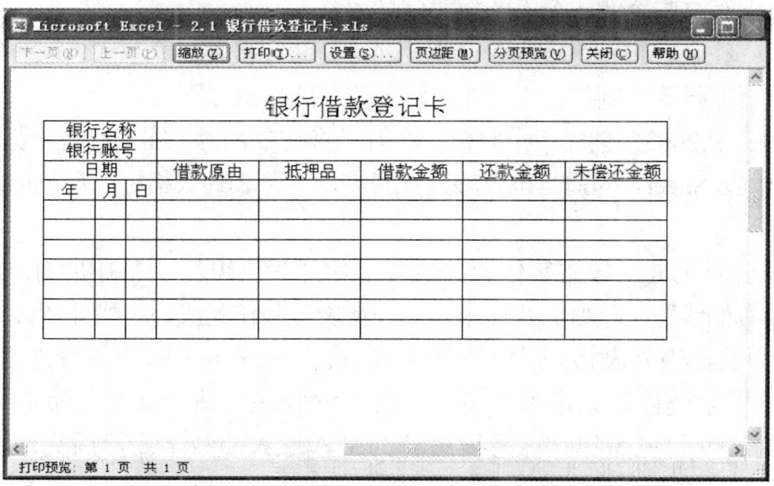

图 2-3　“银行借款登记卡”打印预览

⑧ 将财务数据输入表格。需要注意的两点：一是银行账号要设置为文本形式的数字；二是表格中未偿还金额=借款金额-还款金额，可以利用公式完成，且公式可往下拖动填充。

本例中公式为 H6=F6-G6（期初未偿还金额）；H7=H6+F7-G7（累计未偿还金额），H7 公式可以拖动向下填充。最后完成表格如图 2-4 所示。

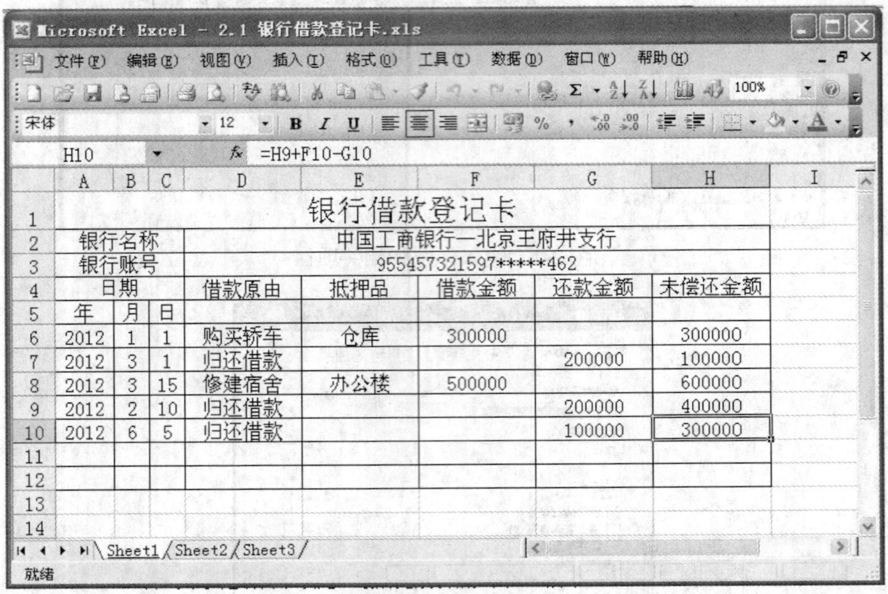

银行借款登记卡							
银行名称			中国工商银行—北京王府井支行				
银行账号			955457321597*****462				
日期			借款原由	抵押品	借款金额	还款金额	未偿还金额
年	月	日					
2012	1	1	购买轿车	仓库	300000		300000
2012	3	1	归还借款			200000	100000
2012	3	15	修建宿舍	办公楼	500000		600000
2012	2	10	归还借款			200000	400000
2012	6	5	归还借款			100000	300000

图 2-4　银行借款登记卡

2.2　往来客户一览表

案例背景：为了方便管理与企业有经济业务往来的企业或个人，财务部门应建立往来客户一览表，保存这些企业或个人的相关信息。

案例分析：往来客户一览表应包括企业名称、法人代表、联系人、联系电话、联系地址、邮箱、银行账号等。制作往来客户一览表的具体步骤如下。

① 启动 Excel 2003，创建一个空白工作簿，将其命名为“往来客户一览表”。

② 在工作表 Sheet1 的适当位置输入往来客户一览表的表格标题和相应的列标题，如图 2-5 所示。

③ 合并及居中标题；设置字体为“楷体”，字号为“20”，并居中所有单元格，给整张表格“添加所有框线”。空白的“往来客户一览表”制作完成，表格如图 2-6 所示。

④ 将客户数据输入表格。需要注意的有 3 点：一是电子邮箱在输入完成后按 Enter 键可以自动设置超链接；二是可以单击“格式>列>最合适的列宽”命令，使每一列数据为最合适的宽度；三是银行账号要设置为文本形式的数字。最后完成表格如图 2-7 所示。

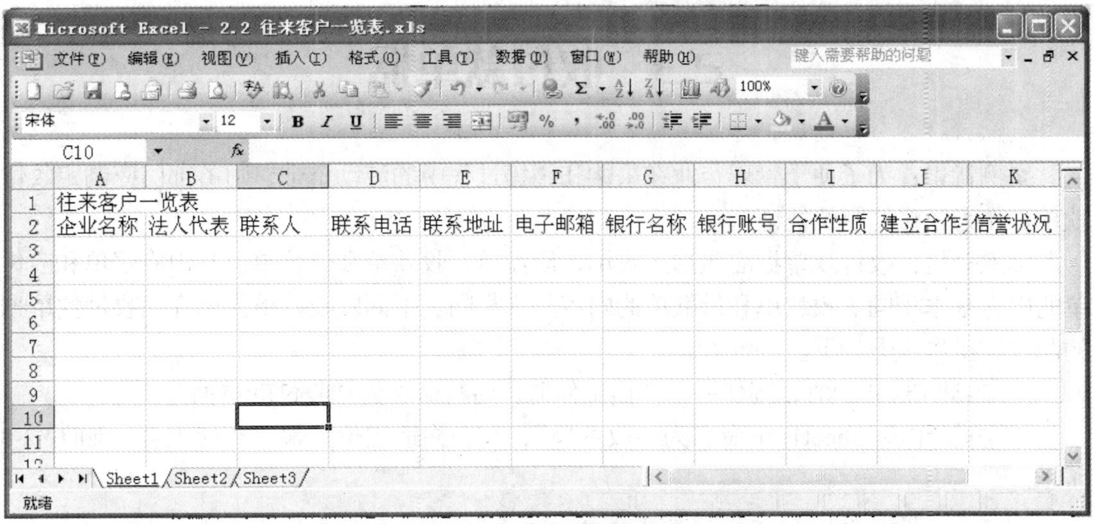

图 2-5　输入标题和相关项目

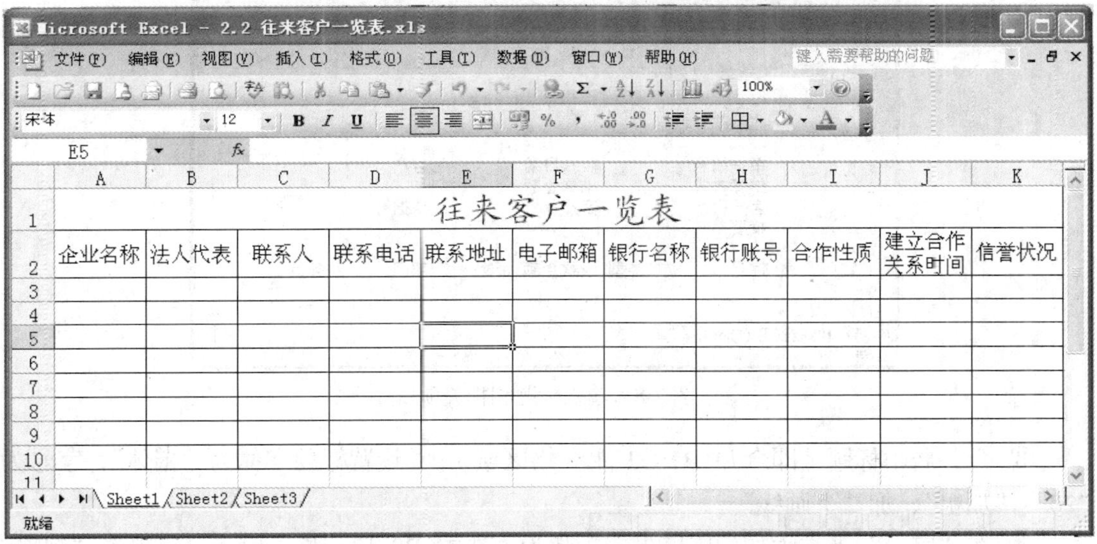

图 2-6　“往来客户一览表”空白表格

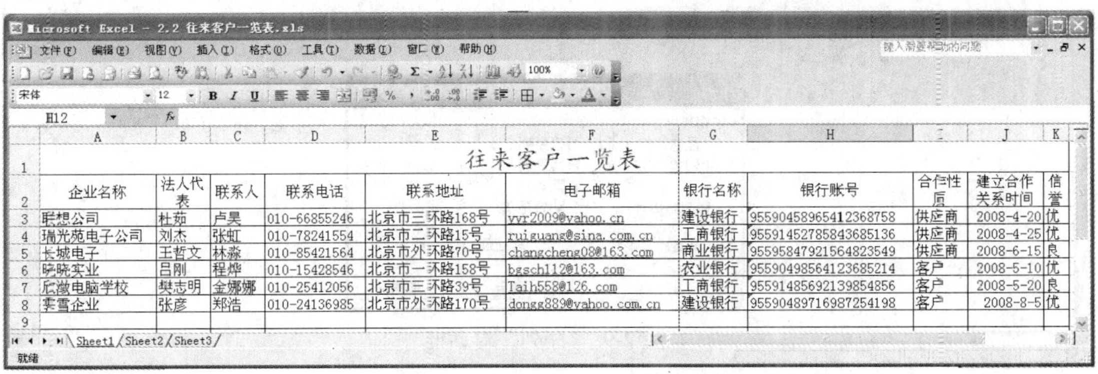

图 2-7　往来客户一览表

2.3 收付款单据

案例背景：为了便于管理企业在采购和销售过程中的流动资金，财务部门应制定收付款单据作为记账的原始凭证。

案例分析：收付款单据应包括应收单、应付单、收款单和付款单，其中应收单和应付单的内容基本相同。收款单和付款单的内容基本相同。下面以收款单为例介绍收付款单据的制作。操作步骤如下。

① 启动 Excel 2003，创建一个空白工作簿，将其命名为“收付款单据”。

② 将工作表 Sheet1 重命名为“收款单”，在表格适当位置输入相应内容，如图 2-8 所示。

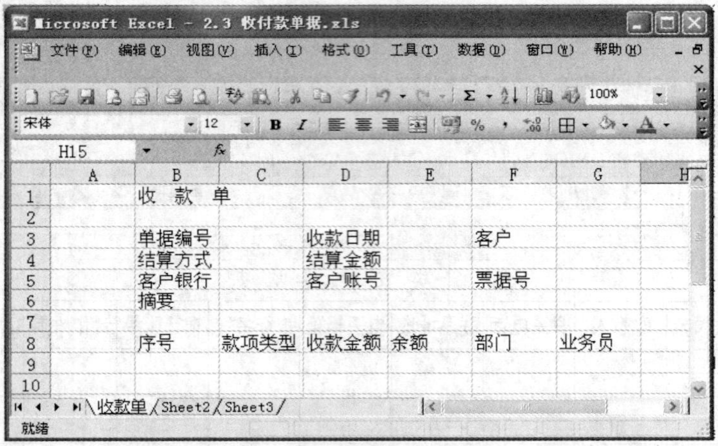

图 2-8 输入标题和相关项目

③ 合并居中标题（即合并 B1:G2 单元格区域），并设置标题字体为“楷体”，字号为“20”，“加粗”、加“下画线”。

④ 在“序号”下方添加相应序号，步骤为：选中 B9 单元格，输入 1，单击“编辑>填充>序列”命令，弹出“序列”对话框，选择“列”、“等差序列”单选钮，设置“步长值”为“1”、“终止值”为“5”，如图 2-9 所示。

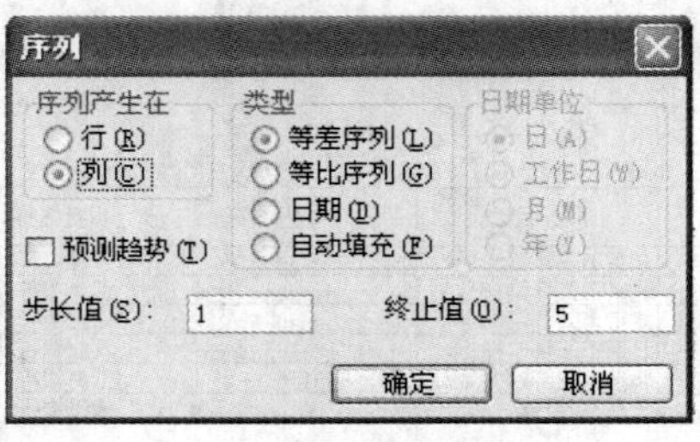

图 2-9 “序列”对话框

⑤ 选中所有项目旁边的单元格或单元格区域，即 C3、E3、G3、C4、E4、C5、E5、

G5、C15、E15、G15、C6:G6。在“格式”工具栏中单击“边框”按钮右侧下拉箭头，选择添加“粗底框线”。选中单元格区域 B8:G13，添加“所有框线”。选中整张表格，设置为水平居中，如图 2-10 所示。

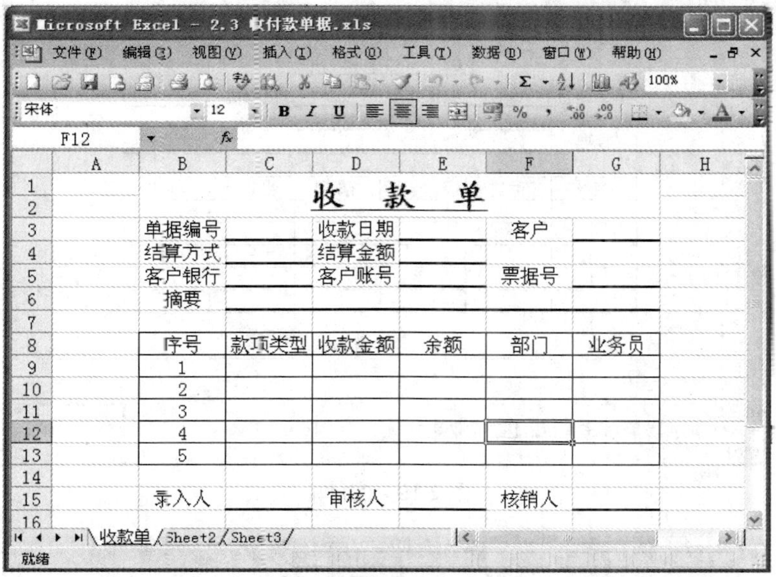

图 2-10　收款单

至此，收款单制作完成。

按照收款单的制作方法，付款单、应付单、应收单只需在收款单上稍作修改即可。最终效果如图 2-11、图 2-12 和图 2-13 所示。

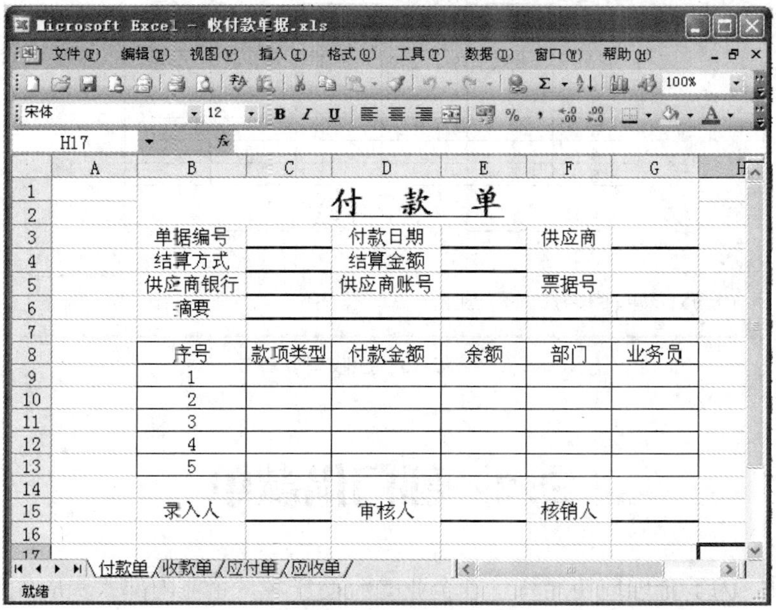

图 2-11　付款单

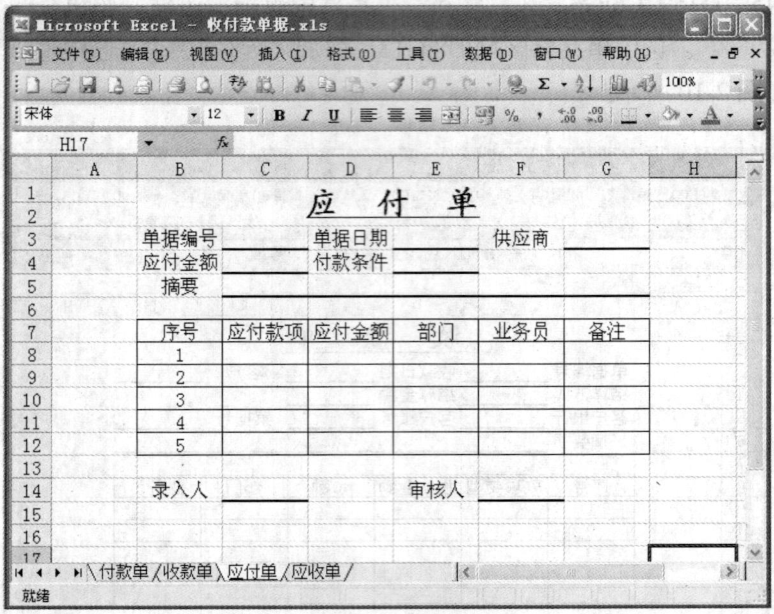

图 2-12 应付单

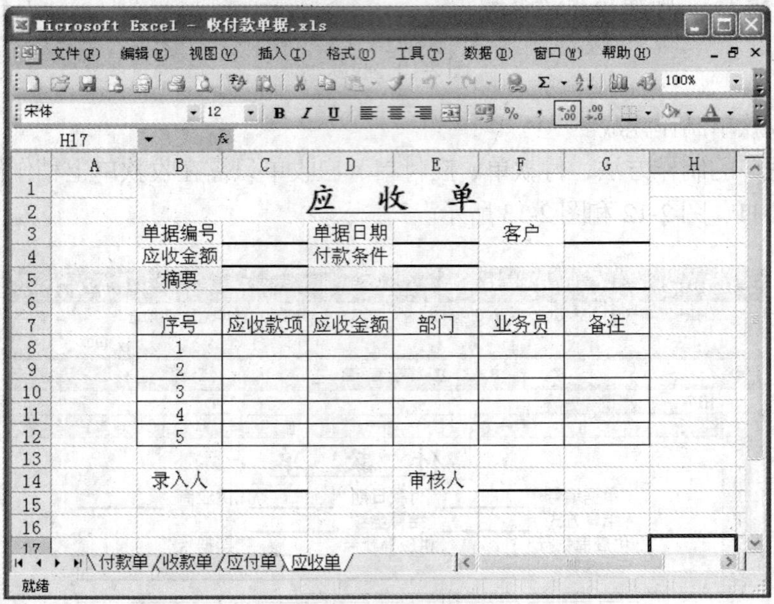

图 2-13 应收单

2.4 部门借款单

案例背景：为了合理地使用和管理企业的流动资金，企业内部人员应先填写部门借款单，经相关负责人同意后，将借款单交到财务部门，由会计主管批准、记账并支付借款，最后借款人需持正规发票向财务部门报销，按照多退少补的原则冲抵借款。

案例分析：部门借款单应包括借款日期、借款人、借款部门、借款原因、借款金额、支付方式、部门负责人意见、领导意见、会计主管核批以及付款记录等内容。具体制作步骤如下。

① 启动 Excel 2003，创建一个空白工作簿，将其命名为“部门借款单”。

② 将工作表 Sheet1 重命名为“借款单”，删除工作表 Sheet2、Sheet3，在表格适当位置输入借款单基本项目，如图 2-14 所示。

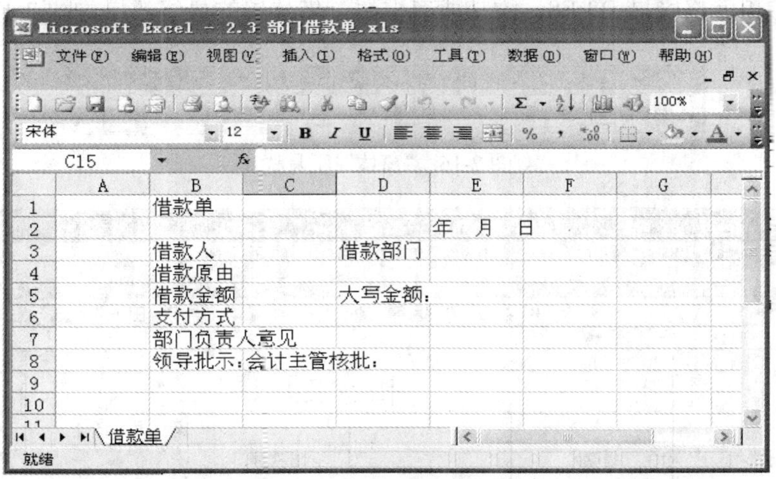

图 2-14　输入标题和相关项目

③ 在“借款金额”后面 C5 单元格输入特殊字符“￥”，步骤为“插入>持殊符号>单位符号”。设置 B:E 多列列宽为 17；设置第 8 行行高为 70；适当增大第 2～7 行行高，步骤为选中第 2～7 行，鼠标移到第 7 行与第 8 行分隔线上向下拖动到合适高度后释放，即同时调整第 2～7 行到相同行高；合并单元格区域 B1:E1、C4:E4、C7:E7、D8:E8；将标题字体设置为“黑体”，字号设置为 22 号，字体颜色设置为蓝色；将 B3:B7、D3、D5 单元格区域设置水平居中。效果如图 2-15 所示。

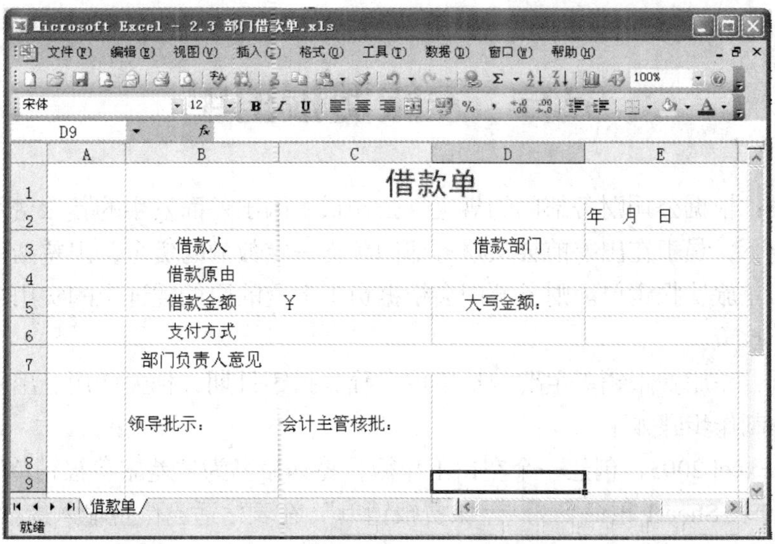

图 2-15　修饰工作表

④ 设置单元格区域 B8:E8 水平对齐“靠左（缩进）0 字符“，垂直对齐“靠上”；在单元格 C6、D6、E6 中添加“复选框”控件。步骤为：单击“视图>工具栏>窗体”命令，打开“窗体”工具栏如图 2-16 所示，单击绘制“复选框”按钮到 C6 单元格，然后将控件中的文本框改为“现金”，再在 D6、E6 单元格中分别添加复选框，将文本框改为“现金支票”、“其他”。在单元格 D8 中输入“付款记录：”，然后强制换行两次，接着输入其余文字。最后选中单元格区域 B3:E8，添加所有框线。借款单的最终效果如图 2-17 所示。

图 2-16 “窗体”工具栏

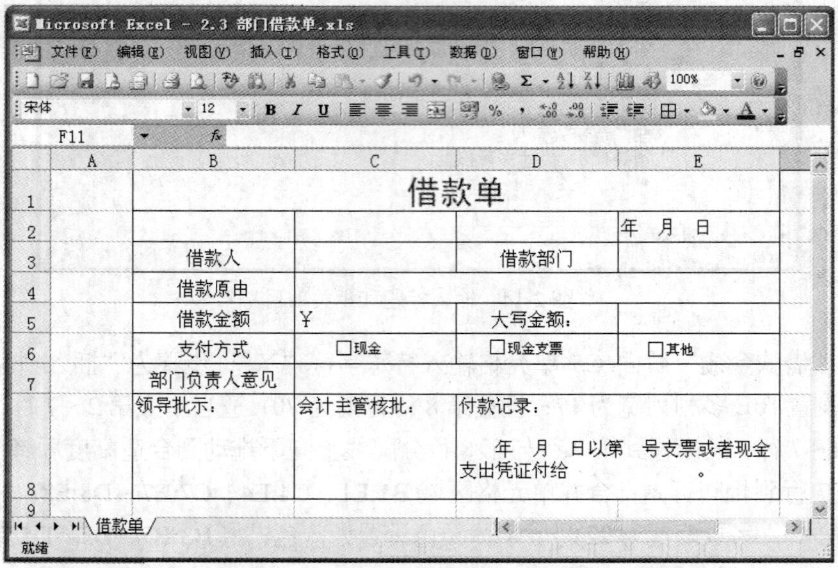

图 2-17 借款单

2.5 差旅费报销单

案例背景：根据公司财务部门的规定，公司员工因出差而发生的差旅费用公司给予报销。一般情况下，员工在出差前会从财务部门预支一定数额的资金，出差结束，出差人员需完整地填写差旅费报销单。财务部门会根据员工上交的原始凭证上的实用金额，实行多退少补的报销政策。

案例分析：差旅费报销单主要包括单位名称、报销日期、相关费用、出差补贴和报销金额等。具体制作步骤如下。

① 启动 Excel 2003，创建一个空白工作簿，将其命名为“差旅费报销单”。

② 将工作表 Sheet1 重命名为“差旅费报销单”，在表格适当位置输入借款单基本项目，如图 2-18 所示。

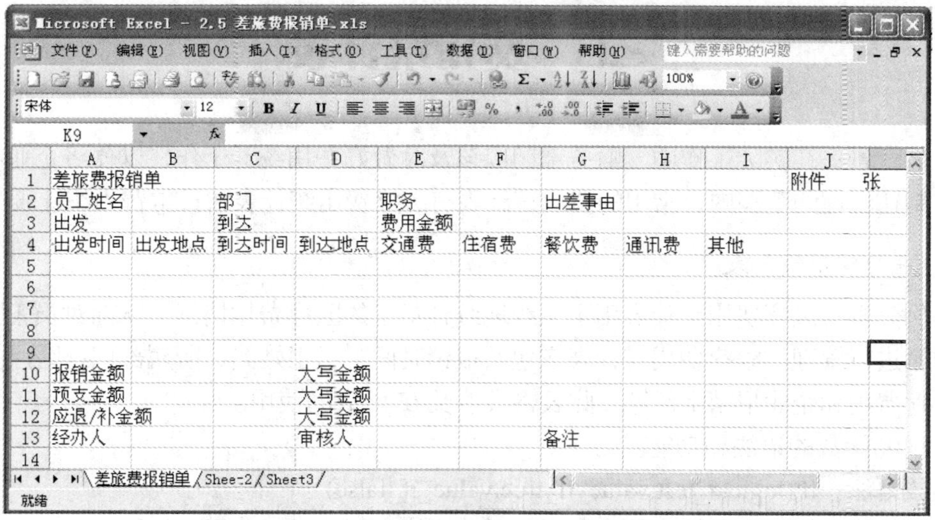

图 2-18　输入标题和相关项目

③ 将标题行设置合并、水平、垂直居中，字体设置为“楷体”，字号设置为 20，“会计用双下划线”，颜色设置为“红色”（提示：可在“单元格格式”对话框“字体”选项卡里一次性设置好）；选中单元格区域 A2:I12，设置为水平居中，字体为“楷体”，添加边框为：外边框为“较粗实线”、内部为“淡紫”“细实线”。

④ 选中单元格区域 A13:I13，填充“淡紫色”底纹。选中单元格区域 J1:J13，合并单元格并设置文本方向为“竖排方向”，添加相应文字。

⑤ 最后对“差旅费报销单”进行修饰，对部分单元格进行合并处理，并适当调整行高和列宽。最终效果如图 2-19 所示。

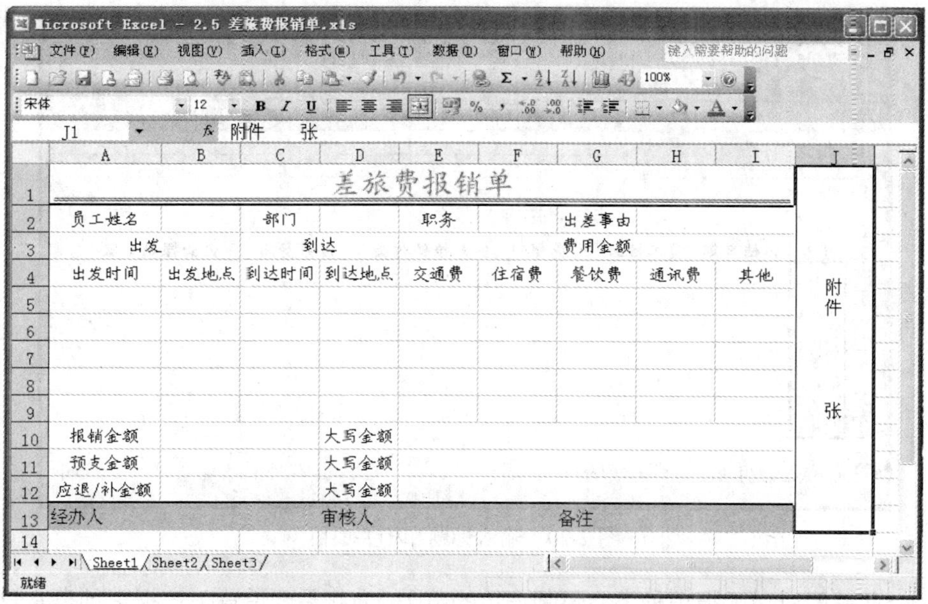

图 2-19　差旅费报销单

2.6　费用统计表

案例背景：在实际工作中，财务部门应该及时做好费用统计工作，以便将企业的费用支出控制在合理的范围内，常用的费用统计表有医疗费用统计表和日常费用统计表等。

1. 医疗费用统计表

案例分析：医疗费用统计表用于系统地统计员工的医疗费用情况，从而对员工医疗费用的报销进行管理。医疗费用统计表应包括报销时间、员工姓名、所属部门、医疗报销种类、医疗费用和企业报销金额等。此表格会涉及 IF 函数的使用。

（1）IF 函数的语法和功能。

函数语法：IF(logical_test,value_if_true,value_if_false)

函数功能：执行真假值判断，根据逻辑计算的真假值返回不同的结果。

函数中各参数的含义如下。

logical_test：计算结果为 TRUE 或 FALSE 的任意值或表达式。

value_if_true：logical_test 为 TRUE 时返回的值。若未定义则返回 0。

value_if_false：logical_test 为 FALSE 时返回的值。若未定义则返回 0。

（2）创建医疗费用统计表。

① 启动 Excel 2003，创建一个空白工作簿，将其命名为“医疗费用统计表”。

② 将工作表 Sheet1 重命名为“医疗费用统计表”，在表格适当位置输入表格标题和相应的列标题，并进行单元格格式设置及适当调整行高和列宽，在“序号”下方填充序列数据“1~8”，如图 2-20 所示。

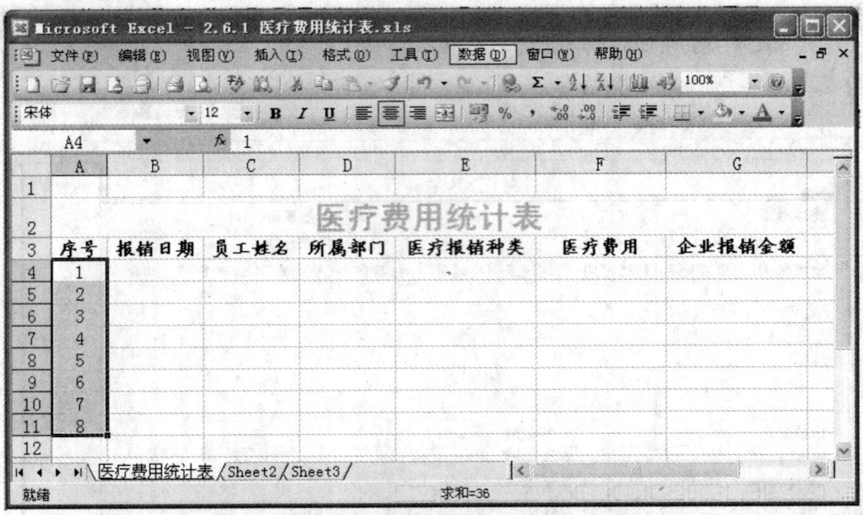

图 2-20　输入标题和相关项目

③ 企业一般对员工报销种类会限制一定的范围，为此需要设置医疗报销种类的数据有效性。选中单元格区域 E4:E11，单击“数据>有效性”命令，弹出“数据有效性”对话框的，“设

置”选项卡，在“允许”下拉列表中选择“序列”，然后在“来源”文本框中输入企业可以报销的医疗费用种类，种类之间用逗号隔开，这里输入“药品费，住院费，理疗费，体检费，计划生育费，接生费，注射费，针灸费，X 光透视费，输血费”（其中“,”为半角字符的逗号），如图 2-21 所示。

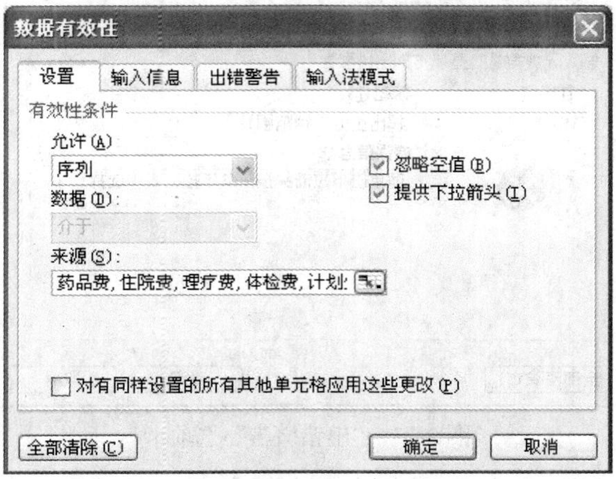

图 2-21 “数据有效性”对话框

④ 为了使员工填表时得到相应提示，可以设置输入信息时自动弹出提示。切换到“输入信息”选项卡，输入相应内容，如图 2-22 所示。

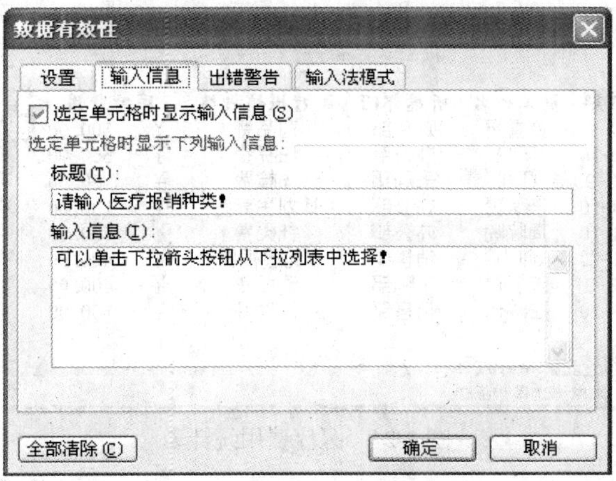

图 2-22 “输入信息”选项卡

⑤ 若员工填表时出现错误，可以设置自动弹出警告信息。切换到“出错警告”选项卡，输入相应内容，如图 2-23 所示。

⑥ 一般情况下，企业只报销医疗费用的一部分，这里按照医疗费用的 80%计算企业报销金额。选中单元格 G4，输入公式“=IF(F4="","",F4*0.8)”，单击编辑栏上的“输入”按钮✓。拖动单元格 G4 向下填充公式到单元格区域 G5:G11。选中单元格区域 B4:G11 设置水平居中。

⑦ 在表格中的相应位置输入企业某年上半年员工报销的医疗费用数据信息（其中“企业报销金额”列的数据无须输入，将利用公式自动计算）。其中单元格区域 F4:G11 要设置添加货币符号，步骤为：选中 F4:G11，单击“格式>单元格”命令，弹出“单元格格式”

对话框，切换到“数字”选项卡，设置“会计专用”、保留两位小数点。最终效果如图 2-24 所示。

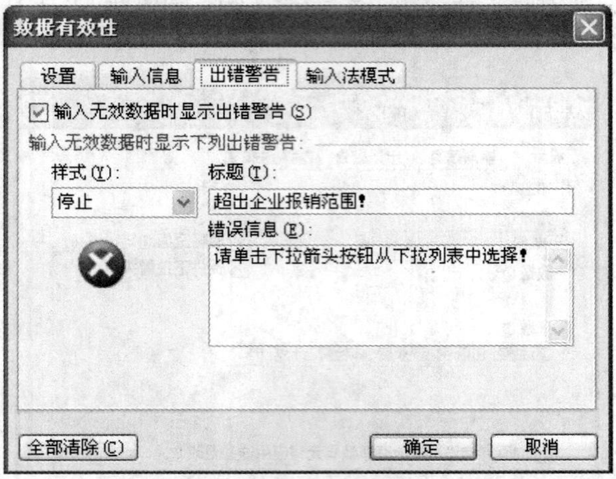

图 2-23 “出错警告”选项卡

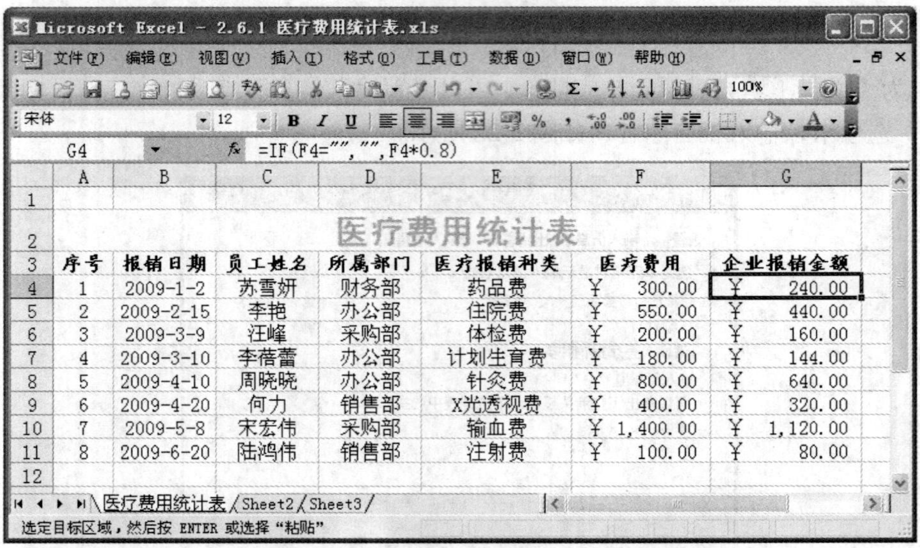

图 2-24 医疗费用统计表

2. 日常费用统计表

案例分析：日常费用统计表应包括时间、员工姓名、所属部门、费用类别、金额及备注等。具体制作步骤如下。

① 启动 Excel 2003，创建一个空白工作簿，将其命名为“日常费用统计表”。

② 将工作表 Sheet1 重命名为“日常费用统计表”，在表格适当位置输入表格标题和相应的列标题，并进行单元格格式设置及适当调整行高和列宽。

③ 在工作表中输入企业本年 7 月份的日常费用数据，其中所属部门使用数据有效性。选中单元格 E13，插入求和函数计算费用合计，即输入“=SUM(E3:E12)”，如图 2-25 所示。

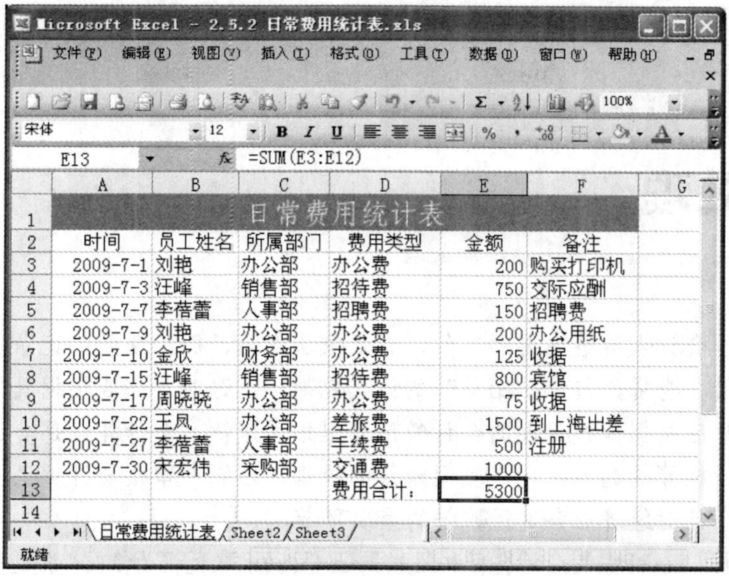

时间	员工姓名	所属部门	费用类型	金额	备注
2009-7-1	刘艳	办公部	办公费	200	购买打印机
2009-7-3	汪峰	销售部	招待费	750	交际应酬
2009-7-7	李蓓蕾	人事部	招聘费	150	招聘费
2009-7-9	刘艳	办公部	办公费	200	办公用纸
2009-7-10	金欣	财务部	办公费	125	收据
2009-7-15	汪峰	销售部	招待费	800	宾馆
2009-7-17	周晓晓	办公部	办公费	75	收据
2009-7-22	王凤	办公部	差旅费	1500	到上海出差
2009-7-27	李蓓蕾	人事部	手续费	500	注册
2009-7-30	宋宏伟	采购部	交通费	1000	
			费用合计：	5300	

图 2-25　日常费用统计表

课后实训

制作如图 2-26 所示的会计科目表。

会计科目表

启用时间：2010/7/8

开办阶段	长期待摊费用-开办费	经营业务需求	应收账款	资本资产需求	实收资本
	在建工程		应收票据		资本公积
	银行存款		应付账款		本年利润
	现金		应付票据		利润分配
	实收资本		预收账款		固定资产
日常支出	管理费用		预付账款		累计折旧
	低值易耗品		坏账准备		库存商品
	其他应收款		其他应付款		
	财务费用		主营业务收入		
人力	应付工资		销售费用		
	应付福利费		主营业务成本		
	应交税金		营业税金及附加		

图 2-26　会计科目表

第 3 章

账务处理

会计记账是会计人员最主要的工作，它是依次发生、周而复始的记录工作。会计记账必须符合“有借必有贷，借贷必相等”的记账规则。记账时首先要根据具体的经济业务填制会计凭证，然后根据审核无误的会计凭证登记相关账簿。会计凭证是会计账务处理的重要依据，是会计核算的起点，也是登记账簿的依据。填制和审核会计凭证，既是会计工作的开始，也是会计对经济业务进行监督的重要环节。

本章将学习用 Excel 编制会计科目和记账凭证，及以记账凭证为依据，设置和登记会计账簿。

【学习目标】

- 掌握记账凭证的制作。
- 熟练掌握 IF、SUM、SUMIF、VLOOKUP 等常用函数的使用。
- 掌握制作总账及试算平衡表。
- 熟练使用数据透视表建立明细分类账。

3.1 背景资料

联宇公司会计王静需要使用 Excel 对本公司 5 月份的账务情况进行建账。该公司 2012 年 5 月账户期初余额数据如表 3-1 所示。

表 3-1　　联宇公司 2012 年 5 月账户期初余额

科目编码	科目名称	期初借方余额	期初贷方余额
1001	库存现金	5,000	
1002	银行存款	2,660,000	
100201	工行	1,560,000	
100202	建行	1,100,000	
1012	其他货币资金	128,000	
101201	外埠存款	11,000	
101203	银行汇票	117,000	
1101	交易性金融资产	25,000	
1121	应收票据	246,000	
1122	应收账款	400,000	

续表

科目编码	科目名称	期初借方余额	期初贷方余额
112201	龙华公司	151,000	
112202	华东计算机厂	149,000	
112203	华成公司	100,000	
1231	坏账准备		1,200
1123	预付账款	100,000	
1221	其他应收款	4,000	
122101	李强	3,000	
122102	张明	1,000	
1402	在途物资	245,000	
1403	原材料	550,000	
1411	周转材料	98,050	
141101	包装物	38,050	
141102	低值易耗品	60,000	
1405	库存商品	1,700,000	
1511	长期股权投资	250,000	
151101	股票投资	250,000	
1601	固定资产	2,000,000	
1602	累计折旧		400,000
1604	在建工程	1,500,000	
1606	固定资产清理		
1701	无形资产	600,000	
1702	累计摊销		
1801	长期待摊费用	200,000	
2001	短期借款		240,000
2201	应付票据		300,000
2202	应付账款		916,850
2211	应付职工薪酬		110,000
221101	工资		100,000
221102	福利费		10,000
2221	应交税费		30,000
222101	应交增值税		
22210101	销项税额		
22210102	进项税额		
22210103	已交税金		
222102	未交增值税		
222103	应交所得税		30,000

续表

科目编码	科目名称	期初借方余额	期初贷方余额
222110	应交教育费附加		
2231	应付利息		
2241	其他应付款		57,600
2501	长期借款		1,600,000
250101	本金		1,600,000
250102	应付利息		
4001	实收资本		6,000,000
4002	资本公积		593,000
400201	资本溢价		593,000
4101	盈余公积		250,000
410101	法定盈余公积		250,000
4103	本年利润		
4104	利润分配		212,400
410401	未分配利润		212,400
5001	生产成本		
500101	基本生产成本		
500102	辅助生产成本		
5101	制造费用		
6001	主营业务收入		
6111	投资收益		
6401	主营业务成本		
6402	其他业务成本		
6403	营业税金及附加		
6601	销售费用		
6602	管理费用		
6603	财务费用		
6711	营业外支出		
6801	所得税费用		
合计		10,711,050	10,711,050

联宇公司 2012 年 5 月份的具体业务如下：公司为增值税一般纳税人，增值税税率为 17%，所得税税率为 25%。材料核算采用先进先出法。原材料月初库存量为 500 吨。

① 5 月 1 日，收到银行通知，用工行存款支付到期的商业承兑汇票 100 000 元。

② 5 月 2 日，购入原材料 160 吨，用工行存款支付货款 160 000 元，以及购入材料支付的增值税为 27 200 元，款项已付，材料未到。

③ 5 月 3 日，收到原材料一批，数量 110 吨，材料成本 110 000 元，材料已验收入库，货款已于上月支付。

④ 5 月 4 日，用银行汇票支付采购材料价款，公司收到开户银行转来的银行汇票多余款收账通知，通知上填写的多余款 234 元，材料 100 吨，购入材料 99 800 元，支付的增值税 16 966 元，原材料已验收入库。

⑤ 5 月 5 日，基本生产领用原材料 600 吨；车间领用计入产品成本的低值易耗品 50 000 元。

⑥ 5 月 6 日，向龙华公司销售产品一批，销售价款 300 000 元（不含应收取的增值税），该批产品实际成本 180 000 元（月末结转），产品已发出，价款未收到。

⑦ 5 月 7 日，公司将交易性金融资产（全部为股票投资）25 000 元兑现，收到本金 25 000 元，投资收益 3 000 元，均存入工行。

⑧ 5 月 8 日，购入不需安装设备 1 台，价款 85 470 元，支付的增值税 14 530 元，支付包装费、运费 1 000 元。价款及包装费、运费均以建行存款支付。设备已交付使用。

⑨ 5 月 9 日，一项工程完工，交付生产使用，已办理竣工手续，固定资产价值 1400 000 元。

⑩ 5 月 10 日，基本生产车间 1 台机床报废，原价 200 000 元，已计提折旧 180 000 元，清理费用 500 元，残值收入 1 800 元，均通过工行存款收支。该项固定资产清理完毕。

⑪ 5 月 11 日，归还短期借款本金 150 000 元，当月利息 2 500 元，由工行存款支付。

⑫ 5 月 12 日，到工行提取现金 500 000 元，准备发放工资。

⑬ 5 月 13 日，支付工资 500 000 元，其中包括支付给在建工程人员工资 200 000 元。

⑭ 5 月 14 日，分配应支付的职工工资 300 000 元（不包括在建工程应负担的工资），其中生产人员工资 275 000 元，车间管理人员工资 10 000 元；行政管理部门人员工资 15 000 元。

⑮ 5 月 14 日，提取职工福利费 42 000 元（不包括在建工程应负担的福利费 28 000 元），其中生产工人福利费 38 500 元，车间管理人员福利费 1 400 元，行政管理部门福利 2 100 元。

⑯ 5 月 15 日，提取应计入本期损益的借款利息共 21 500 元。其中，短期借款利息 11 500 元，长期借款利息共 10 000 元。

⑰ 5 月 16 日，销售产品一批，销售价款 700 000 元，应收的增值税额 119 000 元，销售产品的实际成本 420 000 元（月末结转），货款工行已收妥。

⑱ 5 月 17 日，摊销无形资产 10 000 元。

⑲ 5 月 18 日，计提固定资产折旧 100 000 元，其中计入制造费用 80 000 元，管理费用 20 000 元。

⑳ 5 月 19 日，收到龙华公司应收账款 151 000 元，存入工行，并计提坏账准备 600 元。

㉑ 5 月 20 日，用工行存款支付产品展览费 10 000 元。

㉒ 5 月 30 日，将制造费用结转记入生产成本。

㉓ 5 月 30 日，计算并结转本期完工产品成本 1 104 900 元。

㉔ 5 月 30 日，广告费 10 000 元，已用工行存款支付。

㉕ 5 月 30 日，公司本期产品销售应交纳的教育附加费为 2 000 元。

㉖ 5 月 30 日，用工行存款缴纳增值税 100 000 元；教育附加费 2 000 元。

㉗ 5 月 30 日，结转本期产品销售成本 600 000 元。

㉘ 5 月 30 日，将各损益类科目结转记入本年利润。

㉙ 5 月 30 日，计算并结转应交所得税（不考虑纳税调整事项，税率为 25%）。

3.2 会计凭证

会计凭证是进入具体经济业务时首先接触到的第一类单据，是一切会计核算工作的基础。

3.2.1 设置会计科目及期初余额

会计为了提供全面、系统地反映价值运动及其结果的有关信息，首先应解决如何对反映经济事项的各种数据分类记录的问题，为此，在核算具体经济业务之前，必须根据企业的经济业务设置详细的会计科目表。

会计科目表是会计业务流程中的一个基础辅助环节，通常，会计科目一般包括一级科目和二级科目和明细科目。一级科目是国家统一规定的，按照资产、负债、所有者权益、收入、费用和利润的类别分别设置，对企业单位资金进行总括分类的会计科目，它是设置总分类账的依据，也称总账科目。

在我国，每个会计科目的名称及所反映的内容都有统一的规定。但是在实际工作中，并不是每一个科目都要使用到，在部分中小企业中，需要用到的只是其中的一部分。

1. 建立会计科目表

新建一个工作簿，命名为“会计科目表.xls”。

2. 设置会计总账科目表

根据业务需求，将统一的科目名称和编码复制到工作表 Sheet1 中“科目编码”及“科目名称”两列数据里，如图 3-1 所示。

图 3-1 设置总账科目

3. 添加会计明细科目

明细科目可由企业根据实际情况自由增设，且可以在需要时随时添加。明细科目的科目编码为在总账科目编码的 4 位编码后，从“01”开始增加两位编码，如图 3-2 所示。

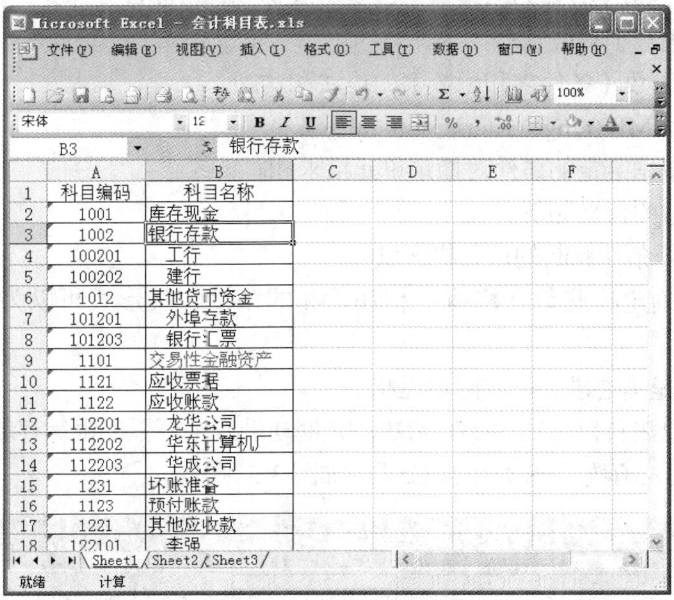

图 3-2　添加明细科目

例如，“银行存款”科目的科目编码为 1002，一般企业都会使用两个以上的银行账户，所以银行存款科目基本都会有明细科目，即“100201 工行”，“100202 建行”等。

由于科目表中内容较多，经常需要上下左右移动单元格，如果看不见标题行操作起来将非常不方便，所以当工作表中数据较多时，通常可以将需要始终显示的行列冻结。方式为：单击需要冻结行的下行或需要冻结列的右列中的任意单元格，单击菜单栏中的“窗口>冻结窗口”命令。例如图 3-2 所示，选中单元格 A2 执行冻结命令，则表格向下拖动时，标题行始终显示在第一行。

4. 设置期初余额及试算平衡表

设置好科目表中的项目并完成内容的输入后，接下来向科目表中添加期初余额，并实现试算平衡。

其中需注意两个平衡公式：

① 总账科目余额=所属明细科目余额之和。所以用户只需要输入明细科目的余额，总账科目的余额可以通过计算得出。

② 借方总账科目余额之和=贷方总账科目余额之和。

以上两个平衡公式的计算会涉及使用 SUM 函数和 SUMIF 函数。

（1）SUM 函数（求和函数）的语法和功能。

函数语法：SUM(number1,number2,…)

其中 number1,number2,…表示 1～30 个需要求和的参数。

函数功能：返回某一单元格区域中的所有数字之和。

注意事项：

① 函数中最少有 1 个参数，最多可以有 30 个参数；

② 如果参数为数字、逻辑值及数字的文本表达式，将被直接计算；如果参数为数组或引用，只有其中的数字将被计算。

（2）SUMIF 函数（条件求和函数）的语法和功能。

函数语法：SUMIF(range,criteria,sum_range)

函数功能：根据给定的条件对指定单元格求和。

函数中各参数的含义如下。

range：为用于条件判断的单元格区域。

criteria：为确定哪些单元格将被相加求和的条件，其形式可以为数字、表达式或文本。

sum_range：是需要求和的实际单元格。

下面给所有总账科目添加 SUM 函数，如期初借方余额里，银行存款=工行+建行，即在 C3 单元格中插入函数“=SUM(C4:C5)”，如图 3-3 所示。

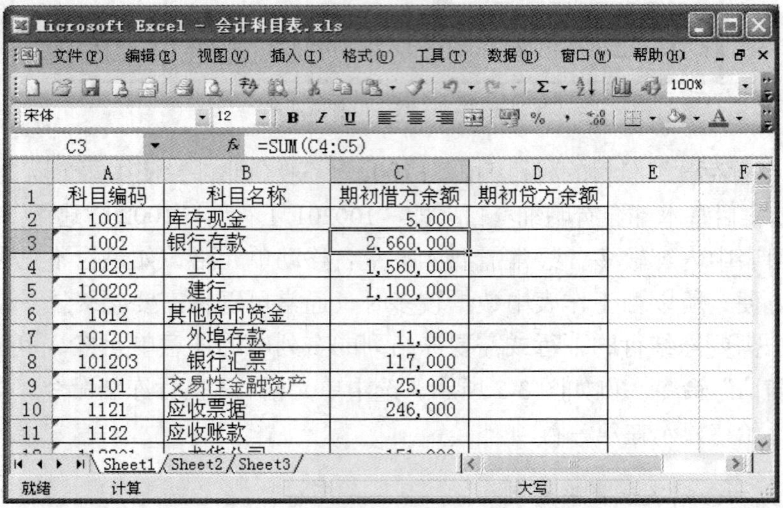

图 3-3 计算总账科目余额

将所有期初借方和期初贷方的总账科目都插入求和函数计算，以及在最后计算借方和贷方总账，进行平衡试算。如图 3-4 所示。在 C76 单元格中计算“期初借方余额合计”，输入函数“=SUMIF(A:A,"????",C:C)”，表示如下：

搜索范围：A:A，即所有科目。

搜索条件：编码为 4 位的所有科目，即总账科目。这里用到了通配符，通配符有星号（*）和问号（?），其中星号（*）可以代替 0 个或多个字符，问号（?）可以代替任意一个字符。

求和范围：C:C，即 C 列。

“期初贷方余额合计”的计算函数为“=SUMIF(A:A,"????",D:D)””，或者直接把公式复制到 D76 单元格。

如有需要，可以在表格的某处使用一个 IF 函数实时查看借贷是否达到平衡。

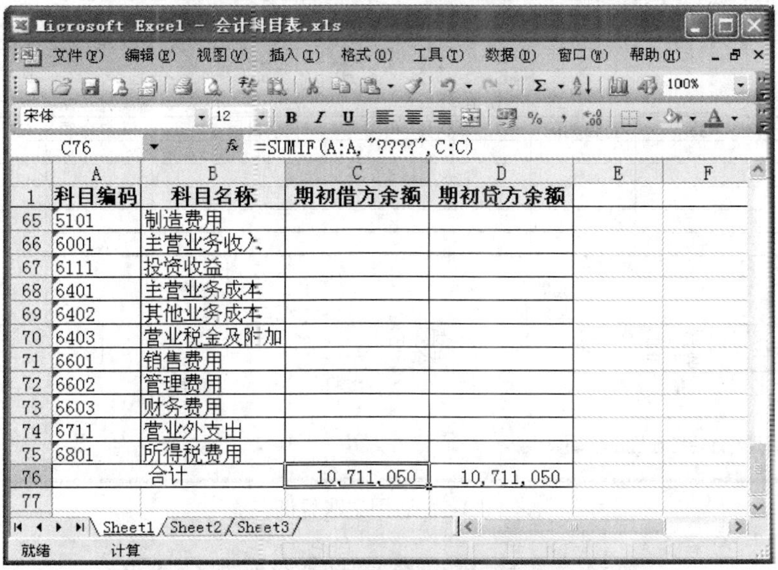

C76　f_x =SUMIF(A:A,"????",C:C)

	A	B	C	D
1	科目编码	科目名称	期初借方余额	期初贷方余额
65	5101	制造费用		
66	6001	主营业务收入		
67	6111	投资收益		
68	6401	主营业务成本		
69	6402	其他业务成本		
70	6403	营业税金及附加		
71	6601	销售费用		
72	6602	管理费用		
73	6603	财务费用		
74	6711	营业外支出		
75	6801	所得税费用		
76		合计	10,711,050	10,711,050

图 3-4　计算期初余额合计

3.2.2　制作记账凭证及汇总表

记账凭证是以审查合格的原始凭证为依据，按照登记账簿的要求加以归类整理、由会计人员编制的作为记账直接依据的一种会计凭证。

① 记账凭证的填制日期和编号。

② 经济业务的内容摘要。

③ 应借应贷帐户的名称，包括总账科目和明细科目。

④ 附件张数。

⑤ 会计记账人员、审核人员、出纳和填制凭证人员的签名或盖章。

1. 制作通用记账凭证

① 在工作表 Sheet2 中创建如图 3-5 所示的通用记账凭证表格。

② 设置“制单日期”的数据有效性，步骤为：选择 H2 单元格，单击“数据>有效性”命令，在“设置”选项卡中设置日期的范围，如图 3-6 所示。在“输入信息”选项卡中设置输入提示信息，如图 3-7 所示。

③ 设置“摘要”的数据有效性为只允许“文本”输入，范围在“1～20”个字，“输入信息”文本框设置为“请输入 20 个字以内的摘要!”。通过拖动填充将数据有效性都填充至摘要列其余单元格。

④ 将所有涉及金额的单元格格式都设置为“会计专用”。

⑤ 如若需要，还可设置数据有效性里的“出错警告”。

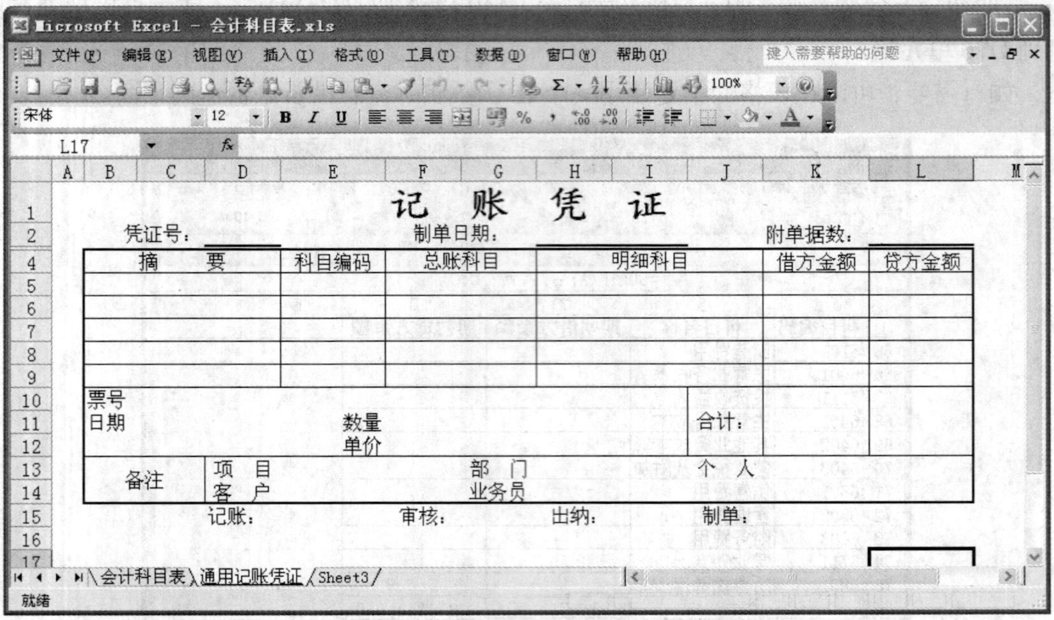

图 3-5 通用记账凭证

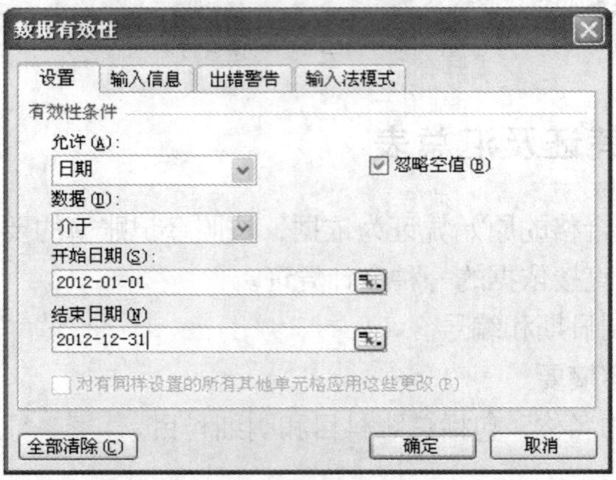

图 3-6 “设置”选项卡

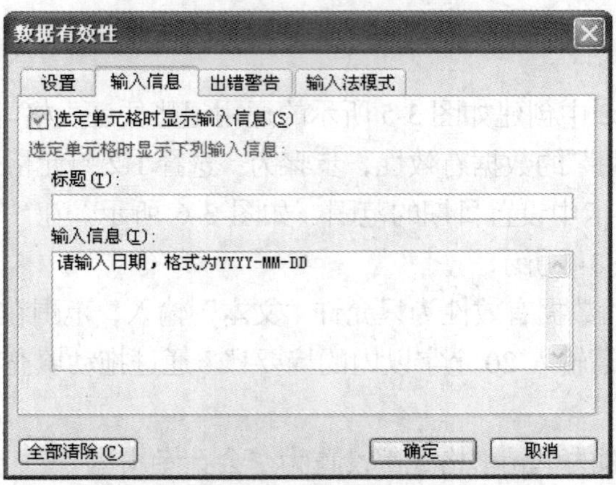

图 3-7 “输入信息”选项卡

2. 设置科目编码下拉列表

如果企业的经济业务较为复杂，必然会涉及许多科目，所以会计人员不可能记得所有的科目编码及科目名称，最好的方法就是能够直接提供科目代码下拉列表，用户在录入科目时，只需要从列表中选择即可。操作步骤如下。

① 单击“插入>名称>定义”命令，在弹出的“定义名称”对话框中，将名称设置为“科目编码”，引用位置通过折叠按钮选择“会计科目表”中的“科目编码”列，然后单击“确定”按钮，如图 3-8 所示。

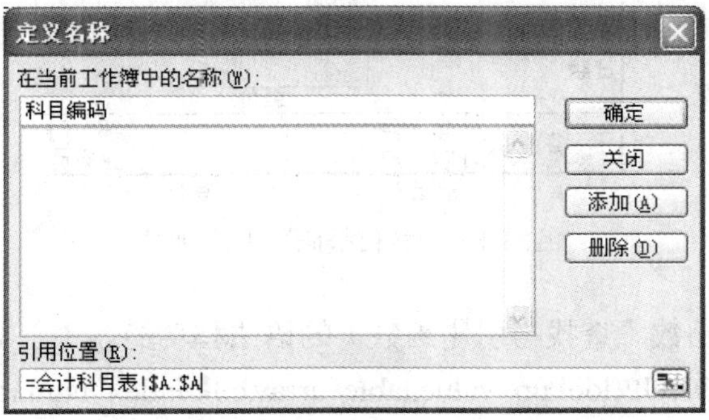

图 3-8　“定义名称”对话框

② 选中“科目编码”列中的单元格，如 E5，打开“数据有效性”设置对话框，在“设置”选项卡中，“允许”设置为“序列”，“来源”手动输入“=科目编码”，如图 3-9 所示。

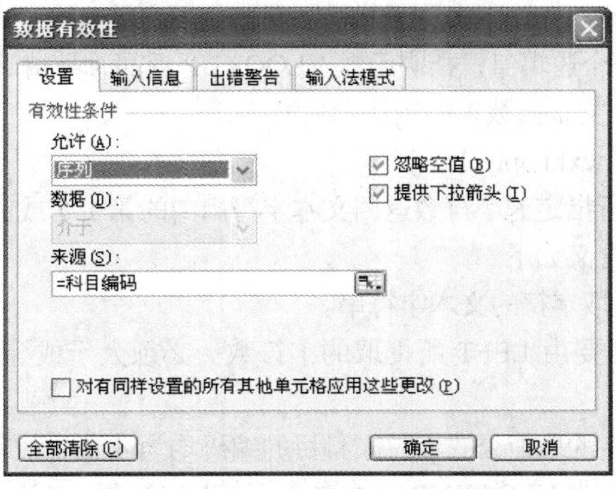

图 3-9　“科目编码”数据有效性设置

③ 完成设置后此时该单元格的右侧会显示一个下拉按钮，单击可展开科目编码下拉列表，如图 3-10 所示。可通过拖动填充将科目编码的数据有效性填充到该列其他单元格中。

3. 自动填入对应科目代码的科目名称

如果选择了科目代码后，系统能够直接填入对应的总账科目和明细科目的名称，不但可以提高输入效率，而且还可以尽量避免手动输入带来的错误。实现此功能涉及 VLOOKUP 函数和 LEFT 函数。

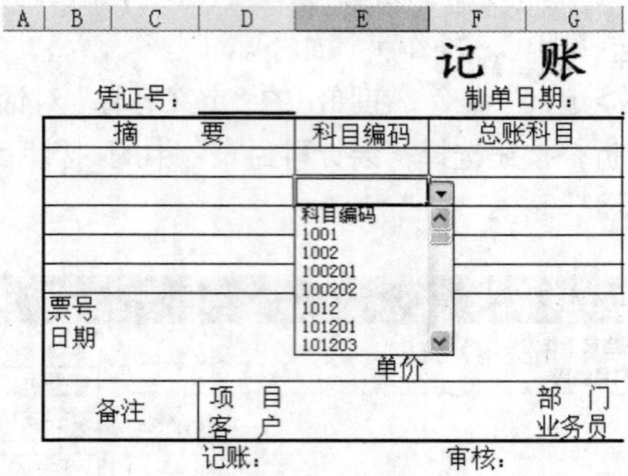

图 3-10 “科目编码”下拉列表

（1）VLOOKUP 函数（查找与引用函数）的语法和功能。

函数语法：VLOOKUP(lookup_value,table_array,col_index_num,range_lookup)

函数功能：在表格或数值数组的首列查找指定的函数，并由此返回表格或数组当前行中指定列处的数值。

函数中各参数的含义如下。

lookup_value：需要在数组第 1 列中查找的数值，可以为数值、引用或者文本字符串。

table_array：需要在其中查找数据的数据表，可以使用对区域或区域名称的引用。

col_index_num：table_array 中待返回的匹配值的列序号。

range_lookup：一个逻辑值，指明函数 VLOOKUP 返回时是精确匹配还是近似匹配。

（2）LEFT 函数（文本函数）的语法和功能。

函数语法：LEFT(text,num_chars)

函数功能：基于所指定的字符数返回文本字符串中的第 1 个或前几个字符。

函数中各参数的含义如下。

text：是包含要提取字符的文本字符串。

num_chars：指定要由 LEFT 所提取的字符数。必须大于或等于 0 ，如果省略，则为 1。

设置“总账科目”的取值公式：总账科目的编码均为 4 位，故首先，应用 LEFT 函数提取科目编码前 4 位作为 VLOOKUP 函数的第一个查找参数；其次，查找的范围为“会计科目表”的 A、B 两列，第三，定义查找到后引用值的列序号为 2（即 B 列）；最后，定义逻辑值为“0”，即大致匹配。公式如下：

总账科目=VLOOKUP(LEFT(E5,4),会计科目表!A:B,2,0)

设置“明细科目”的取值公式：明细科目的编码一般为 6～8 位，故无须提取可直接作为 VLOOKUP 函数的查找参数，其余同上。公式如下：

明细科目 =VLOOKUP(E5,会计科目表!A:B,2,0)

设置完成后，可用拖动填充将公式填充到该列其他单元格。从科目编码下拉列表里选择某一科目编码后，对应的总账科目和明细科目名称会直接生成，如图 3-11 所示。

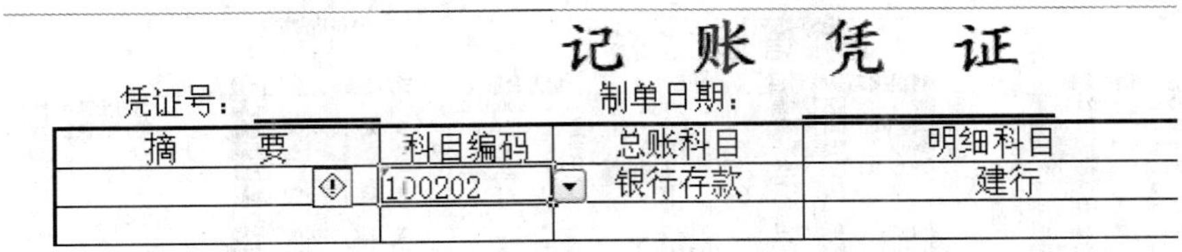

图 3-11　根据公式自动生成总账科目和明细科目

4. 记账凭证汇总

记账凭证审核无误就可以登记有关账簿了，在登记账簿之前可以先将所有的审核无误的记账凭证汇总到一个表中，这样便于会计人员进行相关账簿的登记。操作步骤如下。

① 建立“记账凭证汇总表”，在工作表中输入表格标题和相应的列标题，并进行简单的格式设置。如图 3-12 所示。

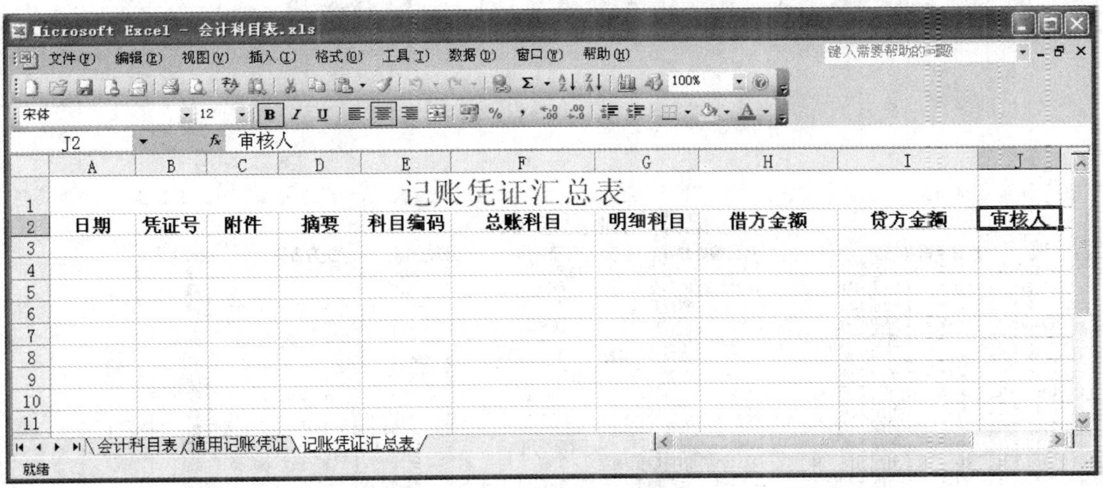

图 3-12　记账凭证汇总表

② 设置好“日期”格式为“yyyy/mm/dd”，“凭证号”的格式为“自定义，0000”，“附件”的数据有效性为允许“整数，1～100”，“摘要”的数据有效性为允许“文本，1～50 长度”，科目编码的数据有效性为允许“序列，=科目编码”，总账科目和明细科目的取值公式按照上述所学定义，以及设置金额的格式为会计专用。

③ 定义平衡检查公式。

选择 L3 单元格，输入“借方金额合计数”；选择 M3 单元格，输入“=SUM(H:H)”；选择 L4 单元格，输入“贷方金额合计数”；选择 M4 单元格，输入“=SUM(I:I)”。

④ 按照单个记账凭证完成记账凭证汇总表，如图 3-13 所示。

1	记账凭证汇总表											
2	日期	凭证号	附件	摘要	科目编码	总账科目	明细科目	借方金额	贷方金额	审核人		
3	2012/5/1	0001	1	支付汇票	2201	应付票据	应付票据	¥ 100,000.00		王静	借方金额合计数	¥ 9,692,800.00
4	2012/5/1	0001	1	支付汇票	100201	银行存款	工行		¥ 100,000.00	王静	贷方金额合计数	¥ 9,692,800.00
5	2012/5/2	0002	1	采购原材料	1402	在途物资	在途物资	¥ 160,000.00		王静		
6	2012/5/2	0002	1	采购原材料	22210102	应交税费	进项税额	¥ 27,200.00		王静		
7	2012/5/2	0002	1	采购原材料	100201	银行存款	工行		¥ 187,200.00	王静		
8	2012/5/3	0003	1	材料验收入库	1403	原材料	原材料	¥ 110,000.00		王静		
9	2012/5/3	0003	1	材料验收入库	1402	在途物资	在途物资		¥ 110,000.00	王静		
10	2012/5/4	0004	1	采购材料	1403	原材料	原材料	¥ 99,800.00		王静		
11	2012/5/4	0004	1	采购材料	22210102	应交税费	进项税额	¥ 16,966.00		王静		
12	2012/5/4	0004	1	采购材料	100201	银行存款	工行	¥ 234.00		王静		
13	2012/5/4	0004	1	采购材料	101203	其他货币资金	银行汇票		¥ 117,000.00	王静		
14	2012/5/5	0005	1	生产领料	500101	生产成本	基本生产成本	¥ 700,000.00		王静		
15	2012/5/5	0005	1	生产领料	1403	原材料	原材料		¥ 650,000.00	王静		
16	2012/5/5	0005	1	生产领料	141102	周转材料	低值易耗品		¥ 50,000.00	王静		
17	2012/5/6	0006	1	销售产品	112201	应收账款	龙华公司	¥ 351,000.00		王静		
18	2012/5/6	0006	1	销售产品	6001	主营业务收入	主营业务收入		¥ 300,000.00	王静		
19	2012/5/6	0006	1	销售产品	22210101	应交税费	销项税额		¥ 51,000.00	王静		
20	2012/5/7	0007	1	出售交易性金融资产	100201	银行存款	工行	¥ 28,000.00		王静		
21	2012/5/7	0007	1	出售交易性金融资产	1101	交易性金融资产	交易性金融资产		¥ 25,000.00	王静		
22	2012/5/7	0007	1	出售交易性金融资产	6111	投资收益	投资收益		¥ 3,000.00	王静		
23	2012/5/8	0008	1	购入固定资产	1601	固定资产	固定资产	¥ 101,000.00		王静		
24	2012/5/8	0008	1	购入固定资产	100202	银行存款	建行		¥ 101,000.00	王静		
25	2012/5/9	0009	1	固定资产交付使用	1601	固定资产	固定资产	¥1,400,000.00		王静		
26	2012/5/9	0009	1	固定资产交付使用	1604	在建工程	在建工程		¥1,400,000.00	王静		
27	2012/5/10	0010	1	固定资产清理	1606	固定资产清理	固定资产清理	¥ 20,000.00		王静		
28	2012/5/10	0010	1	固定资产清理	1602	累计折旧	累计折旧	¥ 180,000.00		王静		
29	2012/5/10	0010	1	固定资产清理	1601	固定资产	固定资产		¥ 200,000.00	王静		
30	2012/5/10	0010	1	固定资产清理	1606	固定资产清理	固定资产清理	¥ 500.00		王静		
31	2012/5/10	0010	1	固定资产清理	100201	银行存款	工行		¥ 500.00	王静		
32	2012/5/10	0010	1	固定资产清理	100201	银行存款	工行	¥ 1,800.00		王静		
33	2012/5/10	0010	1	固定资产清理	1606	固定资产清理	固定资产清理		¥ 1,800.00	王静		
34	2012/5/10	0010	1	固定资产清理	6711	营业外支出	营业外支出	¥ 18,700.00		王静		
35	2012/5/10	0010	1	固定资产清理	1606	固定资产清理	固定资产清理		¥ 18,700.00	王静		

1	记账凭证汇总表									
2	日期	凭证号	附件	摘要	科目编码	总账科目	明细科目	借方金额	贷方金额	审核人
36	2012/5/11	0011	1	归还借款	2001	短期借款	短期借款	¥ 150,000.00		王静
37	2012/5/11	0011	1	归还借款	6603	财务费用	财务费用	¥ 2,500.00		王静
38	2012/5/11	0011	1	归还借款	100201	银行存款	工行		¥ 152,500.00	王静
39	2012/5/12	0012	1	提取现金	1001	库存现金	库存现金	¥ 500,000.00		王静
40	2012/5/12	0012	1	提取现金	100201	银行存款	工行		¥ 500,000.00	王静
41	2012/5/13	0013	1	支付工资	221101	应付职工薪酬	工资	¥ 300,000.00		王静
42	2012/5/13	0013	1	支付工资	1604	在建工程	在建工程	¥ 200,000.00		王静
43	2012/5/13	0013	1	支付工资	1001	库存现金	库存现金		¥ 500,000.00	王静
44	2012/5/14	0014	1	分配工资	500101	生产成本	基本生产成本	¥ 275,000.00		王静
45	2012/5/14	0014	1	分配工资	5101	制造费用	制造费用	¥ 10,000.00		王静
46	2012/5/14	0014	1	分配工资	6602	管理费用	管理费用	¥ 15,000.00		王静
47	2012/5/14	0014	1	分配工资	221101	应付职工薪酬	工资		¥ 300,000.00	王静
48	2012/5/14	0014	1	分配福利费	500101	生产成本	基本生产成本	¥ 38,500.00		王静
49	2012/5/14	0014	1	分配福利费	5101	制造费用	制造费用	¥ 1,400.00		王静
50	2012/5/14	0014	1	分配福利费	6602	管理费用	管理费用	¥ 2,100.00		王静
51	2012/5/14	0014	1	分配福利费	221102	应付职工薪酬	福利费		¥ 42,000.00	王静
52	2012/5/15	0015	1	提取借款利息	6603	财务费用	财务费用	¥ 21,500.00		王静
53	2012/5/15	0015	1	提取借款利息	2231	应付利息	应付利息		¥ 11,500.00	王静
54	2012/5/15	0015	1	提取借款利息	250102	长期借款	应付利息		¥ 10,000.00	王静
55	2012/5/16	0016	1	销售产品	100201	银行存款	工行	¥ 819,000.00		王静
56	2012/5/16	0016	1	销售产品	6001	主营业务收入	主营业务收入		¥ 700,000.00	王静
57	2012/5/16	0016	1	销售产品	22210101	应交税费	销项税额		¥ 119,000.00	王静
58	2012/5/17	0017	1	摊销无形资产	6602	管理费用	管理费用	¥ 10,000.00		王静
59	2012/5/17	0017	1	摊销无形资产	1702	累计摊销	累计摊销		¥ 10,000.00	王静
60	2012/5/18	0018	1	计提折旧	5101	制造费用	制造费用	¥ 80,000.00		王静
61	2012/5/18	0018	1	计提折旧	6602	管理费用	管理费用	¥ 20,000.00		王静
62	2012/5/18	0018	1	计提折旧	1602	累计折旧	累计折旧		¥ 100,000.00	王静
63	2012/5/19	0019	1	收回账款	100201	银行存款	工行	¥ 151,000.00		王静
64	2012/5/19	0019	1	收回账款	112201	应收账款	龙华公司		¥ 151,000.00	王静
65	2012/5/19	0019	1	计提坏账	6602	管理费用	管理费用	¥ 600.00		王静
66	2012/5/19	0019	1	计提坏账	1231	坏账准备	坏账准备		¥ 600.00	王静
67	2012/5/20	0020	1	支付展览费	6601	销售费用	销售费用	¥ 10,000.00		王静
68	2012/5/20	0020	1	支付展览费	100201	银行存款	工行		¥ 10,000.00	王静

图 3-13 记账凭证汇总表

记账凭证汇总表

	日期	凭证号	附件	摘要	科目编码	总账科目	明细科目	借方金额	贷方金额	审核人
69	2012/5/30	0021	1	结转制造费用	500101	生产成本	基本生产成本	¥ 91,400.00		王静
70	2012/5/30	0021	1	结转制造费用	5101	制造费用	制造费用		¥ 91,400.00	王静
71	2012/5/30	0021	1	结转完工产品成本	1405	库存商品	库存商品	¥1,104,900.00		王静
72	2012/5/30	0021	1	结转完工产品成本	500101	生产成本	基本生产成本		¥1,104,900.00	王静
73	2012/5/30	0021	1	支付广告费	6601	销售费用	销售费用	¥ 10,000.00		王静
74	2012/5/30	0021	1	支付广告费	100201	银行存款	工行		¥ 10,000.00	王静
75	2012/5/30	0021	1	计提教育费附加	6403	营业税金及附加	营业税金及附加	¥ 2,000.00		王静
76	2012/5/30	0021	1	计提教育费附加	222110	应交税费	应交教育费附加		¥ 2,000.00	王静
77	2012/5/30	0021	1	交税费	222110	应交税费	应交教育费附加	¥ 2,000.00		王静
78	2012/5/30	0021	1	交税费	22210103	应交税费	已交税金	¥ 100,000.00		王静
79	2012/5/30	0021	1	交税费	100201	银行存款	工行		¥ 102,000.00	王静
80	2012/5/30	0021	1	结转已销产品成本	6401	主营业务成本	主营业务成本	¥ 600,000.00		王静
81	2012/5/30	0021	1	结转已销产品成本	1405	库存商品	库存商品		¥ 600,000.00	王静
82	2012/5/30	0021	1	结转损益	6001	主营业务收入	主营业务收入	¥1,000,000.00		王静
83	2012/5/30	0021	1	结转损益	6111	投资收益	投资收益	¥ 3,000.00		王静
84	2012/5/30	0021	1	结转损益	4103	本年利润	本年利润		¥1,003,000.00	王静
85	2012/5/30	0021	1	结转损益	4103	本年利润	本年利润	¥ 712,400.00		王静
86	2012/5/30	0021	1	结转损益	6401	主营业务成本	主营业务成本		¥ 600,000.00	王静
87	2012/5/30	0021	1	结转损益	6403	营业税金及附加	营业税金及附加		¥ 2,000.00	王静
88	2012/5/30	0021	1	结转损益	6601	销售费用	销售费用		¥ 20,000.00	王静
89	2012/5/30	0021	1	结转损益	6602	管理费用	管理费用		¥ 47,700.00	王静
90	2012/5/30	0021	1	结转损益	6603	财务费用	财务费用		¥ 24,000.00	王静
91	2012/5/30	0021	1	结转损益	6711	营业外支出	营业外支出		¥ 18,700.00	王静
92	2012/5/30	0021	1	计算并结转所得税	6801	所得税费用	所得税费用	¥ 72,650.00		王静
93	2012/5/30	0021	1	计算并结转所得税	222103	应交税费	应交所得税		¥ 72,650.00	王静
94	2012/5/30	0021	1	计算并结转所得税	4103	本年利润	本年利润	¥ 72,650.00		王静
95	2012/5/30	0021	1	计算并结转所得税	6801	所得税费用	所得税费用		¥ 72,650.00	王静

图 3-13 记账凭证汇总表（续）

3.3 总账及试算平衡表

总分类账，简称总账，是根据总分类科目（一级科目）开设账户，用来登记全部经济业务，进行总分类核算，提供总括核算资料的分类账簿。总分类账所提供的核算资料，是编制会计报表的主要依据。其项目应该包括科目编码、科目名称、期初借贷余额、本期借贷发生额和期末借贷余额。此处会涉及 SUMIF 函数、IF 函数和 ABS 函数。

ABS 函数（绝对值函数）的语法和功能如下。

函数语法：ABS(number)。

函数功能：返回数字的绝对值。

操作步骤如下。

① 新建一个工作表，命名为“总账及试算平衡表”。

② 复制“会计科目表”的科目编码、科目名称、期初借贷余额。在“总账及试算平衡表”里进行选择性粘贴，选择“值和数字格式”。

③ 利用筛选功能删除二级及以下科目所在的行。

④ 列标题中输入“本期借方发生额合计”、“本期贷方发生额合计”、“期末借方余额”、“期末贷方余额”。

⑤ 取值公式为：

本期借方发生额=SUMIF(记账凭证汇总表!E:E,A3,记账凭证汇总表!H:H)

其含义是，在“记账凭证汇总表!E:E”范围内查找出科目编码为“A3”的行，并将所在行的 H 列（即借方发生额）进行求和。

本期贷方发生额=SUMIF(记账凭证汇总表!E:E,A3,记账凭证汇总表!I:I)

期末借方余额=IF((C3-D3)+(E3-F3)>=0,(C3-D3)+(E3-F3),0)

期末贷方余额=IF((C3-D3)+(E3-F3)<0,ABS((C3-D3)+(E3-F3)),0)

其含义是，如果该科目的借方期初余额减去贷方期初余额与该科目的本期借方发生额减去贷方发生额之和大于或等于 0，即为该科目的期末借方余额，此时该科目的期末贷方余额为 0。若小于 0，即为该科目的期末贷方余额，返回该值的绝对值，此时该科目的期末借方余额为 0。

计算本期发生额及期末余额如图 3-14 所示。

G3 =IF((C3-D3)+(E3-F3)>=0,(C3-D3)+(E3-F3),0)

	A	B	C	D	E	F	G	H
1	总账及试算平衡表							
2	科目编码	科目名称	期初借方余额	期初贷方余额	本期借方发生额合计	本期贷方发生额合计	期末借方余额	期末贷方余额
3	1001	库存现金	5,000		500,000	500,000	5,000	0
4	1002	银行存款	2,660,000					
5	1012	其他货币资金	128,000					
	1101	交易性金融资产	25,000					

通用记账凭证 / 记账凭证汇总表 / 总账及试算平衡表

图 3-14 计算本期发生额及期末余额

⑥ 利用公式拖动填充完成其余科目的计算。最后的合计使用 SUM 函数将该列数值进行相加，且查看借贷是否平衡，即 C49=SUM(C3:C48)，然后将公式向右复制填充。

⑦ 完成以上步骤后，适当调整格式及美化工作表。最终效果如图 3-15 所示。

	A	B	C	D	E	F	G	H
1	总账及试算平衡表							
2	科目编码	科目名称	期初借方余额	期初贷方余额	本期借方发生额合计	本期贷方发生额合计	期末借方余额	期末贷方余额
3	1001	库存现金	5,000		500,000	500,000	5,000	0
4	1002	银行存款	2,660,000		1,000,034	1,163,200	2,496,834	0
5	1012	其他货币资金	128,000		0	117,000	11,000	0
6	1101	交易性金融资产	25,000		0	25,000	0	0
7	1121	应收票据	246,000		0	0	246,000	0
8	1122	应收账款	400,000		351,000	151,000	600,000	0
9	1231	坏账准备		1,200	0	600	0	1,800
10	1123	预付账款	100,000		0	0	100,000	0
11	1221	其他应收款	4,000		0	0	4,000	0
12	1402	在途物资	245,000		160,000	110,000	295,000	0
13	1403	原材料	550,000		209,800	650,000	109,800	0
14	1411	周转材料	98,050		0	50,000	48,050	0
15	1405	库存商品	1,700,000		1,104,900	600,000	2,204,900	0
16	1511	长期股权投资	250,000		0	0	250,000	0
17	1601	固定资产	2,000,000		1,501,000	200,000	3,301,000	0
18	1602	累计折旧		400,000	180,000	100,000	0	320,000
19	1604	在建工程	1,500,000		200,000	1,400,000	300,000	0
20	1606	固定资产清理			20,500	20,500	0	0
21	1701	无形资产	600,000		0	0	600,000	0
22	1702	累计摊销			0	10,000	0	10,000
23	1801	长期待摊费用	200,000		0	0	200,000	0
24	2001	短期借款		240,000	150,000	0	0	90,000
25	2201	应付票据		300,000	100,000	0	0	200,000
26	2202	应付账款		916,850	0	0	0	916,850
27	2211	应付职工薪酬		110,000	300,000	342,000	0	152,000
28	2221	应交税费		30,000	146,166	244,650	0	128,484

图 3-15 总账及试算平衡表

	A	B	C	D	E	F	G	H
1	总账及试算平衡表							
2	科目编码	科目名称	期初借方余额	期初贷方余额	本期借方发生额合计	本期贷方发生额合计	期末借方余额	期末贷方余额
29	2231	应付利息			0	11,500	0	11,500
30	2241	其他应付款		57,600	0	0	0	57,600
31	2501	长期借款		1,600,000	0	10,000	0	1,610,000
32	4001	实收资本		6,000,000	0	0	0	6,000,000
33	4002	资本公积		593,000	0	0	0	593,000
34	4101	盈余公积		250,000	0	0	0	250,000
35	4103	本年利润			785,050	1,003,000	0	217,950
36	4104	利润分配		212,400	0	0	0	212,400
37	5001	生产成本			1,104,900	1,104,900	0	0
38	5101	制造费用			91,400	91,400	0	0
39	6001	主营业务收入			1,000,000	1,000,000	0	0
40	6111	投资收益			3,000	3,000	0	0
41	6401	主营业务成本			600,000	600,000	0	0
42	6402	其他业务成本			0	0	0	0
43	6403	营业税金及附加			2,000	2,000	0	0
44	6601	销售费用			20,000	20,000	0	0
45	6602	管理费用			47,700	47,700	0	0
46	6603	财务费用			24,000	24,000	0	0
47	6711	营业外支出			18,700	18,700	0	0
48	6801	所得税费用			72,650	72,650	0	0
49		合计	10,711,050	10,711,050	9,692,800	9,692,800	10,771,584	10,771,584

图 3-15 总账及试算平衡表（续）

3.4 明细分类账

明细分类账简称明细账，是指根据总分类科目设置的，由其所属的明细分类科目开设的明细分类帐户组成，用以记录某一类经济业务明细核算资料的分类账簿，能提共有关经济业务的详细资料。

根据总账生成明细账步骤如下。

① 建立一个新工作表，命名为“明细账”。

② 单击“数据>数据透视表和数据透视图”命令，选定区域如图 3-16 所示。按步骤生成数据透视表。

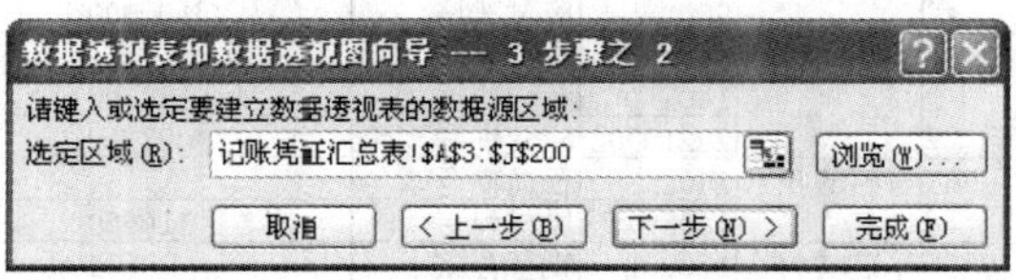

图 3-16 数据源区域选择

③ 数据透视表的布局包括“页字段”区域、“行字段”区域、“列字段”区域和“数据项字段”区域。数据透视表是一个交互式二维报表，“页字段”是本页报表的过滤条件，“行字段”是本页报表的行记录信息；“列字段”是本页报表的列记录信息；“数据项字段”是本页报表的汇总和统计的数据源。

④ 将“日期”添加到行字段，将“凭证号”、“摘要”、“科目编码”、“总账科目”都添加到行字段，将“明细科目”添加到“页面区域”，将“借方金额”、“贷方金额”字段添加到“数据区域”中，如图 3-17 所示。

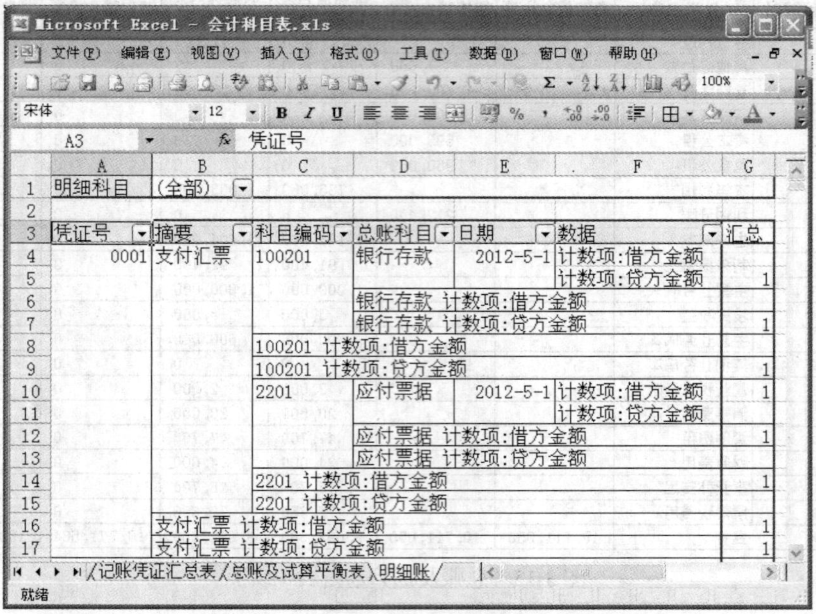

图 3-17 设置数据透视表的各区域字段

⑤ 将“日期”、“凭证号”、“摘要”、“科目编码”、“总账科目”统计单元格都进行“隐藏”，将“借方金额”和“贷方金额”的“字段设置”里汇总方式都由“计数”改为“求和”。将“数据”拖至“汇总”。适当调整各行高和列宽，如图 3-18 所示。

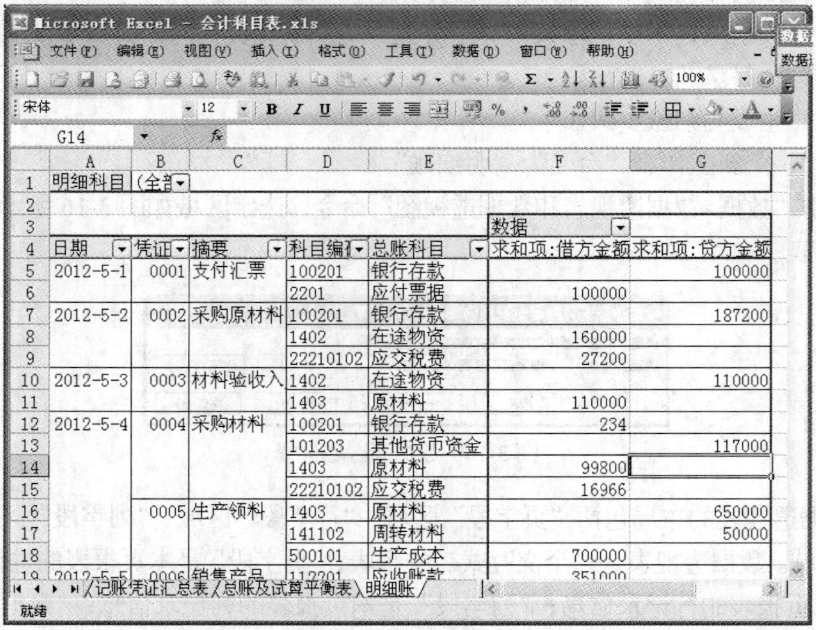

图 3-18 明细账数据透视表

⑥ 通过以上步骤，就可以做出各类明细账。只要在 B1 单元格中选择不同的明细科目，系统就会自动给出各类明细账。

课后实训

嘉佑有限责任公司为增值税一般纳税人，增值税税率为 17%，所得税税率为 25%。材料核算采用先进先出法，原材料月初库存量为 500 吨。公司 2011 年 12 月份的具体业务如下。

1. 设置账户期初余额

设置的账户及期初余额如表 3-2 所示。

表 3-2　嘉佑有限责任公司 2011 年 12 月账户期初余额

科目编码	科目名称	期初借方余额	期初贷方余额
1001	库存现金	4,038.00	
1002	银行存款	672,038.10	
100201	工行	469,668.10	
100202	建行	202,370.00	
1012	其他货币资金	1,000,000.00	
1101	交易性金融资产		
1121	应收票据	292,300.00	
1122	应收账款	1,268,000.00	
112201	北京汽配厂	200,000.00	
112202	南京物资公司	400,000.00	
112203	济南水泥制品厂	668,000.00	
1231	坏账准备		6,340.00
1123	预付账款	180,000.00	
1221	其他应收款	4,400.00	
122101	李强	4,400.00	
1402	在途物资		
1403	原材料	1,414,708.00	
1411	周转材料	43,797.00	
141101	包装物	43,797.00	
1405	库存商品	372,040.00	
1511	长期股权投资	250,000.00	
151101	股票投资	250,000.00	
1601	固定资产	6,686,000.00	
1602	累计折旧		1,952,514.00
1604	在建工程		

续表

科目编码	科目名称	期初借方余额	期初贷方余额
1606	固定资产清理		
1701	无形资产	143,000.00	
1702	累计摊销		
1801	长期待摊费用		
2001	短期借款		500,000.00
2201	应付票据		204,750.00
2202	应付账款		1,058,756.00
220201	烟台铁合金厂		45,810.00
220202	北京汽配厂		45,946.00
220203	滨海煤炭公司		26,700.00
220204	北京工具厂		940,300.00
2211	应付职工薪酬		173,323.40
221101	工资		25,000.00
221102	福利费		148,323.40
2221	应交税费		150,387.40
222101	应交增值税		
22210101	销项税额		
22210102	进项税额		
22210103	已交税金		
222102	未交增值税		53,466.00
222103	应交所得税		90,808.21
222104	应交城建税		3,742.00
222105	应交个人所得税		2,371.19
222110	应交教育费附加		
2231	应付利息		
2241	其他应付款		86,454.00
2501	长期借款		860,400.00
250101	本金		700,000.00
250102	应付利息		160,400.00
2502	应付债券		100,000.00
2701	长期应付款		68,695.30
4001	实收资本		6,200,000.00
4002	资本公积		582,701.00
4101	盈余公积		300,000.00
410101	法定盈余公积		300,000.00
4103	本年利润		
4104	利润分配		126,000.00

续表

科目编码	科目名称	期初借方余额	期初贷方余额
410401	未分配利润		126,000.00
5001	生产成本	40,000.00	
500101	基本生产成本	40,000.00	
500102	辅助生产成本		
5101	制造费用		
6001	主营业务收入		
6111	投资收益		
6401	主营业务成本		
6402	其他业务成本		
6403	营业税金及附加		
6601	销售费用		
6602	管理费用		
6603	财务费用		
6711	营业外支出		
6801	所得税费用		
合计		12,370,321.10	12,370,321.10

2. 2011 年 12 月份发生如下经济业务

（1）本月 2 号从工行提取备用金 2 000 元。

借：库存现金　　2 000

　　贷：银行存款—工行　　2 000

（2）本月 5 号购材料 5 000 元。

借：原材料　　5 000

　　应交税费—应交增值税—进项税额　　850

　　贷：银行存款—工行　　5 850

（3）6 号销售部李强预借差旅费 1 000 元。

借：其他应收款—李强　　1 000

　　贷：库存现金　　1 000

（4）本月 10 号计提工人工资 16 000 元，管理人员工资 9 000 元。

借：生产成本—基本生产成本　　16 000

　　管理费用　　9 000

　　贷：应付职工薪酬—工资　　25 000

（5）11 号车间领用材料 2 100 元。

借：生产成本　　2 100

　　贷：原材料　　2 100

（6）12 号销售部销售产品 74 880 元。

借：银行存款—建行　　7 4880

　　贷：主营业务收入　　64 000

应交税费—应交增值税—销项税额　　10 880

（7）31号支付本月电话费400元。

借：管理费用—其他　　400

贷：银行存款—工行　　400

（8）31号支付本月银行借款利息120元。

借：财务费用　　120

贷：银行存款—建行　　120

（9）31号计提本月固定资产折旧3 000元。

借：生产成本　　2 000

管理费用　　1 000

贷：累计折旧　　3 000

（10）31号结转本月完工产品成本。

借：库存商品　　30 100

贷：生产成本　　30 100

（11）31号结转本月销售产品成本。

借：主营业务成本　　20 100

贷：库存商品　　20 100

（12）31号结转本月损益。

借：主营业务收入　　64 000

贷：本年利润　　64 000

借：本年利润　　30 620

贷：主营业务成本　　20 100

管理费用　　10 400

财务费用　　120

（13）31号计算并结转应交所得税（不考虑纳税调整事项，税率为25%）。

借：所得税费用　　8 345

贷：应交税费—应交所得税　　8 345

借：本年利润　　8 345

贷：所得税费用　　8 345

（14）31号计算本年利润。

借：本年利润　　25 035

贷：利润分配—未分配利润　　25 035

3. 实训要求

（1）建立本月“会计科目及余额表”。

（2）建立本月“记账凭证汇总表”。

（3）生成“总账及试算平衡表”。

（4）生成“明细账”。

第 4 章

进销存管理及往来账务

进销存管理是实现企业内部有效管理的重要环节，它包含了公司的采购部门、销售部门以及仓库保管部门的所有业务。其中，采购是企业实现价值的开始，采购成本的大小直接影响企业的利润；销售是企业实现价值的主要手段，是企业进销存管理系统的重要组成部分；存货是企业会计核算和管理中的一个重要环节，存货管理的好坏和信息提供的准确与否会直接影响企业的采购、生产和销售业务的进行。

通过进销存管理可以方便有效地将采购、入库以及销售高效地融为一体，以协助公司全面控制整个过程。往来业务发生后，对公司的往来账务管理是企业财务管理的重要内容，同时也是管理企业流动资产的一个重要组成部分。

本章将学习用 Excel 建立准确的进销存数据记录和往来账务管理。

【学习目标】

- 了解进销存业务的管理流程。
- 熟练掌握日期函数及 SUMIF、VLOOKUP 等常用函数的使用。
- 掌握制作采购、销售记录单及收款、付款业务表。
- 掌握制作库存管理表。

4.1 背景资料

丰源公司主要从事生产、销售小型设备。其供应商、客户资料如表 4-1、表 4-2 所示；其库存材料、商品资料如表 4-3、表 4-4 所示。

表 4-1　　供应商资料

供应商编号	供应商名称	开户银行	账号	纳税人登记号
1	成都机械公司	建行人民路银行	5467***********	510100937654321
2	西安红岭工贸公司	农行丰庆路支行	6574***********	610100123456789
3	天津物资供应公司	农行红星路分理处	2435***********	120100657894321

表 4-2　　客户资料

客户	客户名称	开户银行	账号	纳税人登记号
1	石家庄五金公司	建行红旗大街分理处	8457***********	130100987654321
2	黄河机械厂	农行迎宾路支行	4326***********	370500123455789

续表

客户	客户名称	开户银行	账号	纳税人登记号
3	大连明达机械公司	农行建设路分理处	3278***********	210200321654987
4	河北清河纺织公司	工行胜利分理处	8769***********	130600657894321

表 4-3　库存材料

明细账户		单位	商品编码	型号规格	数量	单价（元）	金额（元）
主要材料	X 材料	吨	C001	L 型	400	40	16,000
	Y 材料	吨	C002	L 型	400	35	14,000
	Z 材料	吨	C003	L 型	20	28	560
辅助材料	配件 A	件	C004	M 型	100	20	2,000
	配件 B	件	C005	M 型	400	3	1,200
合计							33,760

表 4-4　库存商品

明细账户	单位	商品编码	型号规格	数量	借贷	单价（元）	金额（元）
甲设备	件	S001	S 型	20	借	1032	20,640
乙设备	件	S002	S 型	25	借	512	12,800
合计							33,440

2012 年 6 月丰源公司进销存业务如下。

（1）1 日，从西安红岭工贸公司购入 X 材料 200 吨，单价 40 元。采购发票号 501211。

（2）3 日，销售给石家庄五金公司甲设备 10 台，单价 2000 元。

（3）5 日，从成都机械公司购入 Z 材料 30 吨，单价 30 元，材料验收入库，款项已付现，结算单据号 1205。采购发票号 301202。

（4）8 日，从天津物资供应公司采购配件 A100 件，单价 21 元。货款未付，采购发票号 201802。

（5）9 日，销售乙设备 5 台给黄河机械厂，单价 1000 元。

（6）11 日，从成都机械公司购入配件 B200 件，单价 3 元；购入 Y 材料 200 吨，单价 35 元。采购发票号 301215。

（7）12 日，从西安红岭工贸公司购入 X 材料 300 吨，单价 40 元。采购发票号 501235。

（8）27 日，收到销售给石家庄五金公司甲设备的价款 20000 元。结算票据号 23124。

4.2 采购管理

为了保障企业运营的持续性，企业需要不断地采购相关的原材料。在采购原材料之前，首先要根据采购计划制订采购计划表，经相关领导和财务审核后由采购部门统一采购，然后对原材料的采购情况进行登记，同时对于采购过程中发生的一些经济业务，会计人员制订付款业务表。

4.2.1　采购计划表

采购计划表主要包括采购时间、原料名称、规格型号、采购数量及库存数量等内容。具体操作步骤如下。

① 新建一个工作簿，命名为“采购业务表.xls”，将 Sheet1 重命名为“采购计划表”，按照图 4-1 所示样式在工作表中输入相应内容，及适当调整格式。

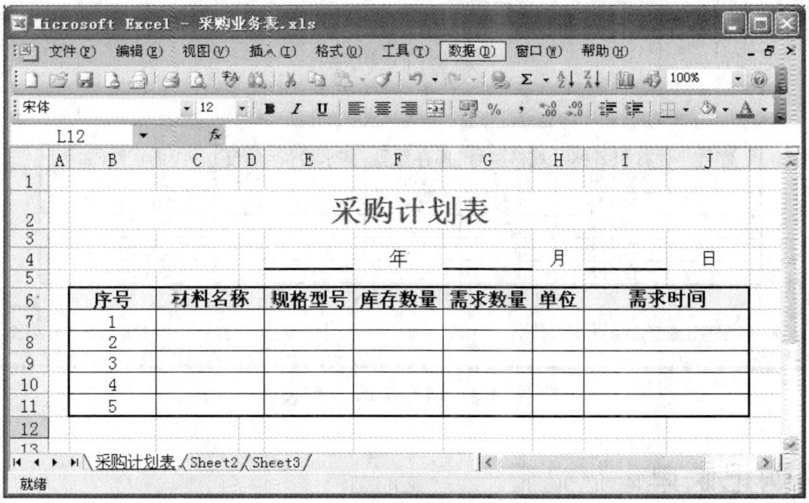

图 4-1　制作采购计划表

② 在相应单元格中输入日期函数。此处涉及 TODAY 函数、YEAR 函数、MONTH 函数和 DAY 函数。

- TODAY 函数

函数语法：TODAY()

函数功能：返回当前日期（前提为该单元格的数字格式为“常规”或“日期”）。

- YEAR 函数

函数语法：YEAR(serial_number)

函数功能：返回某日期对应的年份。

- MONTH 函数

函数语法：MONTH(serial_number)

函数功能：返回某日期对应的月份。

- DAY 函数

函数语法：DAY(serial_number)

函数功能：返回某日期对应的天数。

按照以上步骤，在相应单元格中输入日期函数。即 E4=YEAR(TODAY())、G4=MONTH(TODAY())、I4=DAY(TODAY())，随即单元格中显示当前日期的对应值。

③ 设置需求时间。一般情况下，采购部需要根据实际原材料需要设置需求时间，假设此时采购的材料要在 10 天后使用，那么可以在单元格 I7 中输入公式“=TODAY()+10”，随即返回计算结果到单元格 I7 中。

④ 采购计划表填写后如图 4-2 所示。

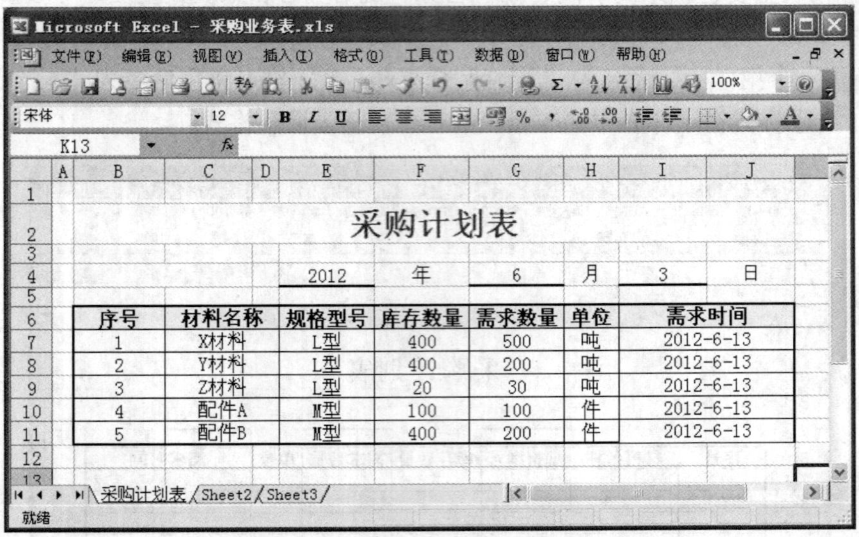

图 4-2 填写采购计划表

4.2.2 采购记录单

采购完成后，采购部门需对采购的材料登记汇总，详细记录材料和备件采购情况相关信息的数据清单，从而形成采购记录单。具体操作步骤如下。

① 打开“采购业务表.xls”，将 Sheet2 重命名为“采购记录单”。采购记录单设置以下项目：业务日期、采购发票号、摘要、商品编码、商品名称、型号规格、单位、进货数量、进货单价、进货金额、供应商、已付货款和应付货款余额，适当调整格式。

② 此处需对“供应商”列进行有效性设置，因为后面将按照“供应商”结算应付货款。

③ 输入表格中相应计算公式：进货金额=进货单价*进货数量，应付货款余额=进货金额-已付货款，并将公式填充到该列其他单元格。

④ 对“应付货款余额”列进行条件格式设置，对结清款项的单元格设置为灰色背景，如图 4-3 所示。

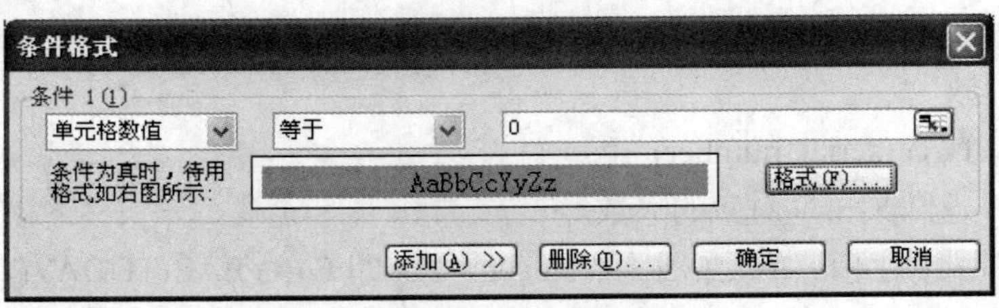

图 4-3 条件格式设置

⑤ 根据采购业务完成“采购记录单”的数据输入，完成后如图 4-4 所示。

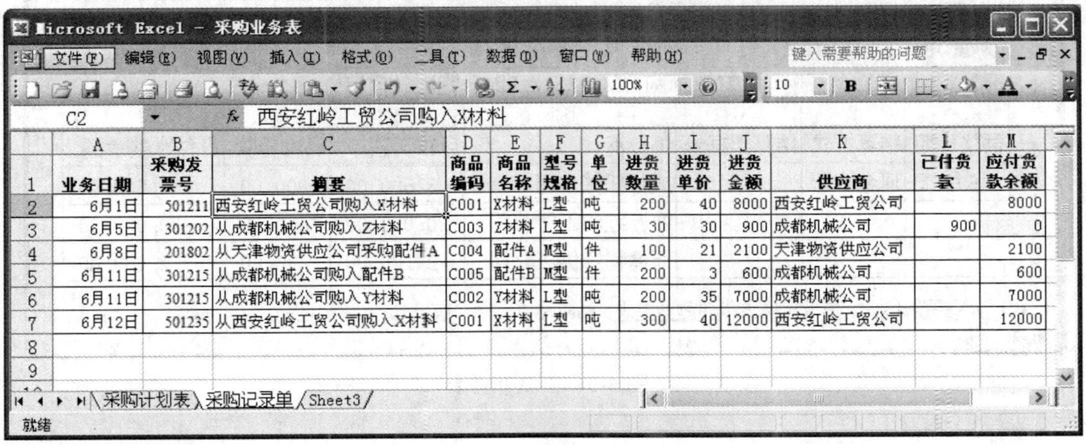

业务日期	采购发票号	摘要	商品编码	商品名称	型号规格	单位	进货数量	进货单价	进货金额	供应商	已付货款	应付货款余额
6月1日	501211	西安红岭工贸公司购入X材料	C001	X材料	L型	吨	200	40	8000	西安红岭工贸公司		8000
6月5日	301202	从成都机械公司购入Z材料	C003	Z材料	L型	吨	30	30	900	成都机械公司	900	0
6月8日	201802	从天津物资供应公司采购配件A	C004	配件A	M型	件	100	21	2100	天津物资供应公司		2100
6月11日	301215	从成都机械公司购入配件B	C005	配件B	M型	件	200	3	600	成都机械公司		600
6月11日	301215	从成都机械公司购入Y材料	C002	Y材料	L型	吨	200	35	7000	成都机械公司		7000
6月12日	501235	从西安红岭工贸公司购入X材料	C001	X材料	L型	吨	300	40	12000	西安红岭工贸公司		12000

图 4-4 采购记录单

4.2.3 付款业务表

企业购买原材料、商品或者接收劳务等应当支付相应款项，这是买卖双方在购销活动中由于取得物资与支付货款在时间上不一致而产生的负债。企业应当加强对往来账务中应付账款的管理，以避免财务危机，维护企业信誉。

按照采购记录单的业务，需要按照供应商结算货款，制作“付款业务表”，此处需要用到 SUMIF 函数。具体操作步骤如下。

① 打开“采购业务表.xls”，将 Sheet3 重命名为“付款业务表”。

② 输入表头的各个项目的名称：付款日期、结算方式、结算票据号、供应商、应付货款、已付货款、应付账款余额。将涉及金额的列的单元格格式设置为“数值，2 位小数点，使用千位分隔符”，适当调整表格格式。

③ 为了方便输入并防止输入错误，对“结算方式”、“供应商”列进行数据有效性设置。“结算方式”列的数据有效性设置为：现金支票、转账支票、银行汇票、银行本票、汇兑、信用证。

④ 根据“采购记录单”中所记录的内容，在“应付货款”列的 E2 单元格输入公式，使用 SUMIF 函数，即输入“=SUMIF(采购记录单!K:K,D2,采购记录单!J:J)”。其含义是：在“采购记录单”的 K 列查找符合 D2 单元格条件的行，将该行对应的 J 列的数值进行求和。同样，将公式向下填充。

⑤ 同上理，“已付货款”的公式为“=SUMIF(采购记录单!K:K,D2,采购记录单!L:L)”，最后，应付货款余额=应付货款-已付货款。

⑥ 将已付款的数据填入表格中，在“供应商”里选择相应供应商，每个供应商占一行数据，结算应付货款余额，如图 4-5 所示。

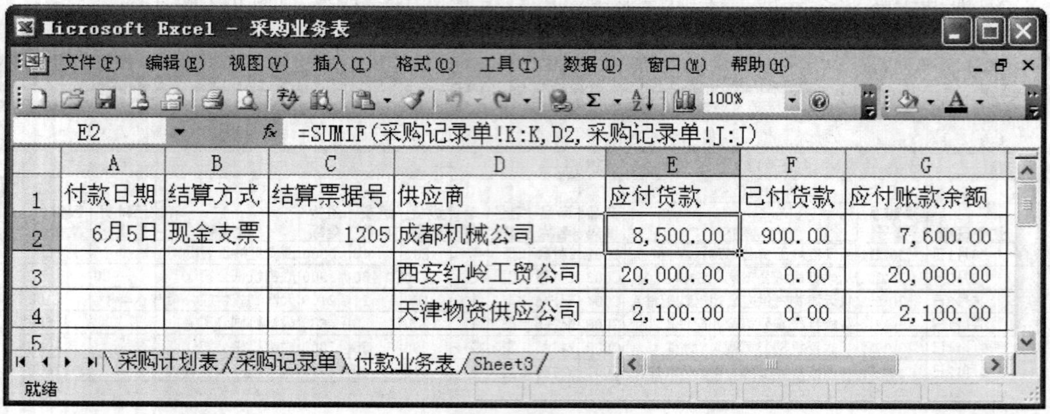

图 4-5 付款业务表

4.3 销售管理

销售是企业生产经营活动中的一个重要环节，是取得营业收入的必要手段。在销售与收款业务处理中，企业要了解有关的产品销售信息和收款结算信息，要记录和客户沟通联系和还款的情况。

4.3.1 销售记录单

一般情况下，企业中的销售数据主要是以流水账的形式记录的，因此可以创建销售记录单以便于管理。

销售记录单主要包括业务日期、客户、商品名称、型号规格、销售数量等内容。具体操作步骤如下：

① 新建一个工作簿，命名为“销售业务表.xls”，将 Sheet1 重命名为“销售记录单”，按照如图 4-6 所示样式在工作表中输入项目名称，及适当调整格式。

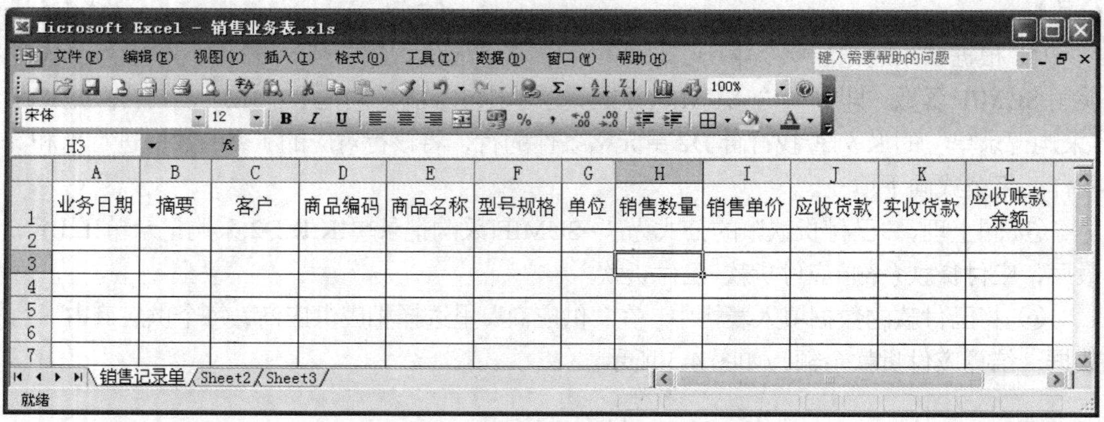

图 4-6 销售记录单（1）

② 此处需对“客户”列进行有效性设置，因为后面将按照“客户”结算应收货款。

③ 输入表格中相应计算公式：应收货款=销售单价*销售数量，应收账款余额=应收货款-实收货款，并将公式填充到该列其他单元格。

④ 对“应收账款余额”列进行条件格式设置，对结清款项的单元格设置为灰色背景。将涉及金额的列的单元格格式设置为“数值，2 位小数点，使用千位分隔符”。

⑤ 根据销售业务完成“销售记录单”的数据输入，完成后如图 4-7 所示。

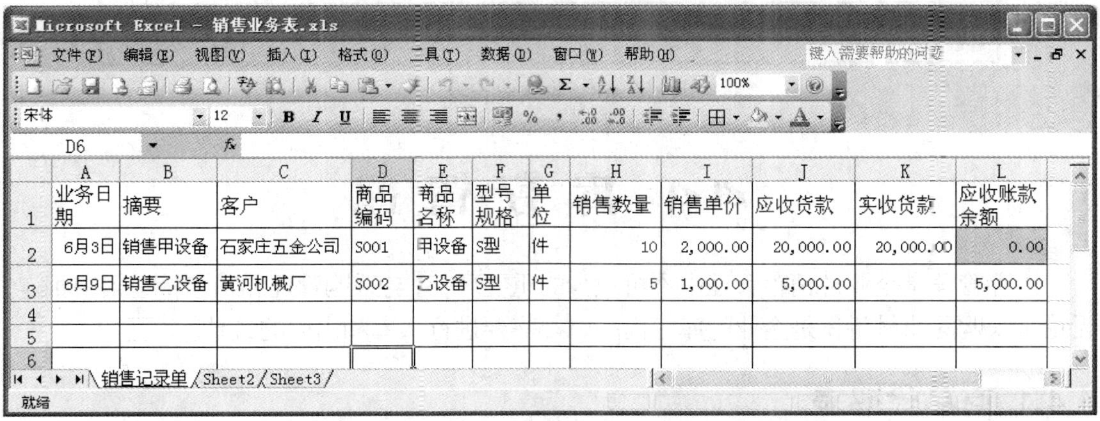

业务日期	摘要	客户	商品编码	商品名称	型号规格	单位	销售数量	销售单价	应收货款	实收货款	应收账款余额
6月3日	销售甲设备	石家庄五金公司	S001	甲设备	S型	件	10	2,000.00	20,000.00	20,000.00	0.00
6月9日	销售乙设备	黄河机械厂	S002	乙设备	S型	件	5	1,000.00	5,000.00		5,000.00

图 4-7　销售记录单（2）

4.3.2　收款业务表

企业销售商品应及时确认收入，并结算相关的销售成本。

按销售记录单的业务，需要按照客户结算货款，制作“收款业务表”，此处需要用到 SUMIF 函数。具体操作步骤如下。

① 打开“销售业务表.xls”，将 Sheet2 重命名为“收款业务表”。

② 输入表头的各个项目的名称：收款日期、结算方式、结算票据号、客户、应收货款、已收货款、应收账款余额。将涉及金额的列的单元格格式设置为“数值，2 位小数点，使用千位分隔符”，适当调整表格格式。

③ 为了方便输入并防止输入错误，对“结算方式”、“客户”列进行数据有效性设置。“结算方式”列的数据有效性设置为：现金支票、转账支票、银行汇票、银行本票、汇兑、信用证。

根据“销售记录单”中所记录的内容，在“应收货款”列的 E2 单元格输入公式，使用 SUMIF 函数，输入“=SUMIF(销售记录单!C:C,D2,销售记录单!J:J)”。其含义是：在“销售记录单”中 C 列查找符合 D2 单元格条件的行，将该行对应的 J 列的数值进行求和。同样，将公式向下填充。

同上理，“已收货款”的公式为“=SUMIF(销售记录单!C:C,D2,销售记录单!K:K)”，最后，应收账款余额=应收货款-已收货款。

将已收款的数据填入表格中，在“客户”里选择相应客户，每个客户占一行数据，结算应付货款余额，如图 4-8 所示。

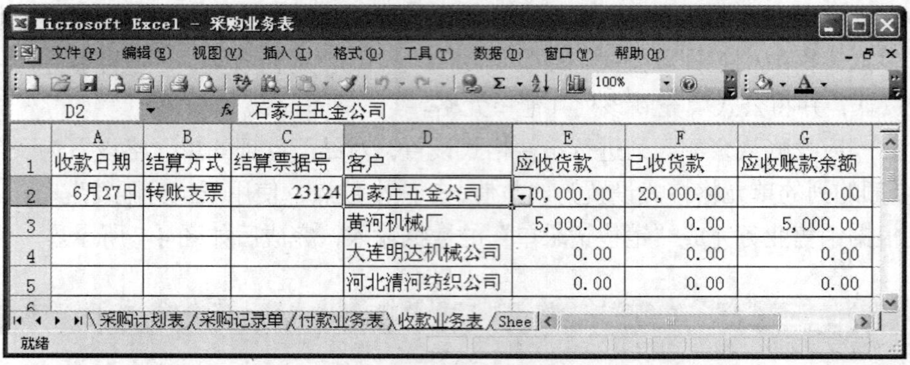

	A	B	C	D	E	F	G
1	收款日期	结算方式	结算票据号	客户	应收货款	已收货款	应收账款余额
2	6月27日	转账支票	23124	石家庄五金公司	20,000.00	20,000.00	0.00
3				黄河机械厂	5,000.00	0.00	5,000.00
4				大连明达机械公司	0.00	0.00	0.00
5				河北清河纺织公司	0.00	0.00	0.00

图 4-8　收款业务表

4.4 库存管理

库存管理是企业进销存管理中不可缺少的重要环节，与采购管理和销售管理紧密相连，无论是采购的原材料还是企业的库存商品，都需要进行入库和出库的统计。

4.4.1 商品代码表

商品代码化在库存的系统化管理中起着关键性作用，既便于查找商品代码对应的商品名称、规格型号、供应商等信息，又可以实现个别计价，对发生价格变化的商品重新编码，以新代码识别新的商品入库价格。具体操作步骤如下。

① 新建一个工作簿，命名为“库存管理表.xls”，将 Sheet1 重命名为“商品代码表”，在工作表中输入表格标题和相应的列标题，并进行简单的格式设置。

② 将“材料代码”、“商品代码”列的单元格格式设置为“文本”，输入相应内容，如图 4-9 所示。

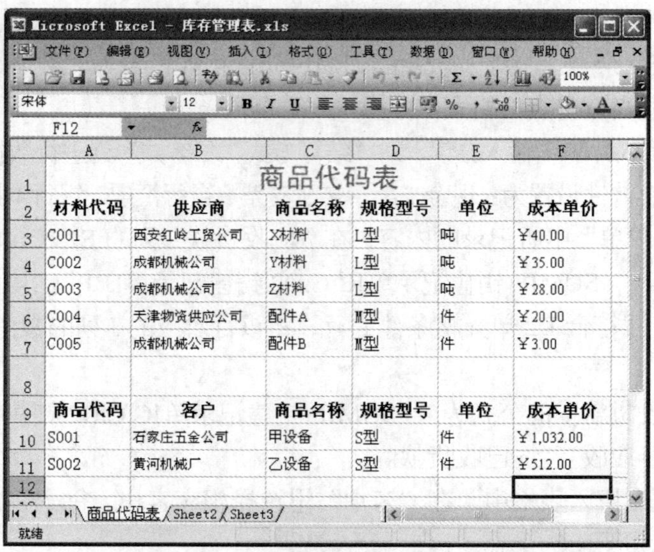

商品代码表

材料代码	供应商	商品名称	规格型号	单位	成本单价
C001	西安红岭工贸公司	X材料	L型	吨	￥40.00
C002	成都机械公司	Y材料	L型	吨	￥35.00
C003	成都机械公司	Z材料	L型	吨	￥28.00
C004	天津物资供应公司	配件A	M型	件	￥20.00
C005	成都机械公司	配件B	M型	件	￥3.00

商品代码	客户	商品名称	规格型号	单位	成本单价
S001	石家庄五金公司	甲设备	S型	件	￥1,032.00
S002	黄河机械厂	乙设备	S型	件	￥512.00

图 4-9　商品代码表（1）

③ 给表格添加框线。其中不同供应商、客户用红色虚线隔开。步骤为：选中单元格区域 A3:F7、A10:F11，单击“格式>条件格式”命令，在对话框中选择“公式”选项，然后在右侧的文本框中输入公式，如图 4-10 所示。单击“格式”按钮，选择添加红色虚线到下边框，如图 4-11 所示。

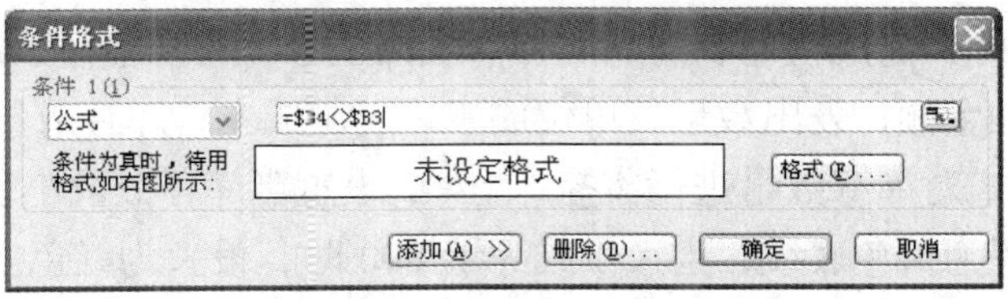

图 4-10　“条件格式”对话框

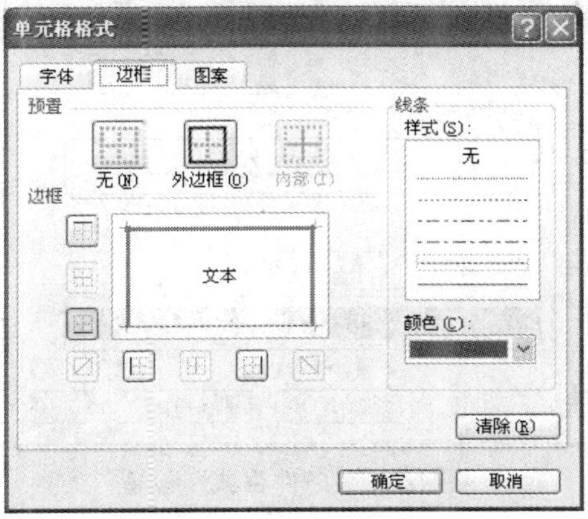

图 4-11 设定单元格边框样式

④ 单击“工具>选项>视图>”命令，在选项卡里撤选“网格线”复选框，将网格线隐藏。此时商品代码表如图 4-12 所示。

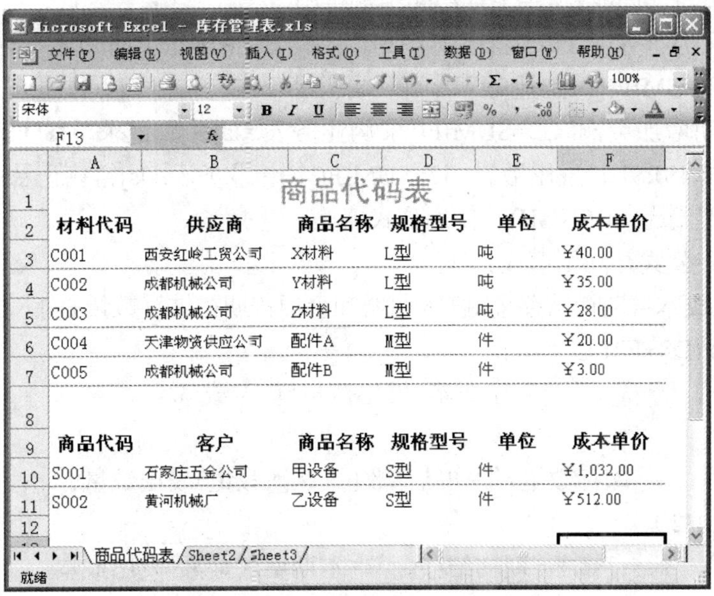

商品代码表

材料代码	供应商	商品名称	规格型号	单位	成本单价
C001	西安红岭工贸公司	X材料	L型	吨	￥40.00
C002	成都机械公司	Y材料	L型	吨	￥35.00
C003	成都机械公司	Z材料	L型	吨	￥28.00
C004	天津物资供应公司	配件A	M型	件	￥20.00
C005	成都机械公司	配件B	M型	件	￥3.00

商品代码	客户	商品名称	规格型号	单位	成本单价
S001	石家庄五金公司	甲设备	S型	件	￥1,032.00
S002	黄河机械厂	乙设备	S型	件	￥512.00

图 4-12　商品代码表（2）

4.4.2 库存统计表

库存统计表是对商品的出入库情况的综合统计，它包括期初库存、本期入库、本期出库和期末库存等信息。具体操作步骤如下。

① 打开“库存管理表.xls”，将 Sheet2 重命名为“库存统计表”。

② 输入项目名称：商品代码、商品名称、规格型号、期初结存数量、期初结存金额、购入数量、本期增加金额、发出数量、单位成本、发出成本、库存数量、结存金额。

③ 利用条件格式对库存数量进行监控。比如，设置当库存数量小于或等于 300 时，应及时补充进货，设置为黄色底纹，当大于或等于 800 时，设置为红色底纹，提醒暂时不予进货，如图 4-13 所示。

图 4-13 “条件格式”设置

④ 利用公式输入各单元格的数据。A 列的内容直接输入；B 列、C 列的数据使用 VLOOKUP 函数由商品代码表得出，即商品名称 B2=VLOOKUP(A2,商品代码表!A:D,3,0)，型号规格 C2=VLOOKUP(库存统计表!A2,商品代码表!A:D,4,0)，使用公式填充到该两列其余单元格。D 列、E 列的数据由上期结转余额得出。

⑤ 打开“采购业务表”和“销售业务表”，利用 SUMIF 公式计算本期增加和本期发出，即购入数量 F2=SUMIF([采购业务表.xls]采购记录单!$D:$D,A2,[采购业务表.xls]采购记录单!$H:$H)、本期增加金额 G2=SUMIF([采购业务表.xls]采购记录单!$D:$D,A2,[采购业务表.xls]采购记录单!$J:$J)；发出数量 H2=SUMIF([销售业务表.xls]销售记录单!$D:$D,A2,[销售业务表.xls]销售记录单!$H:$H)。使用公式填充。

⑥ 使用以下公式并向下填充：

单位成本=(期初结存金额+本期增加金额)/(期初结存数量+购入数量)

即（I2=(E2+G2)/(D2+F2)）。

发出成本=发出数量*单位成本

即（J2=H2*I2）。

库存数量=期初结存数量+购入数量-发出数量

即（K2=D2+F2-H2）。

结存金额=期初结存金额+本期增加金额-发出成本

即（L2=E2+G2-J2）。

⑦ 库存统计表如图 4-14 所示。

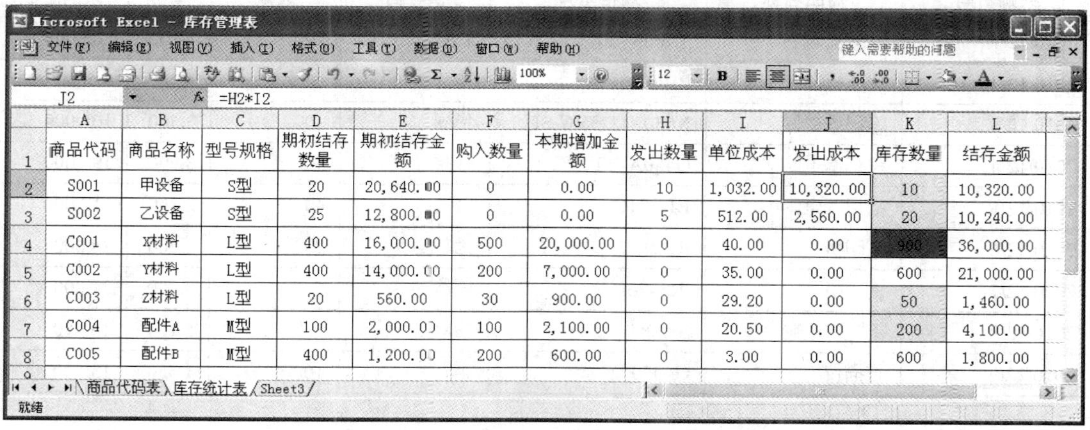

	A	B	C	D	E	F	G	H	I	J	K	L
1	商品代码	商品名称	型号规格	期初结存数量	期初结存金额	购入数量	本期增加金额	发出数量	单位成本	发出成本	库存数量	结存金额
2	S001	甲设备	S型	20	20,640.00	0	0.00	10	1,032.00	10,320.00	10	10,320.00
3	S002	乙设备	S型	25	12,800.00	0	0.00	5	512.00	2,560.00	20	10,240.00
4	C001	X材料	L型	400	16,000.00	500	20,000.00	0	40.00	0.00	900	36,000.00
5	C002	Y材料	L型	400	14,000.00	200	7,000.00	0	35.00	0.00	600	21,000.00
6	C003	Z材料	L型	20	560.00	30	900.00	0	29.20	0.00	50	1,460.00
7	C004	配件A	M型	100	2,000.00	100	2,100.00	0	20.50	0.00	200	4,100.00
8	C005	配件B	M型	400	1,200.00	200	600.00	0	3.00	0.00	600	1,800.00

图 4-14　库存统计表

4.4.3　销售结算

本期库存统计完毕后，企业可根据本期的单位成本进行销售结算，可在销售记录单中增加两列——“销售成本”和“销售毛利”，以便通过与“库存管理表”的配合使用，随时获得每笔销售业务的利润。公式如下：

销售成本=销售数量*单位成本

销售毛利=应收货款-销售成本

如图 4-15 所示。

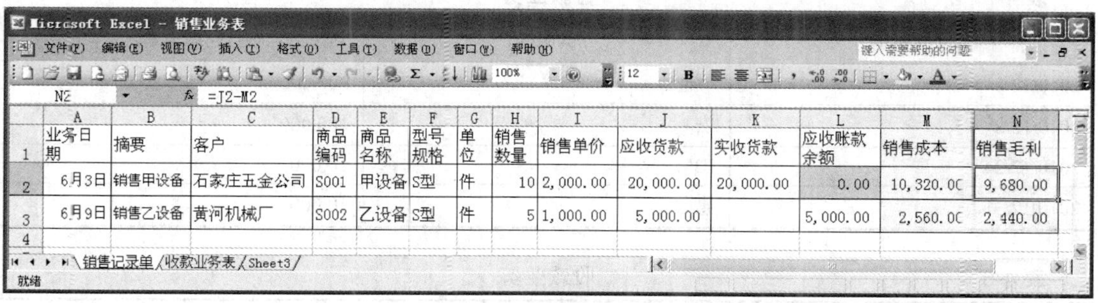

	A	B	C	D	E	F	G	H	I	J	K	L	M	N
1	业务日期	摘要	客户	商品编码	商品名称	型号规格	单位	销售数量	销售单价	应收货款	实收货款	应收账款余额	销售成本	销售毛利
2	6月3日	销售甲设备	石家庄五金公司	S001	甲设备	S型	件	10	2,000.00	20,000.00	20,000.00	0.00	10,320.00	9,680.00
3	6月9日	销售乙设备	黄河机械厂	S002	乙设备	S型	件	5	1,000.00	5,000.00		5,000.00	2,560.00	2,440.00

图 4-15　销售结算

课后实训

昌宏科技有限公司是一家经营计算机及周边设备的公司，该公司 2010 年 12 月份的采购、销售、付款、收款、库存分别如表 4-5、表 4-6、表 4-7、表 4-8 和表 4-9 所示。

表 4-5 采购业务

采购日期	商品名称	规格型号	供应商	数量	单价	采购金额
2010/12/1	笔记本电脑	Y400N-IFI	联想	50	4,100	205,000
2010/12/2	打印机	P1007	惠普	10	450	4,500
2010/12/3	笔记本电脑	X550XI323VC-SL	华硕	30	3,500	105,000
2010/12/4	笔记本电脑	G480A-IFI	联想	50	3,900	195,000
2010/12/5	笔记本电脑	E1-571G	宏基	40	2,800	112,000
2010/12/6	打印机	R270	爱普生	20	1,200	24,000
2010/12/7	复印机	iR2420L	佳能	5	4,200	21,000
2010/12/8	笔记本电脑	S320U	IBM	3	5,150	15,450
2010/12/9	扫描仪	G4050	惠普	10	1,350	13,500

表 4-6 销售业务

销售日期	商品名称	规格型号	商品品牌	客户	数量	单价	销售金额
2010/12/1	笔记本电脑	Y400N-IFI	联想	政府采购	20	4,500	90,000
2010/12/2	打印机	R270	爱普生	政府采购	10	2,000	20,000
2010/12/15	笔记本电脑	Y400N-IFI	联想	店面销售	5	4,999	24,995
2010/12/15	笔记本电脑	X550XI323 VC-SL	华硕	店面销售	2	4,199	8,398
2010/12/15	笔记本电脑	G480A-IFI	联想	店面销售	3	4,199	12,597
2010/12/21	扫描仪	G4050	惠普	金茂公司	2	1,800	3,600
2010/12/24	笔记本电脑	S320U	IBM	三木公司	2	6,000	12,000

表 4-7 付款业务

付款日期	供应商	付款金额
2010/12/2	联想	200,000
2010/12/8	宏基	100,000
2010/12/24	IBM	10,000
2010/12/31	惠普	10,000

表 4-8 收款业务

收款日期	客户	收款金额
2010/12/1	政府采购	50,000
2010/12/15	店面销售	45,990
2010/12/24	三木公司	10,000

表 4-9 库存

商品名称	规格型号	供应商	数量	单价
笔记本电脑	Y400N-IFI	联想	5	4,200
打印机	P1007	惠普	2	550
笔记本电脑	X550XI323VC-SL	华硕	3	3,300

续表

商品名称	规格型号	供应商	数量	单价
笔记本电脑	G480A-IFI	联想	5	3,950
笔记本电脑	E1-571G	宏基	4	2,950
打印机	R270	爱普生	5	1,000
复印机	iR2420L	佳能	2	4,300
笔记本电脑	S320U	IBM	1	5,400
扫描仪	G4050	惠普	3	1,150

实训要求：

（1）制作采购记录单及付款业务表；

（2）制作销售记录单及收款业务表；

（3）制作库存统计表，对库存量超过 50 的进行条件格式定义；

（4）进行销售结算。

第 5 章

工资管理

工资是企业在一定时间内直接支付给本单位员工的劳动报酬，也是企业进行各种费用计提的基础。工资管理是企业管理的重要组成部分，是每个单位财会部门最基本的业务之一，它不仅关系到每个员工的切身利益，也是直接影响产品成本核算的重要因素。手工进行核算，需要占用财务人员大量的精力和时间，并且容易出错，采用计算机进行工资核算可以有效提高工资核算的准确性和及时性。员工工资管理不仅是一个单位管理薪资的重要手段，也是财务人员的一项重要的工作内容，同时也是保障企业运转的基础。

通过本章的学习，应了解并掌握 Excel 在工资账务处理流程中的应用。

【学习目标】

- 掌握工资表中工资项目的计算。
- 熟练掌握使用 IF 函数的嵌套。
- 掌握工资数据的查询与统计。
- 掌握工资条的制作与打印。

5.1 背景资料

嘉佑股份有限公司是一家小型工业企业，主要有管理部、生产部、销售部 3 个部门。另外，企业员工主要有 5 种职务类别：公司管理、生产管理、生产工人、销售管理、销售人员。每个员工的工资项目有基本工资、岗位工资、住房补贴、奖金、事假扣款、病假扣款、养老保险扣款、医疗保险扣款等。除基本工资因人而异外（要求必须一一输入），其他的工资项目将根据员工职务类别和部门决定，而且随时间的变化而变化。

2012 年 1 月嘉佑股份有限公司员工基本工资情况与出勤情况如表 5-1 所示。

表 5-1　　2012 年 1 月公司员工基本工资情况与出勤情况

员工编号	姓名	部门	性别	员工类别	基本工资	事假天数	病假天数
1001	李飞	管理部	男	公司管理	4,500		
1002	马媛	管理部	女	公司管理	4,000	2	
1003	李正	管理部	男	公司管理	3,800		2
2001	张力	生产部	男	生产管理	4,000		
2002	王莎	生产部	男	生产工人	3,300		
2003	孔丽	生产部	女	生产工人	3,000		

续表

员工编号	姓名	部门	性别	员工类别	基本工资	事假天数	病假天数
2004	赵阳	生产部	男	生产工人	3,000	16	
3001	白雪	销售部	女	销售管理	4,000		
3002	孙武	销售部	男	销售人员	3,500		
3003	齐磊	销售部	男	销售人员	3,000		15
3004	牛玲	销售部	女	销售人员	3,000		
3005	王林	销售部	男	销售人员	3,200		

其他工资项目的发放情况及有关规定如下。

- 岗位工资：根据员工类别不同进行发放，管理人员（公司管理、生产管理、销售管理）为 1000 元，生产工人为 500 元，销售人员 800 元。
- 住房补贴：根据员工类别不同进行发放，生产工人为 200 元，销售人员 280，管理人员为 350 元。
- 奖金：奖金根据部门的效益决定，本月管理部奖金为 500 元，生产部奖金为 600 元，销售部奖金与个人销售额相关，完成基本销售额 30 万元的奖金为 500 元，超额完成的按超出金额的 1%提成，未完成基本销售额的没有奖金。
- 事假扣款规定：如果事假小于 14 天，将应发工资平均到每天（每月按 22 天计算），按天扣款；如果事假大于 14 天，扣除应发工资的 80%。
- 病假扣款规定：如果病假小于 14 天，工人扣款 300 元，非工人扣款 500 元；如果病假大于 14 天，工人扣款 500 元，非工人扣款 800 元。
- 养老保险扣款：按基本工资+岗位工资的 8%扣除。
- 医疗保险扣款：按基本工资+岗位工资的 2%扣除。
- 个人所得税：

2011 年 6 月 30 日，十一届全国人大常委会第二十一次会议 6 月 30 日表决通过了个税法修正案，将个税起征点由现行的 2000 元提高到 3500 元，适用超额累进税率为 3%至 45%，自 2011 年 9 月 1 日起实施。

应纳个人所得税税额=应纳税所得额×适用税率−速算扣除数

扣除标准 3500 元/月（2011 年 9 月 1 日起正式执行）（工资、薪金所得适用）

个税免征额 3500 元（工资、薪金所得使用）

最新税率表如表 5-2 所示。

表 5-2　个人所得税税率表

级数	全月应缴所得税额(含税级距)	全月应缴所得税额(不含税级距)	税率	速算扣除数
1	不超过 1500 元部分	不超过 1455 元部分	3%	0
2	超过 1500 至 4500 元部分	超过 1455 至 4155 元部分	10%	105
3	超过 4500 至 9000 元部分	超过 4155 至 7755 元部分	20%	555
4	超过 9000 至 35000 元部分	超过 7755 至 27255 元部分	25%	1,005
5	超过 35000 至 55000 元部分	超过 27255 至 41255 元部分	30%	2,755
6	超过 55000 至 80000 元部分	超过 41255 至 57505 元部分	35%	5,505
7	超过 80000 部分	超过 57505 部分	45%	13,505

5.2 基本数据的输入

① 新建“工资管理.xls”工作簿，在 Sheet1 中建立如下工资项目：员工编号、姓名、部门、性别、员工类别、基本工资、岗位工资、住房补贴、奖金、应发合计、事假天数、事假扣款、病假天数、病假扣款、其他扣款、扣款合计、养老保险、医疗保险、应扣社保合计、应发工资、代扣税和实发合计。

② 为了输入方便并防止出错，进行有效性设置。

部门：管理部、生产部、销售部（见图 5-1）。

性别：男、女。

员工类别：公司管理、生产管理、生产工人、销售管理、销售人员。

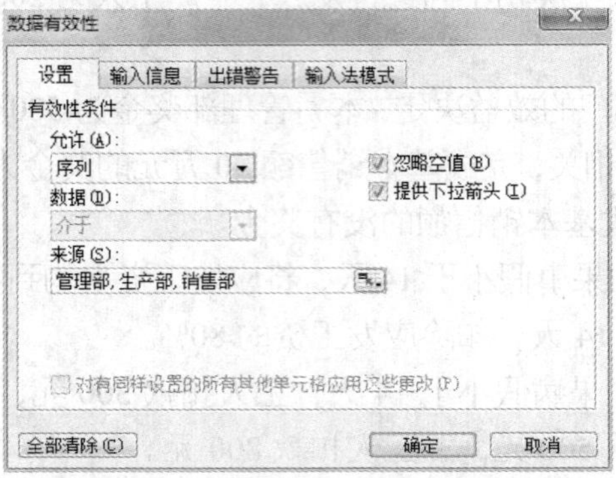

图 5-1 设置“部门”数据有效性

③ 输入员工编号（使用拖动填充）。依次输入“姓名”、“部门”、“性别”、“员工类别”、“基本工资”、“事假天数”、“病假天数”各项信息。也可以使用记录单进行数据输入。输入完成后如图 5-2 所示（已隐藏部分列）。

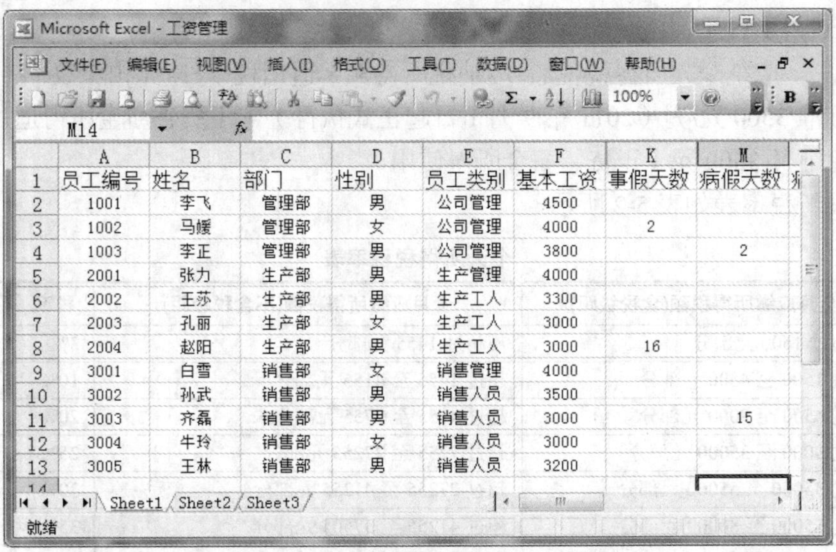

员工编号	姓名	部门	性别	员工类别	基本工资	事假天数	病假天数
1001	李飞	管理部	男	公司管理	4500		
1002	马媛	管理部	女	公司管理	4000	2	
1003	李正	管理部	男	公司管理	3800		2
2001	张力	生产部	男	生产管理	4000		
2002	王莎	生产部	男	生产工人	3300		
2003	孔丽	生产部	女	生产工人	3000		
2004	赵阳	生产部	男	生产工人	3000	16	
3001	白雪	销售部	女	销售管理	4000		
3002	孙武	销售部	男	销售人员	3500		
3003	齐磊	销售部	男	销售人员	3000		15
3004	牛玲	销售部	女	销售人员	3000		
3005	王林	销售部	男	销售人员	3200		

图 5-2 基本工资与请假情况

5.3　设置工资项目

5.3.1　“岗位工资”项目的设置

根据嘉佑公司的规定，“岗位工资”是根据“员工类别”的不同而不同，具体要求如表 5-3 所示 。此处涉及 IF 函数的嵌套使用。

◆　IF 函数的嵌套

IF 函数语法：IF(logical_test,value_if_true,value_if_false)

例如，IF 函数的三级嵌套：

IF(A1,B1,IF(A2,B2,IF(A3,B3,B4)))

函数执行步骤及含义如图 5-3 所示。

```
计算表达式A1→ 真→ 返回值B1
              假→ 执行下一级函数·计算表达式A2→ 真→ 返回值B2
                                            假→ 执行下一级函数→ 计算表达式A3→ 真→ 返回值B3
                                                                              假→ 返回值B4
```

图 5-3　IF 函数嵌套的执行

具体操作步骤如下。

① 将光标移到 G2，输入嵌套的 IF 函数。“=IF(E2="销售人员",800,IF(E2=' 生产工人",500,1000))”。

② 将 G2 单元格的公式复制到 G 列的其他单元格。

表 5-3　岗位工资情况

员工类别	岗位工资
公司管理	1000 元
生产管理	1000 元
销售管理	1000 元
生产工人	500 元
销售人员	800 元

5.3.2　“住房补贴”项目的设置

根据嘉佑公司的规定，“住房补贴”是根据“员工类别”来决定的。具体要求如表 5-4 所示。其操作步骤如下。

① 将光标移到 H2，输入嵌套的 IF 函数。“=IF(E2="销售人员",280,IF(E2="生产工人",200,350))”。

② 将 H2 单元格的公式复制到 H 列的其他单元格。

以上两个项目输入完成后如图 5-4 所示。

表 5-4　　住房补贴情况

员工类别	岗位工资
公司管理	350 元
生产管理	350 元
销售管理	350 元
生产工人	200 元
销售人员	280 元

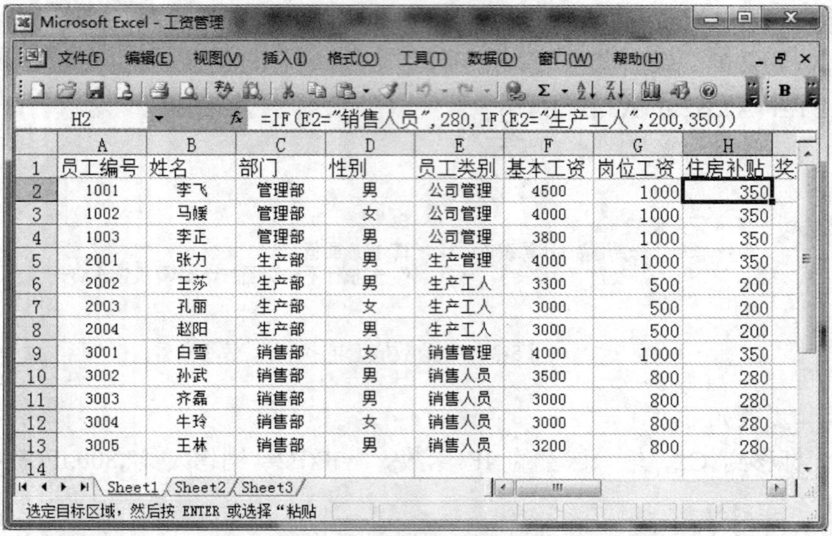

图 5-4　输入工资项目（1）

5.3.3 “奖金”项目的设置

根据嘉佑公司的规定，“奖金”是根据部门的效益决定的，此处涉及逻辑函数的使用。

（1）OR 函数（或函数）的语法和功能。

函数语法：OR(logical1,logical2,…)

参数 logical1,logical2,…为需要进行检验的 1～30 个条件，必须能计算为逻辑值，分别为 TRUE 或 FALSE。

函数功能：在其参数组中，任何一个参数的逻辑值为 TRUE，即返回 TRUE；所有参数的逻辑值为 FALSE 时，才返回 FALSE。

（2）AND 函数（与函数）的语法和功能。

函数语法：AND(logical1,logical2,…)

参数 logical1,logical2,…为需要进行检验的 1～30 个条件，必须能计算为逻辑值，分别为 TRUE 或 FALSE。

函数功能：在其参数组中，所有参数的逻辑值为 TRUE 时，才返回 TRUE；任何一个参数的逻辑值为 FALSE，即返回 FALSE。

具体要求如表 5-5 所示。

表 5-5　　奖金情况

部门	奖金
管理部	500 元
生产部	600 元
销售部	与个人销售额相关，完成基本销售额 30 万元的奖金为 500 元，超额完成的按超出金额的 1%提成，未完成基本销售额的奖金没有

销售部本月销售情况如表 5-6 所示。

表 5-6　　销售情况　　单位：万元

姓名	销售额
白雪	35
孙武	42
齐磊	15
牛玲	36
王林	34

具体操作步骤如下。

① 在 I2 中输入公式“=IF(C2="管理部",500,IF(C2="生产部",600,"销售部"))”，将 I2 单元格的公式复制到 I 列中其他单元格，如图 5-5 所示。

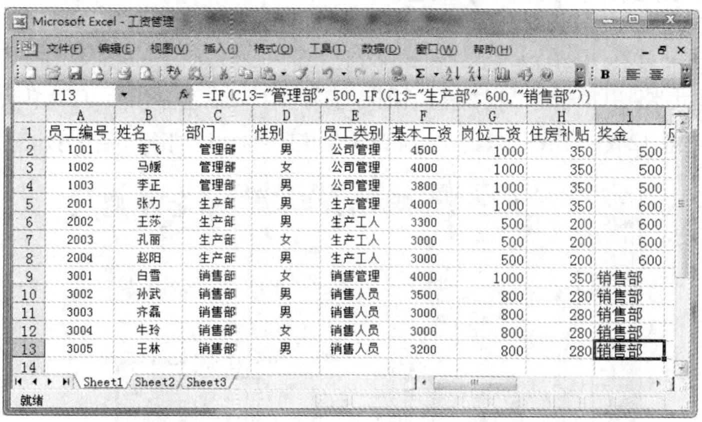

图 5-5　输入工资项目（2）

在“工资管理.xls”工作簿中建立工作表“销售总额表”，如图 5-6 所示。

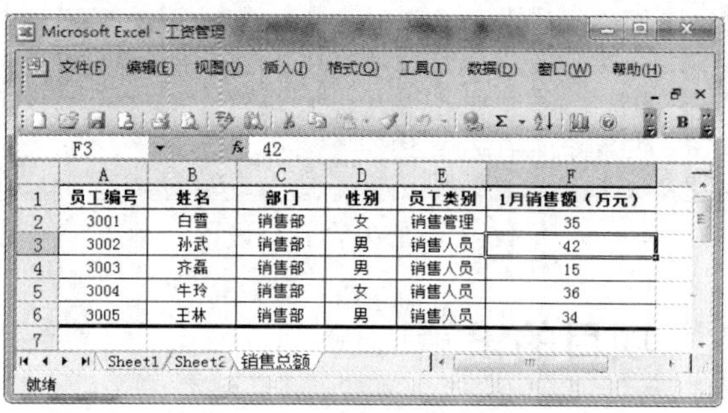

图 5-6　销售总额表

② 选择第一个显示“销售部”的 I9 单元格，将该单元格的公式设置为“=IF(AND(C9="销售部",销售总额!F2>=30),500+100*(销售总额!F2−30),0)”。

③ 将 I9 单元格的公式复制到 I 列的其他显示“销售部”的单元格，结果如图 5-7 所示。

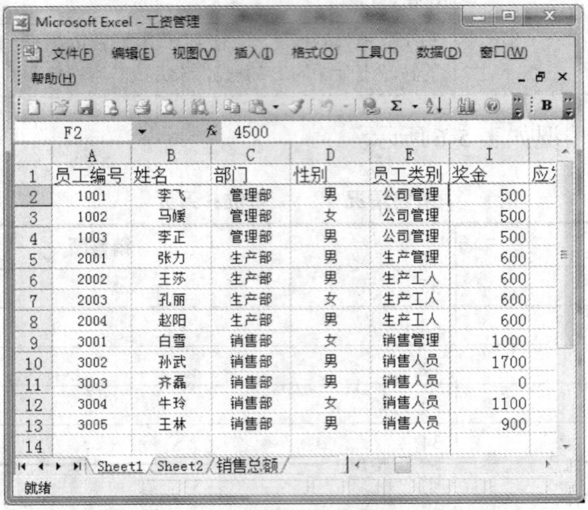

图 5-7 “奖金”的函数设置

5.3.4 “应发合计”项目的设置

此项目为基本工资、岗位工资、奖金的合计数。具体操作步骤如下。

选中 J2 单元格，单击“自动求和”按钮 Σ，或直接在 J2 单元格中输入公式“=SUM(F2:I2)”，将 J2 单元格的公式复制到 J 列的其他单元格，结果如图 5-8 所示。

图 5-8 “应发合计”设置

5.3.5 “事假扣款”项目的设置

在嘉佑公司，“事假扣款”与事假天数相关，具体如表 5-7 所示。

表 5-7　　事假扣款情况

事假天数	事假扣款
＞14 天	应发工资的 80%
≤14 天	(应发工资/22)×事假天数

具体操作步骤如下。

事假扣款的公式设置如图 5-9 所示。即在 L2 单元格中输入“=IF(K2>14,J2*0.8,J2/22*K2)”，将 L2 单元格的公式复制到 L 列的其他单元格，结果如图 5-10 所示。

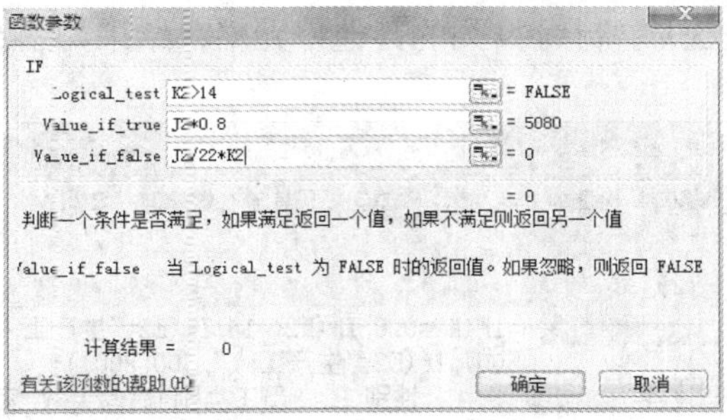

图 5-9　“事假扣款”函数设置

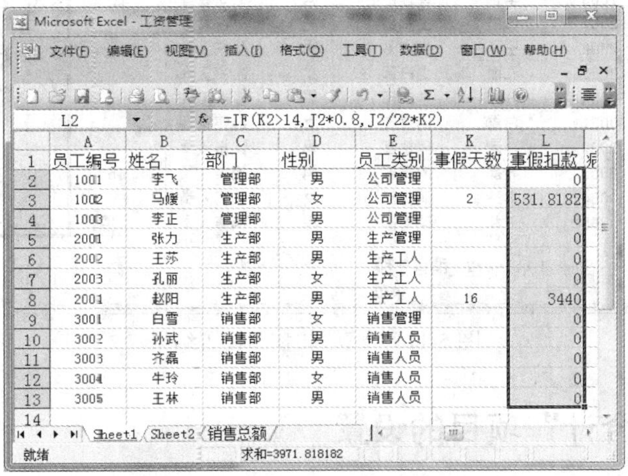

图 5-10　“事假扣款”设置结果

5.3.6 “病假扣款”项目的设置

在嘉佑公司，“病假扣款”由病假天数和员工类别来确定，具体如表 5-8 所示。

表 5-8　　病假扣款情况

病假天数	员工类别	病假扣款
>14 天	生产工人	500 元
>14 天	非生产工人	800 元
<=14 天	生产工人	300 元
<=14 天	非生产工人	500 元

此处要使用 IF 函数二级嵌套。具体操作步骤如下。

① 病假扣款的公式设置为：

N2=IF(M2=0,0,IF(M2<=14,IF(E2="生产工人",300,500),IF(E2="生产工人",500,800)))

其含义是：

病假天数=0→ 真→ 返回0
假→ 执行下一级函数→ 病假天数<=14→
真→ 执行下一级函数→ 员工类别=生产工人→ 真→ 返回值300
假→ 返回值500
假→ 执行下一级函数→ 员工类别=生产工人→ 真→ 返回值500
假→ 返回值800

② 将 N2 单元格的公式复制到 N 列的其他单元格，结果如图 5-11 所示。

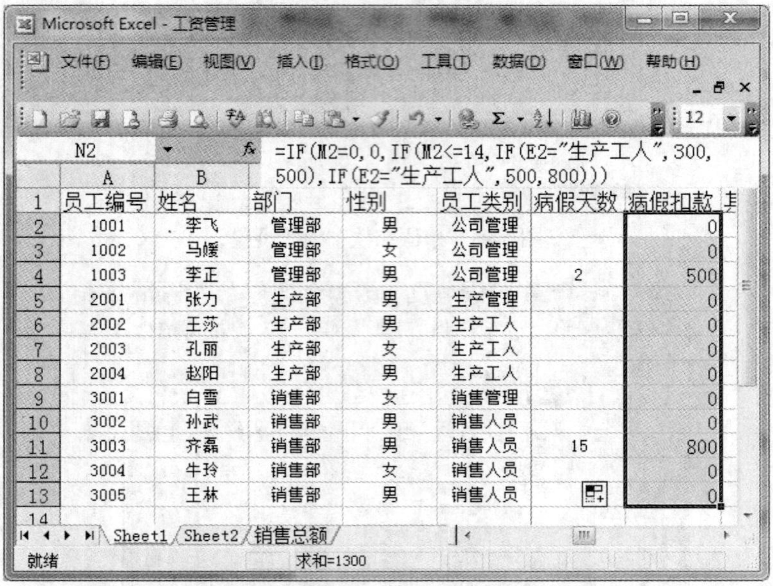

员工编号	姓名	部门	性别	员工类别	病假天数	病假扣款
1001	李飞	管理部	男	公司管理		0
1002	马媛	管理部	女	公司管理		0
1003	李正	管理部	男	公司管理	2	500
2001	张力	生产部	男	生产管理		0
2002	王莎	生产部	男	生产工人		0
2003	孔丽	生产部	女	生产工人		0
2004	赵阳	生产部	男	生产工人		0
3001	白雪	销售部	女	销售管理		0
3002	孙武	销售部	男	销售人员		0
3003	齐磊	销售部	男	销售人员	15	800
3004	牛玲	销售部	女	销售人员		0
3005	王林	销售部	男	销售人员		0

图 5-11 “病假扣款”设置结果

5.3.7 “扣款合计”项目的设置

计算公式为：

扣款合计=事假扣款+病假扣款+其他扣款

5.3.8 “养老保险”、“医疗保险”、“应扣社保合计”项目的设置

在嘉佑公司，“养老保险”是按基本工资+岗位工资的 8%扣除，“医疗保险”是按基本工资+岗位工资的 2%扣除，“应扣社保合计”为“养老保险”和“医疗保险”的合计，即

① Q2=(F2+G2)*0.08，将 Q2 单元格的公式复制到 Q 列其他单元格。

② R2=(F2+G2)*0.02，将 R2 单元格的公式复制到 R 列其他单元格。

③ S2=Q2+R2，将 S2 单元格的公式复制到 S 列其他单元格。

结果如图 5-12 所示。

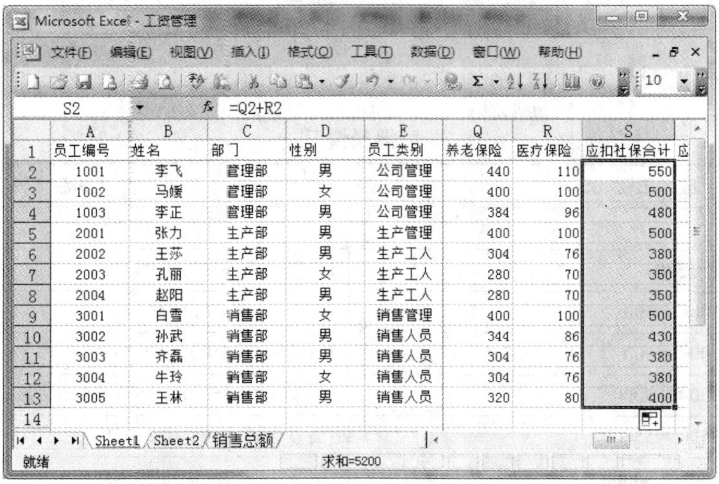

员工编号	姓名	部门	性别	员工类别	养老保险	医疗保险	应扣社保合计
1001	李飞	管理部	男	公司管理	440	110	550
1002	马媛	管理部	女	公司管理	400	100	500
1003	李正	管理部	男	公司管理	384	96	480
2001	张力	生产部	男	生产管理	400	100	500
2002	王莎	生产部	男	生产工人	304	76	380
2003	孔丽	生产部	女	生产工人	280	70	350
2004	赵阳	生产部	男	生产工人	280	70	350
3001	白雪	销售部	女	销售管理	400	100	500
3002	孙武	销售部	男	销售人员	344	86	430
3003	齐磊	销售部	男	销售人员	304	76	380
3004	牛玲	销售部	女	销售人员	304	76	380
3005	王林	销售部	男	销售人员	320	80	400

图 5-12　项目设置结果

5.3.9 “应发工资”项目的设置

应发工资为“应发合计”和“扣款合计”、“应扣社保合计”的差额，即 T2=J2−P2−S2。将 T2 单元格的公式复制到 T 列其他单元格，结果如图 5-13 所示。

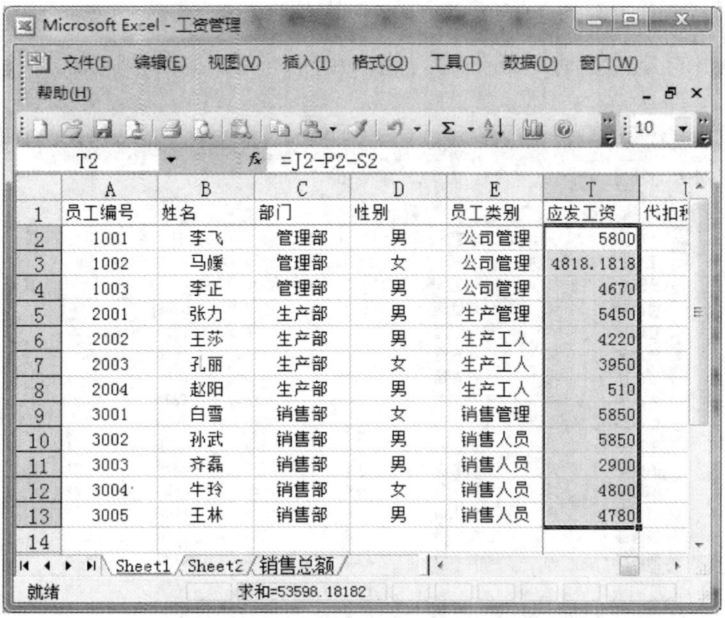

员工编号	姓名	部门	性别	员工类别	应发工资
1001	李飞	管理部	男	公司管理	5800
1002	马媛	管理部	女	公司管理	4818.1818
1003	李正	管理部	男	公司管理	4670
2001	张力	生产部	男	生产管理	5450
2002	王莎	生产部	男	生产工人	4220
2003	孔丽	生产部	女	生产工人	3950
2004	赵阳	生产部	男	生产工人	510
3001	白雪	销售部	女	销售管理	5850
3002	孙武	销售部	男	销售人员	5850
3003	齐磊	销售部	男	销售人员	2900
3004	牛玲	销售部	女	销售人员	4800
3005	王林	销售部	男	销售人员	4780

图 5-13　“应发工资”的设置结果

5.3.10 “代扣税”项目的设置

代扣所得税应当是根据应发工资的数额而定，个税起征点是 3500，使用超额累进税率的计算方法如下：

全月应纳税所得额=(应发工资-四金)-3500

缴税=全月应纳税所得额*税率-速算扣除数

根据该企业的情况，纳税类别为“含税级”。代扣税计算公式如表 5-9 所示。

表 5-9 所得税情况 单位：元

应发工资-3500	代扣税
应发工资-3500<=0	0
0＜应发工资-3500<=1500	(应发工资-3500)*0.03
1500＜应发工资-3500<=4500	(应发工资-3500)*0.1-105
4500＜应发工资-3500<=9000	(应发工资-3500)*0.2-555
9000＜应发工资-3500<=35000	(应发工资-3500)*0.25-1005
35000＜应发工资-3500<=55000	(应发工资-3500)*0.3-2755
55000＜应发工资-3500<=80000	(应发工资-3500)*0.35-5505
80000＜应发工资-3500	复核应发工资

此处要使用 IF 函数七级嵌套。即

U2=IF(T2-3500<=0,0,IF(T2-3500<=1500,(T2-3500)*0.03,IF(T2-3500<=4500,(T2-3500)*0.1-105,IF(T2-3500<=9000,(T2-3500)*0.2-555,IF(T2-3500<=35000,(T2-3500)*0.25-1005,IF(T2-3500<=55000,(T2-3500)*0.3-2755,IF(T2-3500<=80000,(T2-3500)*0.35-5505,"复核应发工资")))))))

将 U2 单元格的公式复制到 U 列的其他单元格，结果如图 5-14 所示。

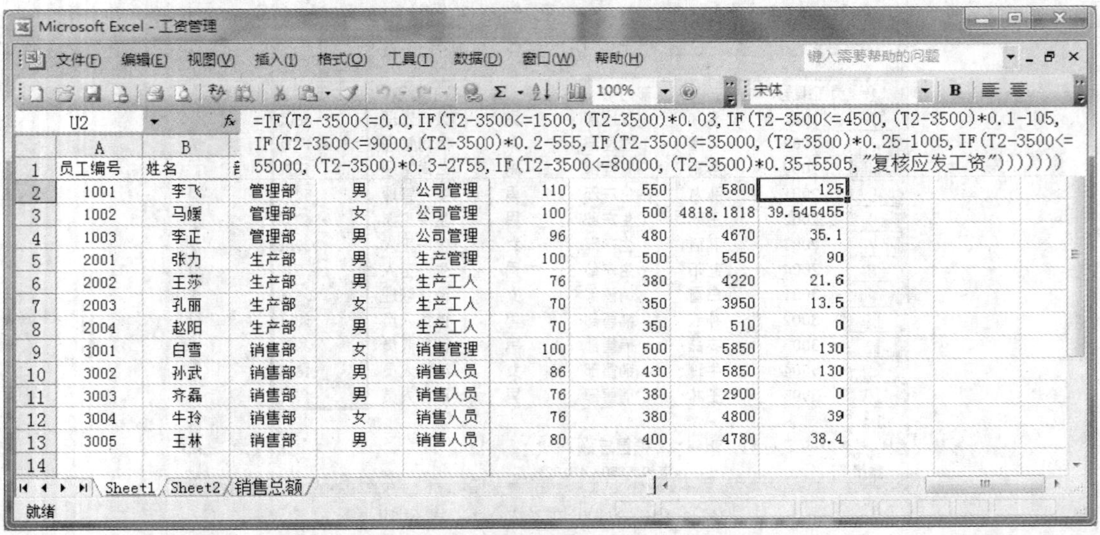

	A	B							
1	员工编号	姓名							
2	1001	李飞	管理部	男	公司管理	110	550	5800	125
3	1002	马媛	管理部	女	公司管理	100	500	4818.1818	39.545455
4	1003	李正	管理部	男	公司管理	96	480	4670	35.1
5	2001	张力	生产部	男	生产管理	100	500	5450	90
6	2002	王莎	生产部	男	生产工人	76	380	4220	21.6
7	2003	孔丽	生产部	女	生产工人	70	350	3950	13.5
8	2004	赵阳	生产部	男	生产工人	70	350	510	0
9	3001	白雪	销售部	女	销售管理	100	500	5850	130
10	3002	孙武	销售部	男	销售人员	86	430	5850	130
11	3003	齐磊	销售部	男	销售人员	76	380	2900	0
12	3004	牛玲	销售部	女	销售人员	76	380	4800	39
13	3005	王林	销售部	男	销售人员	80	400	4780	38.4
14									

图 5-14 “代扣税”的函数设置结果

5.3.11 “实发合计”项目的设置

“实发合计”即实发工资，为“应发工资”与“代扣税”的差，即 V2=T2-U2。将 V2

单元格的公式复制到 V 列其他单元格，结果如图 5-15 所示。

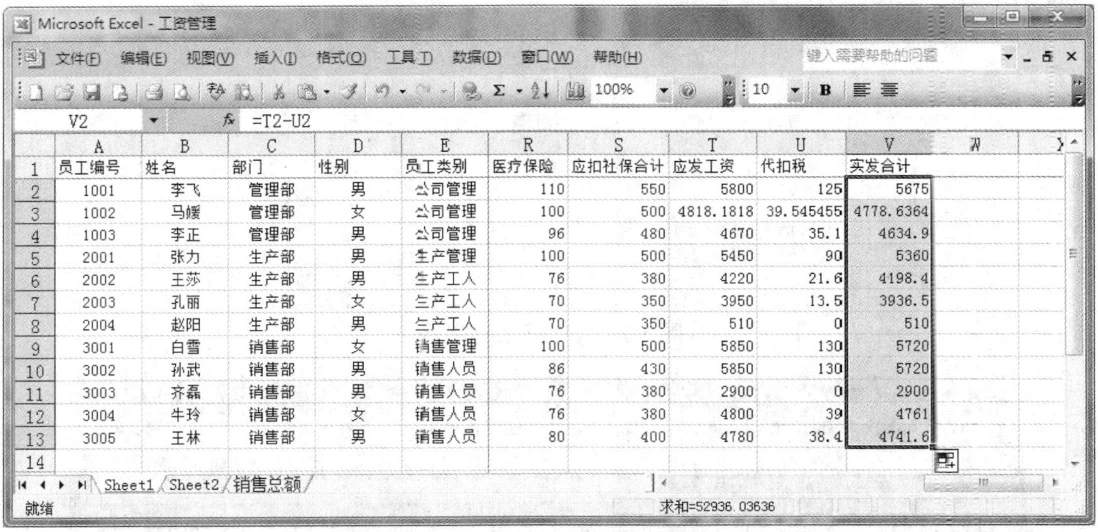

图 5-15　实发合计的设置结果

5.4　工资数据的查询与统计分析

5.4.1　利用筛选功能进行工资数据的查询

要利用筛选功能进行工资数据的查询，首先要选择“数据>筛选>自动筛选”命令，进入筛选状态，如图 5-16 所示。

图 5-16　筛选状态

1. 以员工姓名为依据进行查询

例如，查询姓名为“白雪”的员工工资情况，具体操作步骤如下。

① 单击“姓名”列的下拉按钮，在弹出的下拉列表中选择“自定义”选项。

② 在打开的对话框中输入要查询的员工姓名，如图 5-17 所示。单击“确定”按钮，查询结果如图 5-18 所示。

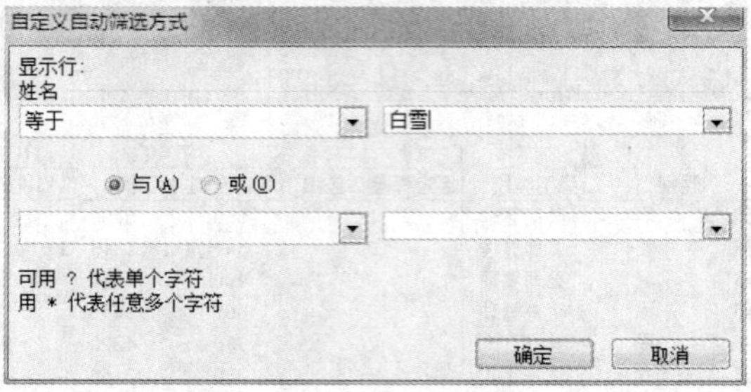

图 5-17　自定义筛选条件

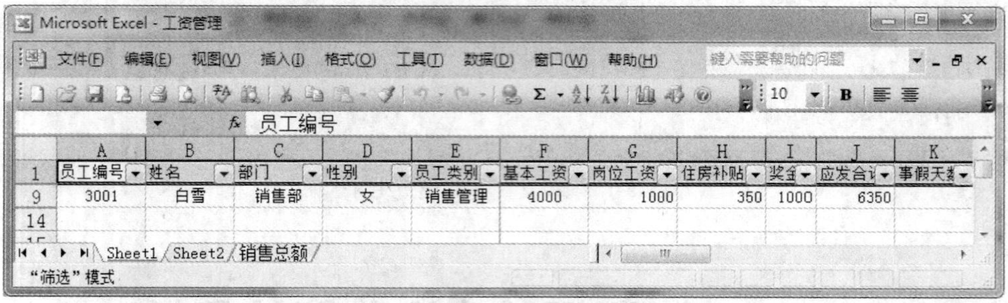

图 5-18　查询结果（1）

2. *以部门为依据进行查询*

例如，查询销售部的所有员工的工资情况，具体操作步骤如下。

① 单击“部门”列的下拉按钮，在弹出的下拉列表中选择“销售部”选项，查询结果如图 5-19 所示。

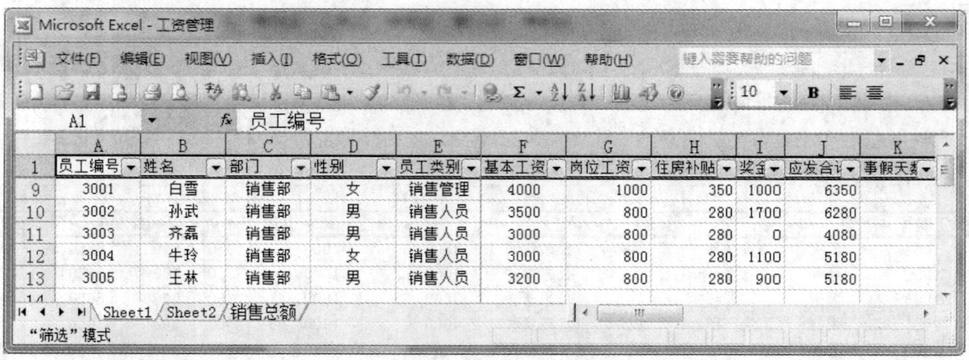

图 5-19　查询结果（2）

② 如果要返回原来的状态，则单击相应列的下拉按钮，然后选择“全部”选项，如图 5-20 所示。

3. *以员工类别和基本工资为依据进行查询*

例如，查询生产工人中基本工资低于或等于 3 000 元的员工的工资情况，具体操作步骤如下。

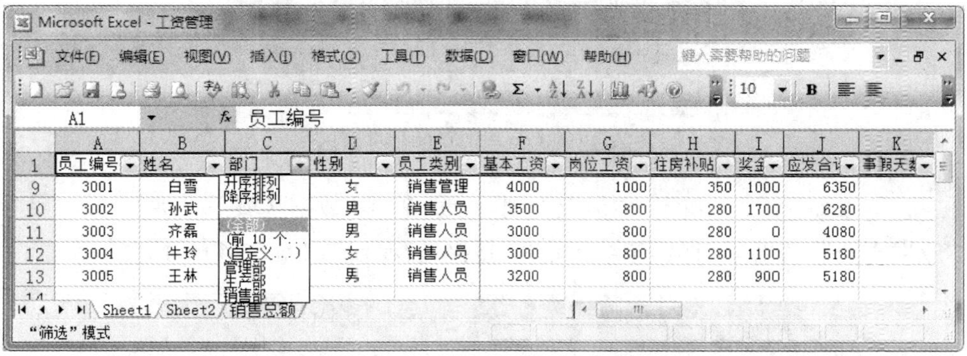

图 5-20　返回原来状态

① 单击“员工类别”列的下拉按钮，并选择“生产工人”选项。

② 单击“基本工资”列的下拉按钮，选择“自定义”选项，在打开的对话框中输入基本工资小于或等于 3 000 元的筛选条件，如图 5-21 所示。单击“确定”按钮，查询结果如图 5-22 所示。

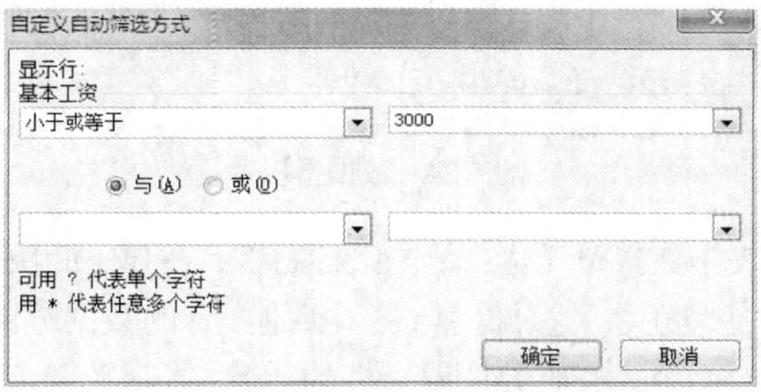

图 5-21　自定义筛选条件

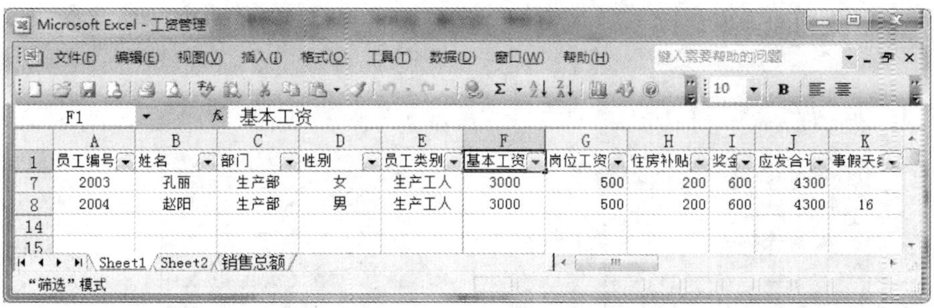

图 5-22　查询结果（3）

如果要退出筛选状态，选择“数据>筛选>自动筛选”命令即可。

5.4.2　依据部门和员工类别的统计分析

计算每一部门每一员工类别“应发工资”汇总数和“实发合计”汇总数，具体操作步骤如下。

① 单击“数据>数据透视表和数据透视图”命令，根据提示选择需要汇总的工资数据源区域，如图 5-23 所示。选择数据透视表产生在新建的工作表上。

图 5-23　选择要汇总的数据区域

② 将"应发工资"、"部门"、"员工类别"分别拖至"数据区域"、"列字段"、"行字段"，产生"应发工资"按部门与员工类别表述的数据透视表，如图 5-24 所示。

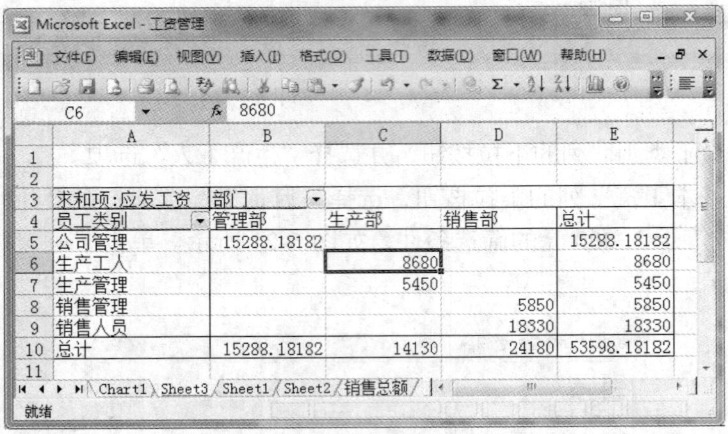

图 5-24　数据透视表

③ 选择数据透视表中任意单元格，单击鼠标右键，在弹出的快捷菜单中选择"数据透视图"命令，则产生"应发工资"按部门与员工类别统计的数据透视图。选择数据透视图，单击"图表>图表选项"命令，在打开的对话框的"数字标志"选项卡中勾选"值"选项，即可在数据透视图上显示数字，如图 5-25 所示。

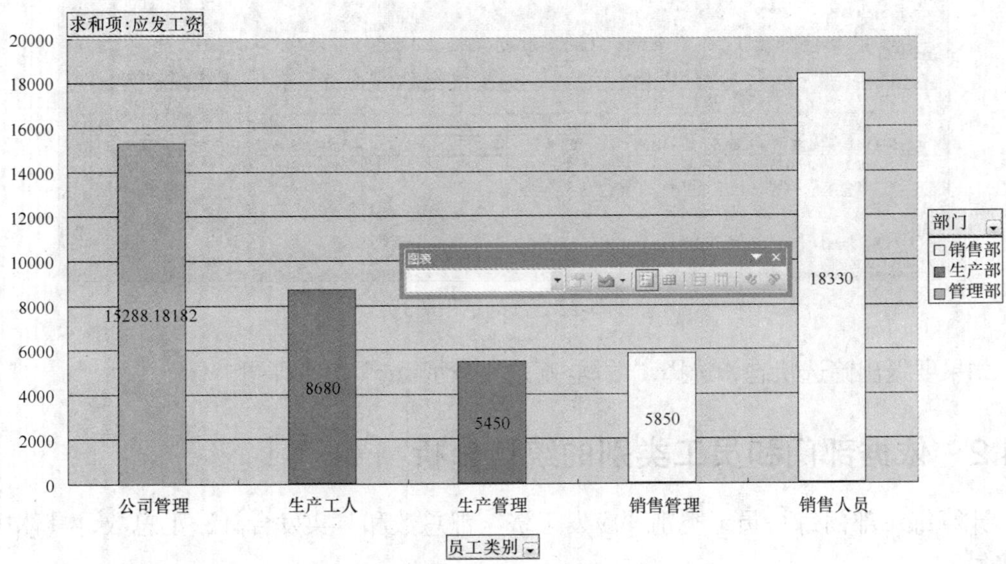

图 5-25　数据透视图

④ 同样可以将"实发合计"项拖至"数据区域"生产数据透视表和数据透视图。

5.5　制作打印工资条

通常企业在发放工资的时候，都要附带一个工资条，工资条中详细显示了该员工该月的工资情况，因此每个员工的工资发放条上都需要打印标题。

5.5.1　制作工资条

使用 VLOOKUP 函数从“工资明细表”中取出相应信息。

① 在工作簿的最后新插入一个工作簿，并重命名为“工资条”，然后在工作表中添加工资条中的项目，如图 5-26 所示。

	A	B	C	D	E	F	G	H	I	J	K	L	M	N	O	P	Q	R	S
1	员工编号	姓名	部门	年月份	基本工资	岗位工资	住房补贴	奖金	应发合计	事假扣款	病假扣款	其他扣款	扣款合计	养老保险	医疗保险	应扣社保合计	应发工资	代扣税	实发合计
2																			
3																			

图 5-26　输入工资条项目

② 在单元格 A2 中输入公式“=工资明细表!A2”，从实际工资表中取出员工的编号。

③ 在单元格 B2 中输入公式“=VLOOKUP(A2,工资明细表!$A$2:$V$13,2,0)”，根据 A2 的员工编号从实际工资表中取出对应员工姓名，如图 5-27 所示。

	A	B	C	D	E	F
1	员工编号	姓名	部门	年月份	基本工资	岗位工资
2	1001	李飞				
3						
4						

图 5-27　获取员工姓名

④ 同样的，在单元格 C2 中输入公式“=VLOOKUP(A2,工资明细表!$A$2:$V$13,3,0)”，取出对应部门名称。

⑤ 设置年月份，在单元格 D2 中输入公式“=NOW()”。

NOW()函数的功能是返回日期和时间格式的当前日期和时间，它不需要任何参数，它和 TODAY()函数类似，都是返回当前时间，它们之间的区别在于：TODAY()函数的返回值会根据系统时间的改变而自动发生变化，而 NOW()函数只有在重新计算工作表，或执行含此函数的宏时才发生改变。

⑥ 由于当前工作表中，只需要显示年月份，所以需要重新设置单元格 D2 的格式。选定 D 列单元格，在单元格格式设置中选择“日期”，类型选择“2001 年 3 月”格式，如图 5-28 所示。

小技巧

由于工资条中大量数据都是从实际工资表中引用，一般习惯上采用直接选取引用单元格的方法完成函数参数的输入，但这种方式对单元格的引用都默认为相对引用，所以还需要手动添加“$”符号改为绝对引用，这样显得比较麻烦，其实可以利用定义名称的方法来解决此问题。

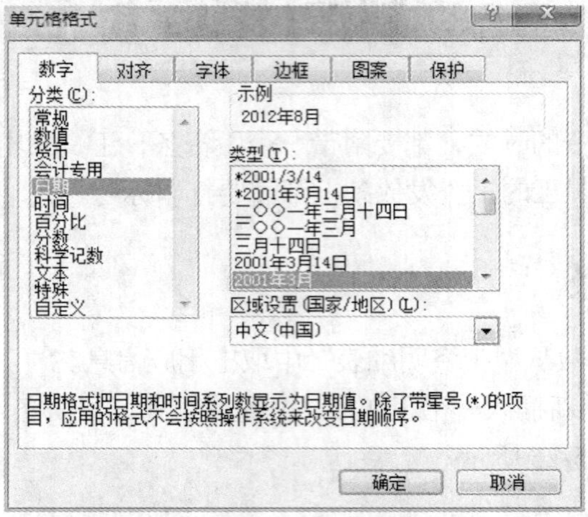

图 5-28 设置日期格式

⑦ 在“工资明细表”工作表中，选定单元格区域 A2:V13，单击菜单栏中的“插入>名称>定义”命令，弹出“定义名称”对话框，进行名称定义，如图 5-29 所示。

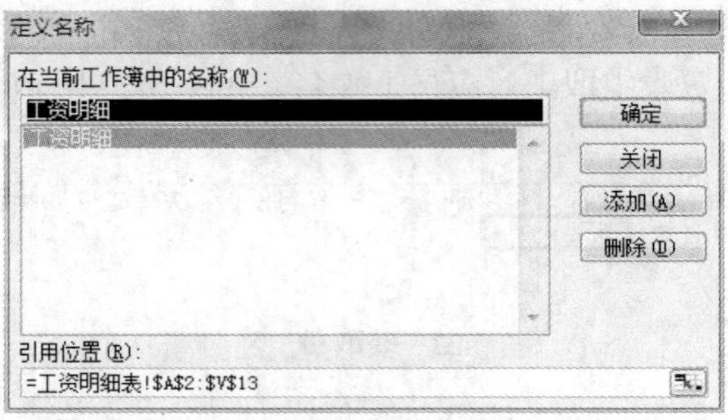

图 5-29 “定义名称”对话框

⑧ 接下来引用其他工资项目。

E2=VLOOKUP($A2,工资明细,6,0)

F2=VLOOKUP($A2,工资明细,7,0)

G2=VLOOKUP($A2,工资明细,8,0)

H2=VLOOKUP($A2,工资明细,9,0)

I2=VLOOKUP($A2,工资明细,10,0)

J2=VLOOKUP($A2,工资明细,12,0)

K2=VLOOKUP($A2,工资明细,14,0)

L2=VLOOKUP($A2,工资明细,15,0)

M2=VLOOKUP($A2,工资明细,16,0)

N2=VLOOKUP($A2,工资明细,17,0)

O2=VLOOKUP($A2,工资明细,18,0)

P2=VLOOKUP($A2,工资明细,19,0)

Q2=VLOOKUP($A2,工资明细,20,0)

R2=VLOOKUP($A2,二资明细,21,0)

S2=VLOOKUP($A2,工资明细,22,0)

最后得到如图 5-30 所示的结果。

	A	B	C	D	E	F	G	H	I	J	K	L	M	N	O	P	Q	R	S
1	员工编号	姓名	部门	年月份	基本工资	岗位工资	住房补贴	奖金	应发合计	事假扣款	病假扣款	其他扣款	扣款合计	养老保险	医疗保险	应扣社保合计	应发工资	代扣税	实发合计
2	1001	李飞	管理部	2013年12月	4500	1000	350	500	6350	0	0	0	0	440	110	550	5800	125	5675
3																			

图 5-30　引用结果

小技巧

还有一种更简单快捷的方法，即直接拖动单元格 E2 右下角的序列填充柄向右复制公式，然后只需要更改 VLOOKUP()函数中的参数“返回值的列序号”即可。但如果采用此方法，对单元格 A2 的引用一定是列绝对引用行相对引用，否则复制公式时将发生错误。

⑨ 选定单元格区域 A2:S2，然后将鼠标指针置于 S2 的右下角，当指针变为黑色的“+”形状时，向下拖曳鼠标至所有数据全部取出，再释放鼠标，得到如图 5-31 所示的结果。

	A	B	C	D	E	F	G	H	I	J	K	L	M	N	O	P	Q	R	S
1	员工编号	姓名	部门	年月份	基本工资	岗位工资	住房补贴	奖金	应发合计	事假扣款	病假扣款	其他扣款	扣款合计	养老保险	医疗保险	应扣社保合计	应发工资	代扣税	实发合计
2	1001	李飞	管理部	2013年12月	4500	1000	350	500	6350	0	0	0	0	440	110	550	5800	125	5675
3	1002	马娘	管理部	2013年12月	4000	1000	350	500	5850	531.81818	0	0	531.81818	400	100	500	44[illegible].1818	39.545455	477[illegible].6364
4	1003	李正	管理部	2013年12月	3800	1000	350	500	5650	0	500	0	500	384	96	480	4670	35.1	[illegible]634.9
5	2001	张力	生产部	2013年12月	4000	1000	350	600	5950	0	0	0	0	400	100	500	5450	90	5360
6	2002	王莎	生产部	2013年12月	3300	500	200	600	4600	0	0	0	0	304	76	380	4220	21.6	[illegible]198.4
7	2003	孔丽	生产部	2013年12月	3000	500	200	600	4300	0	0	0	0	280	70	350	3950	13.5	[illegible]936.5
8	2004	赵阳	生产部	2013年12月	3000	500	200	600	4300	3440	0	0	3440	280	70	350	510	0	510
9	3001	白雪	销售部	2013年12月	4000	1000	350	1000	6350	0	0	0	0	400	100	500	5850	130	5720
10	3002	孙武	销售部	2013年12月	3500	800	280	1700	6280	0	0	0	0	344	86	430	5850	130	5720
11	3003	齐磊	销售部	2013年12月	3000	800	280	0	4080	0	800	0	800	304	76	380	2900	0	2900
12	3004	牛玲	销售部	2013年12月	3000	800	280	1100	5180	0	0	0	0	304	76	380	4800	39	4761
13	3005	王林	销售部	2013年12月	3200	800	280	900	5180	0	0	0	0	320	80	400	4780	38.4	[illegible]741.6

图 5-31　工资条效果（1）

⑩ 若要每一员工的工资条上方都有标题，则在执行以上第⑨步以前，可以做如下动作：

在“工资明细表”每一员工对应行上方都插入一空白行，给“工资条”表标题行留出引用空行，如图 5-32 所示。

	A	B	C	D	E	F	G	H	I	J	K	L	M	N	O	P	Q	R	S	T	U	[illegible]
1	员工编号	姓名	部门	性别	员工类别	基本工资	岗位工资	住房补贴	奖金	应发合计	事假天数	事假扣款	病假天数	病假扣款	其他扣款	扣款合计	养老保险	医疗保险	应扣社保合计	应发工资	代扣税	实发合计
2	1001	李飞	管理部	男	公司管理	4500	1000	350	500	6350		0		0		0	440	110	550	5800	125	5675
3																						
4	1002	马娘	管理部	女	公司管理	4000	1000	350	500	5850	2	531.8182		0		531.818	400	100	500	[illegible]	39.54545	477[illegible].636
5																						
6	1003	李正	管理部	男	公司管理	3800	1000	350	500	5650		0	2	500		500	384	96	480	4670	35.1	4[illegible]34.9
7																						
8	2001	张力	生产部	男	生产管理	4000	1000	350	600	5950		0		0		0	400	100	500	5450	90	[illegible]360
9																						
10	2002	王莎	生产部	男	生产工人	3300	500	200	600	4600		0		0		0	304	76	380	4220	21.6	4[illegible]8.4
11																						
12	2003	孔丽	生产部	女	生产工人	3000	500	200	600	4300		0		0		0	280	70	350	3950	13.5	3[illegible]6.5
13																						
14	2004	赵阳	生产部	男	生产工人	3000	500	200	600	4300	16	3440		0		3440	280	70	350	510	0	510
15																						
16	3001	白雪	销售部	女	销售管理	4000	1000	350	1000	6350		0		0		0	400	100	500	5850	130	[illegible]720
17																						
18	3002	孙武	销售部	男	销售人员	3500	800	280	1700	6280		0		0		0	344	86	430	5850	130	[illegible]720
19																						
20	3003	齐磊	销售部	男	销售人员	3000	800	280	0	4080		0	15	800		800	304	76	380	2900	0	[illegible]900
21																						
22	3004	牛玲	销售部	女	销售人员	3000	800	280	1100	5180		0		0		0	304	76	380	4800	39	[illegible]761
23																						
24	3005	王林	销售部	男	销售人员	3200	800	280	900	5180		0		0		0	320	80	400	4780	38.4	47[illegible]1.6

图 5-32　插入空白行

⑪ 在“工资条”工作表中选定单元格区域 A1:S2，向下拖动鼠标至所有数据全部取出，再释放鼠标，得到如图 5-33 所示的结果。

	A	B	C	D	E	F	G	H	I	J	K	L	M	N	O	P	Q	R	S
1	员工编号	姓名	部门	年月份	基本工资	岗位工资	住房补贴	奖金	应发合计	事假扣款	病假扣款	其他扣款	扣款合计	养老保险	医疗保险	应扣社保合计	应发工资	代扣税	实发合计
2	1001	李飞	管理部	2013年12月	4500	1000	350	500	6350	0	0	0	0	440	110	550	5800	125	5675
3	员工编号	姓名	部门	年月份	基本工资	岗位工资	住房补贴	奖金	应发合计	事假扣款	病假扣款	其他扣款	扣款合计	养老保险	医疗保险	应扣社保合计	应发工资	代扣税	实发合计
4	1002	马媛	管理部	2013年12月	4000	1000	350	500	5850	531.81818	0	0	531.81818	400	100	500	4818.1818	39.545455	4778.6364
5	员工编号	姓名	部门	年月份	基本工资	岗位工资	住房补贴	奖金	应发合计	事假扣款	病假扣款	其他扣款	扣款合计	养老保险	医疗保险	应扣社保合计	应发工资	代扣税	实发合计
6	1003	李正	管理部	2013年12月	3600	1000	350	500	5650	0	500	0	500	384	96	480	4670	35.1	4634.9
7	员工编号	姓名	部门	年月份	基本工资	岗位工资	住房补贴	奖金	应发合计	事假扣款	病假扣款	其他扣款	扣款合计	养老保险	医疗保险	应扣社保合计	应发工资	代扣税	实发合计
8	2001	张力	生产部	2013年12月	4000	1000	350	600	5950	0	0	0	0	400	100	500	5450	90	5360
9	员工编号	姓名	部门	年月份	基本工资	岗位工资	住房补贴	奖金	应发合计	事假扣款	病假扣款	其他扣款	扣款合计	养老保险	医疗保险	应扣社保合计	应发工资	代扣税	实发合计
10	2002	王莎	生产部	2013年12月	3300	500	200	600	4600	0	0	0	0	304	76	380	4220	21.6	4196.4
11	员工编号	姓名	部门	年月份	基本工资	岗位工资	住房补贴	奖金	应发合计	事假扣款	病假扣款	其他扣款	扣款合计	养老保险	医疗保险	应扣社保合计	应发工资	代扣税	实发合计
12	2003	孔丽	生产部	2013年12月	3000	500	200	600	4300	0	0	0	0	280	70	350	3950	13.5	3936.5
13	员工编号	姓名	部门	年月份	基本工资	岗位工资	住房补贴	奖金	应发合计	事假扣款	病假扣款	其他扣款	扣款合计	养老保险	医疗保险	应扣社保合计	应发工资	代扣税	实发合计
14	2004	赵阳	生产部	2013年12月	3000	500	200	600	4300	3440	0	0	3440	280	70	350	510	0	510
15	员工编号	姓名	部门	年月份	基本工资	岗位工资	住房补贴	奖金	应发合计	事假扣款	病假扣款	其他扣款	扣款合计	养老保险	医疗保险	应扣社保合计	应发工资	代扣税	实发合计
16	3001	白雪	销售部	2013年12月	4000	1000	350	1000	6350	0	0	0	0	400	100	500	5850	130	5720
17	员工编号	姓名	部门	年月份	基本工资	岗位工资	住房补贴	奖金	应发合计	事假扣款	病假扣款	其他扣款	扣款合计	养老保险	医疗保险	应扣社保合计	应发工资	代扣税	实发合计
18	3002	孙武	销售部	2013年12月	3500	800	280	1700	6280	0	0	0	0	344	86	430	5850	130	5720
19	员工编号	姓名	部门	年月份	基本工资	岗位工资	住房补贴	奖金	应发合计	事假扣款	病假扣款	其他扣款	扣款合计	养老保险	医疗保险	应扣社保合计	应发工资	代扣税	实发合计
20	3003	齐磊	销售部	2013年12月	3000	800	280	0	4080	0	800	0	800	304	76	380	2900	0	2900
21	员工编号	姓名	部门	年月份	基本工资	岗位工资	住房补贴	奖金	应发合计	事假扣款	病假扣款	其他扣款	扣款合计	养老保险	医疗保险	应扣社保合计	应发工资	代扣税	实发合计
22	3004	牛玲	销售部	2013年12月	3000	800	280	1100	5180	0	0	0	0	304	76	380	4800	39	4761
23	员工编号	姓名	部门	年月份	基本工资	岗位工资	住房补贴	奖金	应发合计	事假扣款	病假扣款	其他扣款	扣款合计	养老保险	医疗保险	应扣社保合计	应发工资	代扣税	实发合计
24	3005	王林	销售部	2013年12月	3200	800	280	900	5180	0	0	0	0	320	80	400	4780	38.4	4741.6

图 5-33　工资条效果（2）

5.5.2　打印工资条

工资条需要每月生成打印出来发放给员工，且每个员工的工资条上都需要打印标题。按照以上制作的工资条，可使用两种打印方法：一是“工资条效果 2”可以直接打印；二是“工资条效果 1”需要在每一员工工资数据中间插入分页符，然后打印时设置跨页列、行标题，最后打印。其操作步骤如下。

① 插入分页符。选中第 2 行，单击“插入>分页符”命令，从第一个员工下方开始插入行分页符，进行强制分页，并依次进行直至最后一位员工，设置结果如图 5-34 所示。

	A	B	C	D	E	F	G	H	I	J	K	L	M	N	O	P	Q	R	S	T
1	员工编号	姓名	部门	年月份	基本工资	岗位工资	住房补贴	奖金	应发合计	事假扣款	病假扣款	其他扣款	扣款合计	养老保险	医疗保险	应扣社保合计	应发工资	代扣税	实发合计	
2	1001	李飞	管理部	2013年12月	4500	1000	350	500	6350	0	0	0	0	440	110	550	5800	125	5675	
3	1002	马媛	管理部	2013年12月	4000	1000	350	500	5850	531.81818	0	0	531.81818	400	100	500	4818.1818	39.545455	4778.6364	
4	1003	李正	管理部	2013年12月	3800	1000	350	500	5650	0	500	0	500	384	96	480	4670	35.1	4634.9	
5	2001	张力	生产部	2013年12月	4000	1000	350	600	5950	0	0	0	0	400	100	500	5450	90	5360	
6	2002	王莎	生产部	2013年12月	3300	500	200	600	4600	0	0	0	0	304	76	360	4220	21.6	4196.4	
7	2003	孔丽	生产部	2013年12月	3000	500	200	600	4300	0	0	0	0	280	70	350	3930	13.5	3936.5	
8	2004	赵阳	生产部	2013年12月	3000	500	200	600	4300	3440	0	0	3440	280	70	350	510	0	510	
9	3001	白雪	销售部	2013年12月	4000	1000	350	1000	6350	0	0	0	0	400	100	500	5850	130	5720	
10	3002	孙武	销售部	2013年12月	3500	800	280	1700	6280	0	0	0	0	344	66	430	5650	130	5720	
11	3003	齐磊	销售部	2013年12月	3000	800	280	0	4060	0	800	0	800	304	76	380	2900	0	2900	
12	3004	牛玲	销售部	2013年12月	3000	800	280	1100	5180	0	0	0	0	304	76	360	4800	39	4761	
13	3005	王林	销售部	2013年12月	3200	800	280	900	5180	0	0	0	0	320	80	400	4780	38.4	4741.6	
14																				

图 5-34　插入分页符设置结果

② 单击“文件>页面设置”命令，打开“页面设置”对话框，切换到“工作表”选项卡，进行“顶端标题行”设置，如图 5-35 所示。同时，将打印区域设置好。这样设置的结果将会确保打印出来的每一个员工的工资条上都有第一行标题。

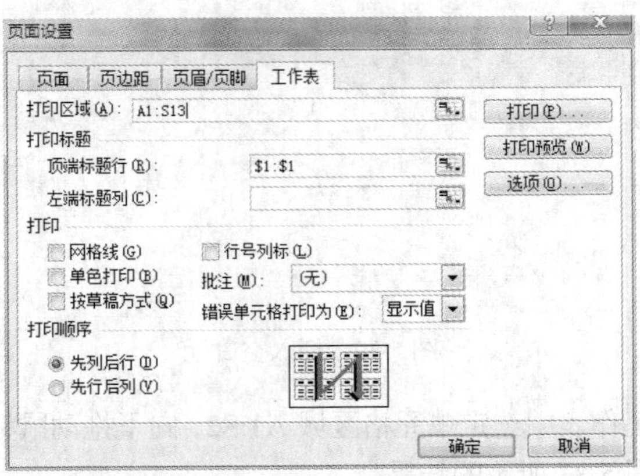

图 5-35　顶端标题行设置

③ 打印预览。单击“常用”工具栏上的“打印预览”按钮，则屏幕上出现打印预览对话框，如图 5-36 所示。单击“下一页”按钮可以看到下一员工工资条明细。单击“打印”按钮，即可按页打印出工资条。

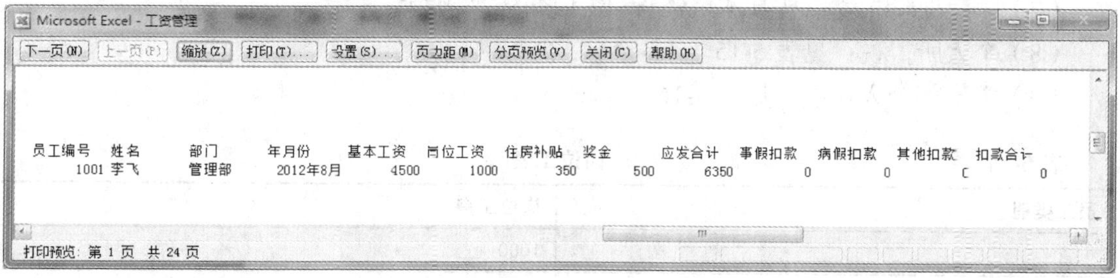

图 5-36　打印预览

课后实训

金茂公司 2011 年 12 月份员工基本工资情况与出勤情况如表 5-10 所示。

表 5-10　　2011 年 12 月份员工基本工资情况与出勤情况

员工编号	姓名	部门	性别	员工类别	基本工资	事假天数	病假天数
1001	张晓	办公部	男	主管	4500		
1002	李丽	办公部	女	员工	4000		1
1003	郑小龙	办公部	男	员工	3800		
2001	孙新	人事部	男	主管	4000	2	
2002	孙斌	人事部	男	员工	3300		
2003	焦小宝	财务部	女	主管	4000		5
2004	许子林	财务部	男	员工	3000		
3001	孟瑶	财务部	女	员工	3400		
3002	王军	采购部	男	主管	3500	20	
3003	于鹏飞	采购部	男	员工	3000		
4001	孙萍	销售部	女	主管	4000		
4002	崔涛	销售部	男	员工	3200		13
4003	田刚	销售部	男	员工	3000		
4004	苏雪艳	销售部	女	员工	3200		

其他工资项目的发放情况及有关规定如下。

（1）岗位工资，见表 5-11。

（2）住房补贴：根据员工类别的不同，主管为 200 元，员工为 150 元。

（3）奖金：根据部门发放，见表 5-12。

（4）事假扣款规定：见表 5-13。

（5）病假扣款规定：见表 5-14。

（6）养老保险扣款：按基本工资+岗位工资的 8%扣除。

（7）医疗保险扣款：按基本工资+岗位工资的 2%扣除。

（8）个人所得税：见表 5-15。

（9）销售部个人业绩，见表 5-16。

表 5-11 岗位工资

员工类别	岗位工资
主管	1000
销售员工	600
非销售员工	800

表 5-12 奖金

部门	奖金
办公部	500
人事部	600
财务部	400
采购部	500
销售部	与个人销售额相关，完成基本销售额 30 万元的奖金为 500 元，超额完成的按超出金额的 1%提成，未完成基本销售额的奖金没有

表 5-13 事假扣款

事假天数	事假扣款
>14 天	应发工资的 80%
≤14 天	(应发工资/22)×事假天数

表 5-14 病假扣款

病假天数	员工类别	病假扣款
>14 天	主管	500
>14 天	员工	800
≤14 天	主管	300
≤14 天	员工	500

表 5-15 个人所得税

级数	全月应缴所得税额（含税级距）	税率	速算扣除数
1	不超过 1500 元部分	3%	0
2	超过 1500 元至 4500 元部分	10%	105
3	超过 4500 元至 9000 元部分	20%	555
4	超过 9000 元至 35000 元部分	25%	1005

续表

级数	全月应缴所得税额（含税级距）	税率	速算扣除数
5	超过 35000 元至 55000 元部分	30%	2755
6	超过 55000 元至 80000 元部分	35%	5505
7	超过 80000 元部分	45%	13505

表 5-16　　销售部业绩　　单位：万元

姓名	销售额
孙萍	34
崔涛	49
田刚	18
苏雪艳	36

实训要求：

（1）制作工资明细表；

（2）制作工资条；

（3）按员工类别对各部门的应发工资生成数据透视表及数据透视图。

第 6 章

固定资产管理

固定资产是企业所持有的、使用年限较长、单位价值较高，并且在使用的过程中保持其原有实物形态的资产，它是企业进行生产经营活动的物质基础。固定资产的类型主要为房屋、建筑物、机器、机械、运输工具以及其他与生产、经营有关的设备、器具、工具等。

固定资产在企业的资产总额中占有相当大的比重，日常的核算、管理非常烦琐，而且针对其在使用过程中造成的损耗固定资产需要计提折旧费用，折旧的核算工作量也很大，所以正确地核算和计算固定资产对企业的生产经营具有重大的意义。

通过本章的学习，应了解并掌握如何运用 Excel 进行固定资产卡片账的建立、登记与管理；掌握采用不同的函数计提固定资产的累计折旧。

【学习目标】

- 学会创建固定资产管理系统参数表。
- 掌握创建固定资产清单。
- 牢固掌握常见的固定资产折旧函数的用法。
- 掌握制作固定资产卡片。
- 学会 INDEX 函数和 MATCH 函数的使用。
- 学会用数据透视表和图表分析固定资产折旧。

6.1 固定资产管理系统参数设置

通过前面的学习，我们已经知道利用 Excel 中的数据有效性设置下拉列表，可以将一些有规律性的、相对固定的数据项作成下拉列表，提高用户的输入效率，有效地减少错误的发生。例如，在固定资产折旧管理中，像资产类别、类别编号、使用部门等字段都是由一些相对固定的数据组成，可以将这些数据设置为可供用户选择的下拉列表。

此处将涉及 OFFSET 函数和 COUNTA 函数的使用。

（1）OFFSET 函数（查找与引用函数）的语法和功能。

函数语法：OFFSET(reference,rows,cols,height,width)。

函数功能：以指定的引用为参照系，通过给定偏移量得到新的引用。返回的引用可以为一个单元格或单元格区域，并且可以指定返回的行数或列数。

函数中各参数的含义如下。

reference：作为偏移量参照系的引用区域。

rows：相对于偏移量参照系的左上角单元格，上（下）偏移的行数。

cols：相对于偏移量参照系的左上角单元格，左（右）偏移的列数。

height：高度，即所要返回的引用区域的行数，必须为正数。

width：宽度，即所要返回的引用区域的列数，必须为正数。

（2）COUNTA 函数（统计函数）的语法和功能。

函数语法：COUNTA(value1,value2,…)。

函数功能：计算参数列表所包含的数值个数以及非空单元格的数目。

函数中各参数的含义如下。

value1，value2，…：1～30 个用于对值和单元格进行计数的参数。

具体操作步骤如下。

① 新建一个 Excel 工作簿，将工作簿中的 Sheet1 重命名为“系统参数设置”，在工作表中输入如图 6-1 所示的项目。

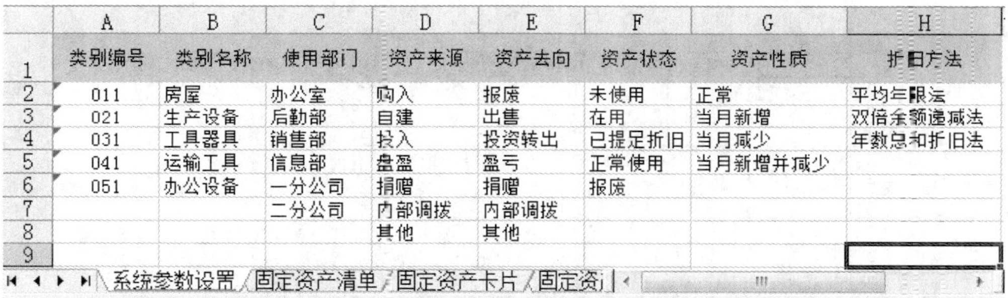

	A	B	C	D	E	F	G	H
1	类别编号	类别名称	使用部门	资产来源	资产去向	资产状态	资产性质	折旧方法
2	011	房屋	办公室	购入	报废	未使用	正常	平均年限法
3	021	生产设备	后勤部	自建	出售	在用	当月新增	双倍余额递减法
4	031	工具器具	销售部	投入	投资转出	已提足折旧	当月减少	年数总和折旧法
5	041	运输工具	信息部	盘盈	盘亏	正常使用	当月新增并减少	
6	051	办公设备	一分公司	捐赠	捐赠	报废		
7			二分公司	内部调拨	内部调拨			
8				其他	其他			
9								

图 6-1　创建基本参数表

② 单击菜单栏中的“插入>名称>定义”命令，弹出“定义名称”对话框，将该名称及公式添加进去，“lbbh（类别编号）”在引用位置的公式为：“=OFFSET(系统参数设置!$A$1,1, ,COUNTA(系统参数设置!$A:$A)-1)”，如图 6-2 所示。

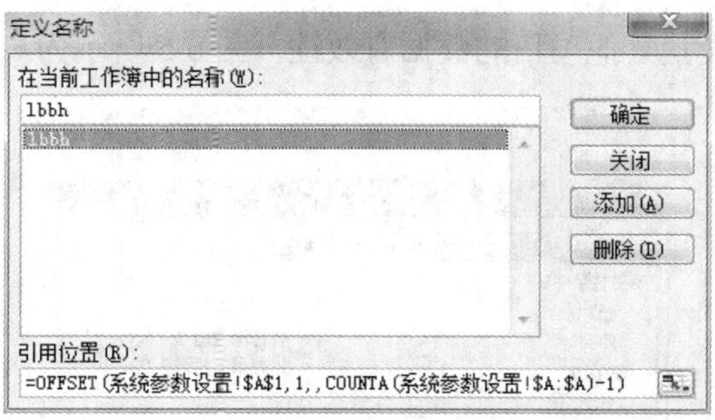

图 6-2　定义名称 lbbh

③ 同样方法定义名称 lbmc（类别名称），公式为：

=OFFSET(系统参数设置!$B$1,1, ,COUNTA(系统参数设置!$B:$B)-1)

sybm（使用部门）=OFFSET(系统参数设置!$C$1,1, ,COUNTA(系统参数设置!$C:$C)-1)

zcly（资产来源）=OFFSET(系统参数设置!$D$1,1, ,COUNTA(系统参数设置!$D:$D)-1)

按以上方法定义 zcqx（资产去向），zczt（资产状态），zcxz（资产性质），zjff（折旧方法）。

6.2 创建固定资产清单

固定资产清单可以用来存放与该固定资产相关的所有数据，以便于对企业的固定资产进行详细、全面的管理。具体操作步骤如下。

① 将工作表 Sheet2 重命名为“固定资产清单”，然后从工作表中的第一行 A 列开始依次输入：资产名称、资产编号、类别编号、类别名称、规格型号、制造单位、使用部门、购买日期、启用日期、可使用年限、资产状态、资产来源、资产去向、资产性质、资产原值、资产净残值率、资产残值、折旧方法、已计提月份、月折旧额、本年折旧月数、本年应折旧金额等项目，如图 6-3 所示。

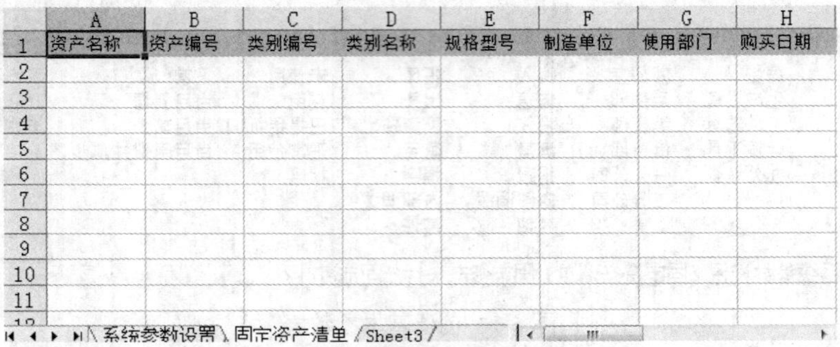

图 6-3 创建固定资产清单表格

② 选定“资产名称”所在的 A 列中的 A2 单元格，单击菜单栏中的“数据>有效性”命令，弹出“数据有效性”对话框，设置有效性为“序列”，来源为“=lbmc”，如图 6-4 所示。

③ 同样的方法，设置其他项目的数据有效性。图 6-5 所示为“资产性质”数据有效性的下拉列表。

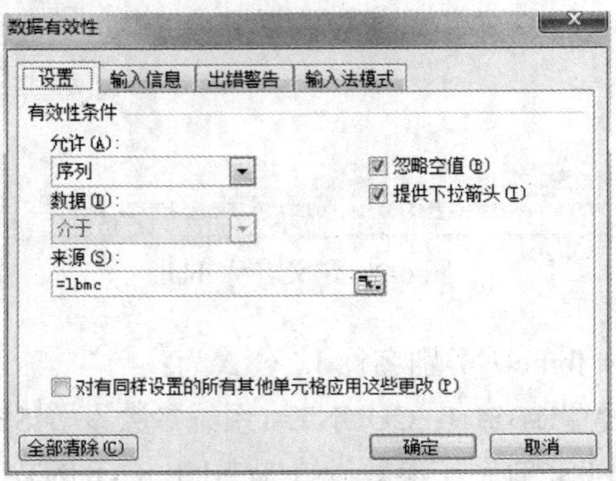

图 6-4 设置“资产名称”的数据有效性

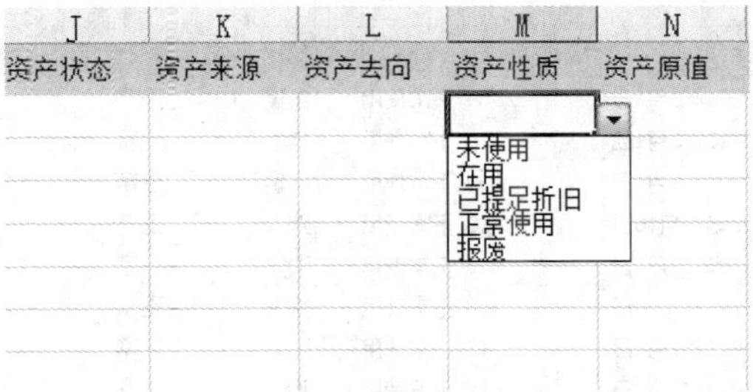

图 6-5　展开下拉列表

6.3　使用折旧函数计算固定资产折旧

计算固定资产折旧的方法很多，较为常见的有平均年限法、固定余额递减法、双倍余额递减法和年数总和法。

① 平均年限法也被称为直线折旧法，就是说设备资产的价值平均（线性）地分摊到每一期中，每年提取的金额相等，它的计算公式为：

年折旧金额=（设备资产原值-预计净残值）/折旧年限

在 Excel 中，平均年限法有专门的 SLN()函数。

② 双倍余额递减法是在不考虑固定资产残值的情况下，根据双倍直线法折旧率计算固定资产折旧的一种方法。采用这种方法折旧率是固定的，计算折旧的基数是期初固定资产的账面净值。其计算公式为：

年折旧率=1/预计使用年限×100%×2

年折旧额=固定资产账面净值×年折旧率

实行双倍余额递减法，应当在固定资产折旧年限到期前两年内，将固定资产净值扣除预计净残值后的净额平均摊销。在 Excel 中，双倍余额递减法的函数为 DDB()。

③ 年数总和法是将固定资产原值减去预计残值后的余额乘以一个逐年递减的分数，这个分数分子代表固定资产尚可使用的年限，分母是使用年限的各年年数之和，即

年折旧率=尚可使用的年数/年数总和

年折旧额=（固定资产原值-预计净残值）×年折旧率

下面以实例进行讲解。

① 输入原始数据，某些项目可以直接从下拉列表中选择。其中，为了浏览方便，可将工作表的 A、B 列和第 1 行冻结，如图 6-6 所示。

② 在表格最上方插入一空行，在单元格 A1 中输入“时间:”，在单元格 B1 中输入公式“=TOADY()”，然后在“单元格格式”对话框中将 B2 的格式设置为“2011 年 3 月”，此时，公式运算结果如图 6-7 所示，求出当前年份和月份数。

③ 计算各固定资产的净残值，在单元格 P3 中输入公式“=N3*O3”，然后向下复制公式到该列其他单元格。

	A	B	I	J	K	L	M	N	O
1	资产名称	资产编号	启用日期	可使用年限	资产状态	资产来源	资产性质	资产原值	资产净残值率
2	办公楼	011023	2008年6月1日	50	正常使用	自建	正常	1,305,600.00	10.00%
3	厂房	011016	2012年3月1日	30	正常使用	自建	正常	5,000,000.00	10.00%
4	仓库	011019	2009年6月1日	30	正常使用	自建	正常	150,000.00	10.00%
5	货车－0152	041006	2009年10月10日	10	正常使用	购入	正常	120,000.00	2.00%
6	货车－0158	041007	2010年10月1日	10	正常使用	购入	正常	126,000.00	2.00%
7	客车－EA358	041008	2011年12月30日	10	正常使用	购入	正常	350,000.00	2.00%
8	轿车－1688	041009	2012年1月1日	15	正常使用	购入	正常	580,000.00	2.00%
9	轿车-1668	041010	2012年3月1日	15	正常使用	购入	正常	320,000.00	2.00%
10	笔记本电脑	051055	2011年10月5日	5	正常使用	购入	正常	15,000.00	1.00%
11	笔记本电脑	051056	2011年10月5日	5	正常使用	购入	正常	16,800.00	1.00%
12	台式电脑	051057	2009年9月8日	5	正常使用	购入	正常	5,800.00	1.00%
13	台式电脑	051058	2009年4月6日	5	正常使用	购入	正常	5,800.00	1.00%
14	台式电脑	051059	2010年9月8日	5	正常使用	购入	正常	5,800.00	1.00%
15	传真机	051066	2009年1月8日	10	正常使用	购入	正常	6,200.00	1.00%
16	机床	021001	2003年11月2日	8	报废	购入	正常	186,400.00	4.00%
17	机床	021056	2006年5月1日	20	正常使用	购入	正常	185,900.00	4.00%
18	机床	021057	2010年10月14日	20	正常使用	购入	正常	210,000.00	4.00%
19	吊车	021031	2006年12月5日	20	正常使用	购入	正常	560,000.00	4.00%
20	复印机	051077	2010年5月4日	5	正常使用	购入	正常	8,900.00	1.00%
21	复印机	051087	2012年10月10日	10	正常使用	购入	正常	8,200.00	1.00%

系统参数设置 / 固定资产清单 / Sheet3 / 固定资产清单(原始数据

图 6-6　输入数据

B1　　=TODAY()

	A	B	I
1	时间：	2012年11月	
2	资产名称	资产编号	启用日期
3	办公楼	011023	2008年6月1日

图 6-7　输入当前日期

④ 计算从固定资产启用日至现在一共已有多少个月提取了折旧，在单元格 R3 中输入公式"=IF(B3="","",IF(M3="当月新增",0,(YEAR($B$1)-YEAR(I3))*12+(MONTH($B$1)-MONTH(I3))-1))"。

然后向下复制公式到该列其他单元格。

以上公式的意义是，如果固定资产是该月新增的，则已计提月份为 0，如果不是该月新增，则根据当前日期和启用日期之间的月份差来计算已计提折旧的月份数。由于我国会计制度规定当月启用的设备从下月开始计算折旧，所以计算出来的月份数的差额还应减去 1，才得出正确的已计提折旧的月份数。

⑤ 在 Q 列的下拉列表中根据实际情况选取资产相应的折旧方法，如图 6-8 所示。

⑥ 计算固定资产月折旧额。此处涉及财务函数 SLN()函数（平均年限法折旧函数）、DDB()函数（双倍余额递减法折旧函数）、SYD()函数（年限总和法折旧函数），下面分别介绍。

（a）直线折旧法。

直线折旧法也称为平均年限法，是根据固定资产原值、预计净残值以及预计清理费用，然后按照预计使用年限平均计算折旧的一种方法。

用直线折旧法计算的每个月份和年份的折旧额都是相等的。

R3　=IF(B3="","",IF(M3="当月新增",0,(YEAR($B$1)-YEAR(I3))*12+(MONTH($B$1)-MONTH(I3))-1))

	A	B						
1	时间：	2012年11月						
2	资产名称	资产编号	资产原值	资产净残值率	资产残值	折旧方法	已计提月份	月折旧额
3	办公楼	011023	1,305,600.00	10.00%	130,560.00	平均年限法	52	
4	厂房	011016	5,000,000.00	10.00%	500,000.00	双倍余额递减法	7	
5	仓库	011019	150,000.00	10.00%	15,000.00	平均年限法	40	
6	货车－0152	041006	120,000.00	2.00%	2,400.00	双倍余额递减法	36	
7	货车－0158	041007	126,000.00	2.00%	2,520.00	双倍余额递减法	24	
8	客车－EA358	041008	350,000.00	2.00%	7,000.00	平均年限法	10	
9	轿车－1688	041009	580,000.00	2.00%	11,600.00	年数总和折旧法	9	
10	轿车-1668	041010	320,000.00	2.00%	6,400.00	年数总和折旧法	7	
11	笔记本电脑	051055	15,000.00	1.00%	150.00	平均年限法	12	
12	笔记本电脑	051056	16,800.00	1.00%	168.00	平均年限法	12	
13	台式电脑	051057	5,800.00	1.00%	58.00	平均年限法	37	
14	台式电脑	051058	5,800.00	1.00%	58.00	平均年限法	42	
15	台式电脑	051059	5,800.00	1.00%	58.00	平均年限法	25	
16	传真机	051066	6,200.00	1.00%	62.00	平均年限法	15	
17	机床	021001	186,400.00	4.00%	7,456.00	平均年限法	107	
18	机床	021056	185,900.00	4.00%	7,436.00	平均年限法	77	
19	机床	021057	210,000.00	4.00%	8,400.00	平均年限法	29	
20	吊车	021031	560,000.00	4.00%	22,400.00	平均年限法	70	
21	复印机	051077	8,900.00	1.00%	89.00	双倍余额递减法	29	
22	复印机	051087	8,200.00	1.00%	82.00	平均年限法	0	

系统参数设置 / 固定资产清单 / 固定资产卡片 / 固定资产清单(原|

图 6-8　计算资产残值、已计提月份及输入折旧方法

月折旧额的计算公式为：

$$年折旧率=（1-预计净残值率）/预计使用年限\times 100\%$$

$$月折旧率=年折旧率/12$$

$$月折旧额=固定资产原值\times 月折旧率$$

- SLN 函数（直线折旧法函数）的语法和功能

函数语法：SLN(cost,salvage,life)。

函数功能：返回某项资产在一个期间中的线形折旧值。

参数及含义：

cost：资产原值。

salvage：资产在折旧期末的价值（也称为资产残值）。

life：折旧期限（资产的使用寿命）。

（b）双倍余额递减法计折旧。

双倍余额递减法是一种加速计提固定资产折旧的方法。它是在不考虑固定资产残值的情况下，根据每期期初固定资产账面余额和双倍的直线法折旧率计算固定资产折旧的一种方法。其计算公式为：

$$年折旧率=2/预计使用年限\times 100\%$$

$$年折旧额=该年年初固定资产账面净值\times 年折旧率$$

$$月折旧额=年折旧额/12$$

- DDB 函数（双倍余额递减法折旧函数）的语法和功能

函数语法：DDB(cost,salvage,life,period,factor)。

函数功能：使用双倍余额递减法或其他指定方法，计算一笔资产在给定期间内的折旧值。

参数及含义：

cost：资产原值。

salvage：资产在折旧期末的价值（也称为资产残值）。

life：折旧期限（资产的使用寿命）。

period：需要计算折旧值的期间，必须与 life 相同的单位。

factor：余额递减速率，若省略则假设为 2。

注意

采用双倍余额递减法计算固定资产折旧时，应在折旧期限的最后两年改为直线折旧法，即将固定资产的账面折余价值按两年平均分摊。其公式为：

最后两年年折旧额=（倒数第三年年末折余价值-净残值）/2

（c）年限总和法折旧。

年限总和法又称为合计年限法，也是一种递减加速折旧的方法。它是将固定资产的原值减去预计净残值后的值乘以一个逐年递减的分数计算每年的折旧额。其计算公式为：

年折旧率=（预计使用年限-已使用年限）/（预计使用年限×（预计使用年限+1）/2）×100%

年折旧额=（固定资产原值-预计净残值）×年折旧率

月折旧额=年折旧额/12

- SYD 函数（年限总和函数）的语法和功能

函数语法：SYD(cost,salvage,life,per)。

函数功能：返回某项资产按年限总和折旧法计算的指定期间的折旧值。

参数及含义：

cost：资产原值。

salvage：资产在折旧期末的价值（也称为资产残值）。

life：折旧期限（资产的使用寿命）。

per：需要计算折旧值的期间，必须与 life 相同的单位。

- INT 函数（整数函数）的语法和功能

函数语法：INT(number)。

函数功能：将数字向下舍入到最接近的整数。

参数 number 表示需要进行向下舍入取整的实数。

⑦ 由于单元格 Q3 中设置的该项固定资产的折旧方法为“平均年限法”，所以这里应使用 SLN()函数，即在单元格 S3 中输入公式“=SLN(N3,P3,J3)/12”，将 S3 的公式复制到该列其他固定资产折旧方法为“平均年限法”的单元格，计算结果如图 6-9 所示。

S3　=SLN(N3,P3,J3)/12

	A	B	Q	R	S	
1	时间：	2012年11月				
2	资产名称	资产编号	折旧方法	已计提月份	月折旧额	本年折
3	办公楼	011023	平均年限法	52	1,958.40	
4	厂房	011016	双倍余额递减法	7		
5	仓库	011019	平均年限法	40	375.00	
6	货车-0152	041006	双倍余额递减法	36		
7	货车-0158	041007	双倍余额递减法	24		
8	客车-EA358	C41008	平均年限法	10	2,858.33	
9	轿车-1688	041009	年数总和折旧法	9		
10	轿车-1668	041010	年数总和折旧法	7		
11	笔记本电脑	051055	平均年限法	12	247.50	
12	笔记本电脑	051056	平均年限法	12	277.20	
13	台式电脑	051057	平均年限法	37	95.70	
14	台式电脑	051058	平均年限法	42	95.70	
15	台式电脑	051059	平均年限法	25	95.70	
16	传真机	051066	平均年限法	45	51.15	
17	机床	021001	平均年限法	107	1,864.00	
18	机床	021056	平均年限法	77	743.60	
19	机床	021057	平均年限法	24	840.00	
20	吊车	021031	平均年限法	70	2,240.00	
21	复印机	051077	双倍余额递减法	29		
22	复印机	051087	平均年限法	0	67.65	

系统参数设置 / 固定资产清单 / 固定资产卡片 / 固定资产洧

图 6-9　计算平均年限法月折旧额

⑧ 第 4 行中的固定资产“厂房”采用的折旧方法为“双倍余额递减法”，则在单元格 S4 中输入公式“=DDB(N4,P4,J4,INT(R4/12+1))/12”，同样将 S4 的公式复制到该列其他固定资产折旧方法为“双倍余额递减法”的单元格。

其中，INT(R4/12+1)是根据已计提折旧的月份数计算当前折旧期间，我们已经知道 INT()函数的作用是向下取整，即如果该设备使用不到一年，那么此时的折旧期间是在一年，所以这里需要加 1 后再向下取整。

⑨ 还有固定资产采用的是“年数总和折旧法”，在单元格 S9 中输入公式“=SYD(N9,P9, J9, INT(R9/12+1))/12”将 S9 的公式复制到该列其他固定资产折旧方法为“年数总和折旧法”的单元格。

以上根据固定资产不同计算的月折旧额结果如图 6-10 所示。

⑩ 求各固定资产本年的折旧月数，在单元格 T3 中输入公式“=IF(K3="报废",0,IF(AND (YEAR(I3)<YEAR($B$1),YEAR($B$1)<(YEAR(I3)+J3)),12,12-MONTH(I3)))”，并将公式复制到该列其他单元格。

我国会计制度对固定资产的折旧有如下规定：

（a）当月启用的设备从下月开始计算折旧；

（b）设备非本年开始启用，且本年全年一直使用，则本年每月均应进行折旧；

（c）设备本年开始启用，且一直用到年末，则本年折旧月数从启用的下一个月起至年末。

由于固定资产的使用寿命一般都在几年以上，所以基本上排除设备本年启用本年就停用的可能性。因此，在进行条件判断时，如果启用的年份小于当前年份，并且当前年份小于启用年份和使用年限之和，则表示资产全年处于正常使用状态；如果此条件不成立，则本年折旧的月份数应为12减去启用月份数的差额。

在此处的公式中，使用了IF函数的二重嵌套，第一重首先判断资产是否报废，如果已报废，则本年应折旧月份数为0，用第二重IF条件判断求出本年应折旧月份数。

⑪ 计算本年应折旧金额。在单元格U3中输入公式“=S3*T3”，并将公式复制到该列其他单元格。以上两步骤计算结果如图6-11所示。至此，固定资产清单及折旧计算表格制作完成。

S9　=SYD(N9,P9,J9,INT(R9/12+1))/12

	A	B	Q	R	S
1	时间:	2012年11月			
2	资产名称	资产编号	折旧方法	已计提月份	月折旧额
3	办公楼	011023	平均年限法	52	1,958.40
4	厂房	011016	双倍余额递减法	7	27,777.78
5	仓库	011019	平均年限法	40	375.00
6	货车－0152	041006	双倍余额递减法	36	1,024.00
7	货车－0158	041007	双倍余额递减法	24	1,344.00
8	客车－EA358	041008	平均年限法	10	2,858.33
9	轿车－1688	041009	年数总和折旧法	9	5,920.83
10	轿车-1668	041010	年数总和折旧法	7	3,266.67
11	笔记本电脑	051055	平均年限法	12	247.50
12	笔记本电脑	051056	平均年限法	12	277.20
13	台式电脑	051057	平均年限法	37	95.70
14	台式电脑	051058	平均年限法	42	95.70
15	台式电脑	051059	平均年限法	25	95.70
16	传真机	051066	平均年限法	45	51.15
17	机床	021001	平均年限法	107	1,864.00
18	机床	021056	平均年限法	77	743.60
19	机床	021057	平均年限法	24	840.00
20	吊车	021031	平均年限法	70	2,240.00
21	复印机	051077	双倍余额递减法	29	106.80
22	复印机	051087	平均年限法	0	67.65

系统参数设置 / 固定资产清单 / 固定资产卡片 / 固定资产清

图6-10　计算固定资产月折旧额

U3　=S3*T3

	A	B	Q	R	S	T	U
1	时间:	2012年11月					
2	资产名称	资产编号	折旧方法	已计提月份	月折旧额	本年折旧月数	本年应折旧金额
3	办公楼	011023	平均年限法	52	1,958.40	12	23,500.80
4	厂房	011016	双倍余额递减法	7	27,777.78	9	250,000.00
5	仓库	011019	平均年限法	40	375.00	12	4,500.00
6	货车－0152	041006	双倍余额递减法	36	1,024.00	12	12,288.00
7	货车－0158	041007	双倍余额递减法	24	1,344.00	12	16,128.00
8	客车－EA358	041008	平均年限法	10	2,858.33	12	34,300.00
9	轿车－1688	041009	年数总和折旧法	9	5,920.83	11	65,129.17
10	轿车-1668	041010	年数总和折旧法	7	3,266.67	9	29,400.00
11	笔记本电脑	051055	平均年限法	12	247.50	12	2,970.00
12	笔记本电脑	051056	平均年限法	12	277.20	12	3,326.40
13	台式电脑	051057	平均年限法	37	95.70	12	1,148.40
14	台式电脑	051058	平均年限法	42	95.70	12	1,148.40
15	台式电脑	051059	平均年限法	25	95.70	12	1,148.40
16	传真机	051066	平均年限法	45	51.15	12	613.80
17	机床	021001	平均年限法	107	1,864.00	0	0.00
18	机床	021056	平均年限法	77	743.60	12	8,923.20
19	机床	021057	平均年限法	24	840.00	12	10,080.00
20	吊车	021031	平均年限法	70	2,240.00	12	26,880.00
21	复印机	051077	双倍余额递减法	29	106.80	12	1,281.60
22	复印机	051087	平均年限法	0	67.65	2	135.30

系统参数设置 / 固定资产清单 / 固定资产卡片 / 固定资产清

图6-11　计算本年折旧月数、本年应折旧金额

6.4　制作固定资产卡片

虽然固定资产清单工作表中包含所有的固定资产信息，但当只需要查看某一项固定资产时，该表格就显得不是很方便。

在一些管理比较正规的企业，大型的机器设备类固定资产，除了在书面上反映出固定资产的所有信息外，通常还在设备上挂一个卡片，通过该卡片可以看出该设备的使用及折旧等情况。

制作固定资产卡片的操作步骤如下。

① 插入一个空工作表，重命名为“固定资产卡片”，并输入如图 6-12 所示的表格项目。

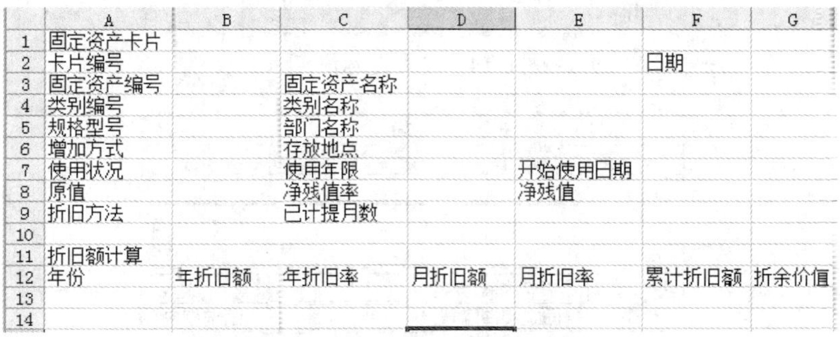

	A	B	C	D	E	F	G
1	固定资产卡片						
2	卡片编号					日期	
3	固定资产编号		固定资产名称				
4	类别编号		类别名称				
5	规格型号		部门名称				
6	增加方式		存放地点				
7	使用状况		使用年限		开始使用日期		
8	原值		净残值率		净残值		
9	折旧方法		已计提月数				
10							
11	折旧额计算						
12	年份	年折旧额	年折旧率	月折旧额	月折旧率	累计折旧额	折余价值
13							
14							

图 6-12　输入表格项目

② 适当调整表格的行高和列宽，并进行适当格式化美化，效果如图 6-13 所示。

	A	B	C	D	E	F	G	H
1								
2		固定资产卡片						
3		卡片编号					日期	
4		固定资产编号		固定资产名称				
5		类别编号		类别名称				
6		规格型号		部门名称				
7		增加方式		存放地点				
8		使用状况				开始使用日期		
9		原值		净残值率		净残值		
10		折旧方法		已计提月数				
11								
12					折旧额计算			
13		年份	年折旧额	年折旧率	月折旧额	月折旧率	累计折旧额	折余价值
14								
15								
16								
17								
18								
19								
20								
21								
22								
23								
24								

图 6-13　设置好格式后的效果

③ 选定单元格 C4，设置数据有效性中输入信息为“输入要查询制作卡片的固定资产编号”，如图 6-14 所示，显示效果如图 6-15 所示。

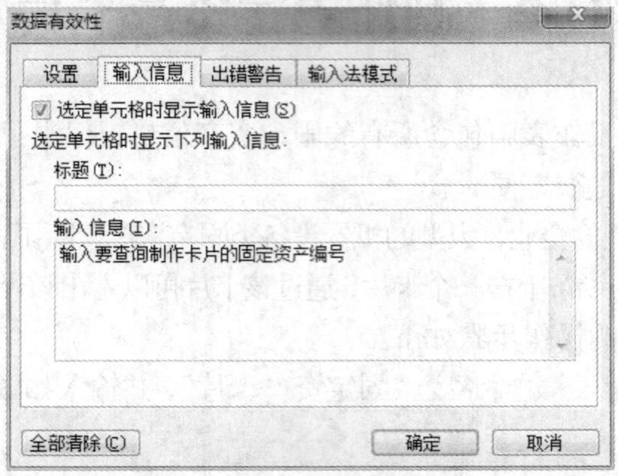

图 6-14　设置提示信息

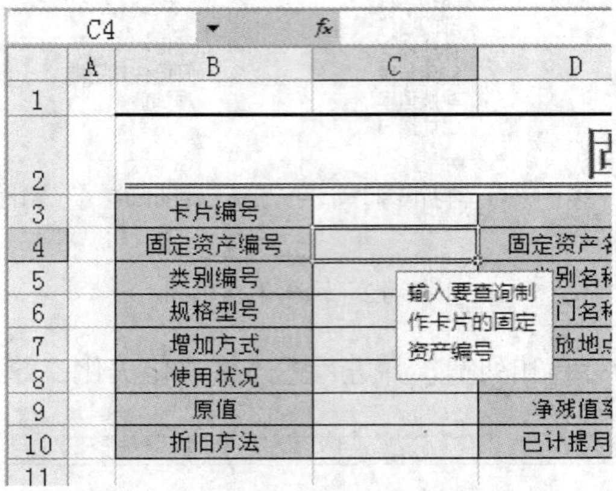

图 6-15　显示提示信息

④ 计算当前日期，在单元格 H3 中输入公式“H3=固定资产清单!B1”。

⑤ 在单元格 C3 中输入卡片编号“00001”，在单元格 C4 中输入固定资产编号后，假设为“051055”，然后使用 INDEX()函数和 MATCH()函数引用固定资产的其他信息。

- INDEX 函数（查找与引用函数）的语法和功能

函数语法：INDEX(array,row_num,column_num)。

函数功能：返回列表或数组中的元素值，此元素由行序号和列序号的索引值给定。

参数及含义：

array：为单元格区域或数组常量。

row_number：数组中某行的行序号。

column_number：数组中某列的列序号。

注意

如果同时使用 row_num 和 column_num，函数 INDEX 返回 row_num 和 column_num 交叉处的单元格的数值；如果将 row_num 或 column_num 设置为 0，函数则分别返回整个列或行的数组数值。

- MATCH 函数（查找与引用函数）的语法和功能

函数语法：MATCH(lookup_value,lookup_array,match_type)。

函数功能：返回在指定方式下与指定数值匹配的数组中元素的相应位置。如果需要找出匹配元素的位置而不是匹配元素本身，则应该使用 MATCH 函数而不是 LOOKUP 函数。

参数及含义：

lookup_value：需要在数据表中查找的数值。

lookup_array：可能包含所要查找的数值的连续单元格区域。

match_type：数字-1、0 或 1。若为 1，函数查找小于或等于 lookup_value 的最大数值，此时 lookup_array 必须按升序排列；若为 0，函数查找等于 lookup_value 的第 1 个数值，此时 lookup_ array 可以按任何顺序排列；若为-1，函数查找大于或等于 lookup_value 的最小数值，此时 lookup_ array 必须按降序排列。若省略，则假设为 1。

注意

函数 MATCH 返回 lookup_array。

⑥ 在单元格 E4 中输入公式“=INDEX(固定资产清单!A3:A500,MATCH($C$4,固定资产清单!$B$3:$B$500,0))”，得到单元格 C4 中的固定资产编号对应的固定资产名称，如图 6-16 所示。

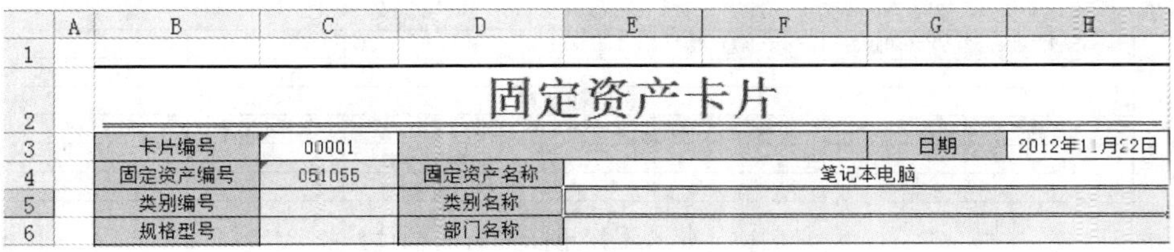

图 6-16　引用固定资产名称

⑦ 引用固定资产类别编号，在单元格 C5 中输入公式“=INDEX(固定资产清单!C3:C500,MATCH(C4,固定资产清单!$B$3:$B$500,0))”。

同样的，在下列单元格中输入公式。

类别名称：E5=INDEX(固定资产清单!D3:D500,MATCH(C4,固定资产清单!$B$3:$B$500,0))

规格型号：C6=INDEX(固定资产清单!E3:E500,MATCH(C4,固定资产清单!$B$3:$B$500,0))

部门名称：E6=INDEX(固定资产清单!G3:G500,MATCH(C4,固定资产清单!$B$3:$B$500,0))

增加方式：C7=INDEX(固定资产清单!L3:L500,MATCH(C4,固定资产清单!$B$3:$B$500,0))

存放地点：E7=INDEX(固定资产清单!G3:G500,MATCH(C4,固定资产清单!$B$3:$B$500,0))

使用状况：C8=INDEX(固定资产清单!K3:K500,MATCH(C4,固定资产清单!$B$3:$B$500,0))

使用年限：E8=INDEX(固定资产清单!J3:J500,MATCH(C4,固定资产清单!$B$3:$B$500,0))

开始使用日期：

G8=INDEX(固定资产清单!I3:I500,MATCH(C4,固定资产清单!$B$3:$B$500,0))

原值：C9=INDEX(固定资产清单!N3:N500,MATCH(C4,固定资产清单!$B$3:$B$500,0))

净残值率：E9=INDEX(固定资产清单!O3:O500,MATCH(C4,固定资产清单!$B$3:$B$500,0))

净残值：G9=C9*E9

折旧方法：C10=INDEX(固定资产清单!Q3:Q500,MATCH(C4,固定资产清单!$B$3:$B$500,0))

已计提月数：

E10=INDEX(固定资产清单!R3:R500,MATCH(C4,固定资产清单!$B$3:$B$500,0))

公式的运算结果如图 6-17 所示。

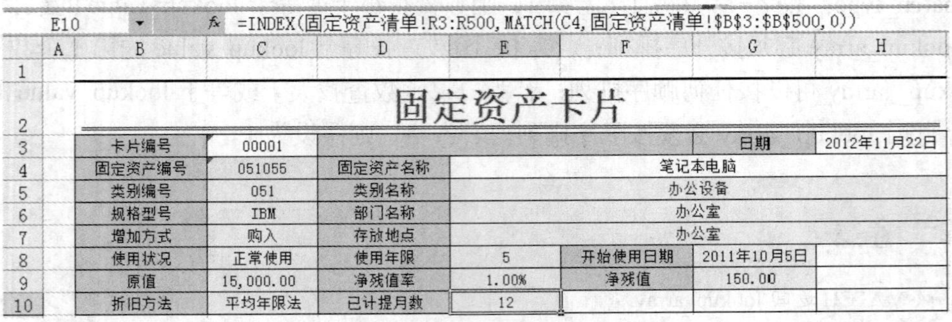

E10 fx =INDEX(固定资产清单!R3:R500,MATCH(C4,固定资产清单!$B$3:$B$500,0))

固定资产卡片

卡片编号	00001				日期	2012年11月22日
固定资产编号	051055	固定资产名称	笔记本电脑			
类别编号	051	类别名称	办公设备			
规格型号	IBM	部门名称	办公室			
增加方式	购入	存放地点	办公室			
使用状况	正常使用	使用年限	5	开始使用日期	2011年10月5日	
原值	15,000.00	净残值率	1.00%	净残值	150.00	
折旧方法	平均年限法	已计提月数	12			

图 6-17　公式运算结果

⑧ 填制表格下方固定资产折旧额。在此之前，需要区分不同的折旧方法，其折旧额计算方式不同。当折旧方法为“平均年限法”、“余额递减法”、“年数总和法”时，资产折旧额是按照年份使用年折旧率进行年折旧额的计算，如图 6-18 所示的计算项目。

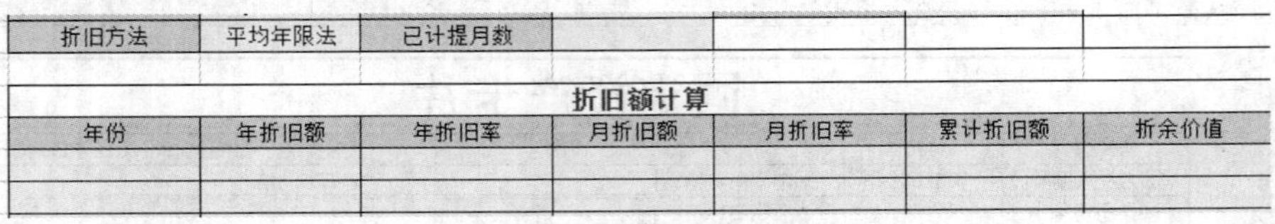

折旧方法	平均年限法	已计提月数				
折旧额计算						
年份	年折旧额	年折旧率	月折旧额	月折旧率	累计折旧额	折余价值

图 6-18　非“工作量法”折旧额计算

但当折旧方法为“工作量法”时，是按照固定资产的工作量使用情况来计算折旧，此时“年份”、“年折旧额”、“年折旧率”分别对应“工作量、单位折旧额、单位折旧率”，因此要在单元格区域 B13:D13 中输入公式：

B13=IF(C10="","",IF(C10="工作量法","工作量","年份"))

C13=IF(C10="","",IF(C10="工作量法","单位折旧额","年折旧额"))

D13=IF(C10="","",IF(C10="工作量法","单位折旧率","年折旧率"))

当折旧方法为“工作量法”时，其折旧额计算如图 6-19 所示。

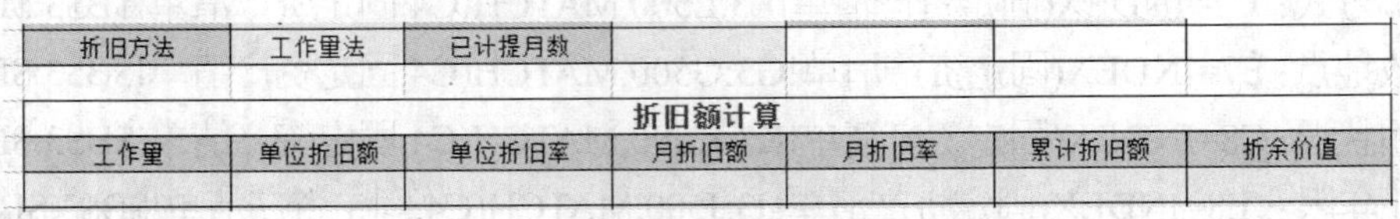

折旧方法	工作量法	已计提月数				
折旧额计算						
工作量	单位折旧额	单位折旧率	月折旧额	月折旧率	累计折旧额	折余价值

图 6-19　“工作量法”折旧额计算

⑨ 在单元格 B14 中输入数字 0，即第 0 年，折余价值等于固定资产原值减去固定资产

折旧后的价值，即固定资产在第 0 年的折余价值等于固定资产原值。所以，在单元格 H14 中输入公式“=C9”。

⑩ 计算折旧年份。此处要用到 ROW 函数（查找与引用函数）。

- ROW 函数（查找与引用函数）的语法和功能

函数语法：ROW(reference)。

函数功能：返回引用的行号。

参数 reference 为需要得到其行号的单元格或单元格区域。如果省略 reference，则假定是对函数 ROW 所在单元格的引用。

在单元格 B15 中输入公式“=IF($C$10="","",IF(ROW()-ROW($B$14)<=$E$8,ROW()-ROW($B$14),""))”，拖动该单元格右下角的序列填充柄向下复制公式，根据使用年限数列出折旧的年份。

⑪ 计算年折旧额。在单元格 C15 中输入公式“=IF(B15="","",IF($C$10="平均年限法",SLN($C$9,$G$9,$E$8),IF($C$10="双倍余额递减法",IF(B15<=$E$8-2,DDB($C$9,$G$9,$E$8,B15),(INDEX($H$15:$H$201,MATCH($E$8-2,$B$15:$B$201,0))-$G$9)/2),IF($C$10="年数总和折旧法",SYD($C$9,$G$9,$E$8,B15),0))))”，
函数执行步骤及含义如图 6-20 所示。

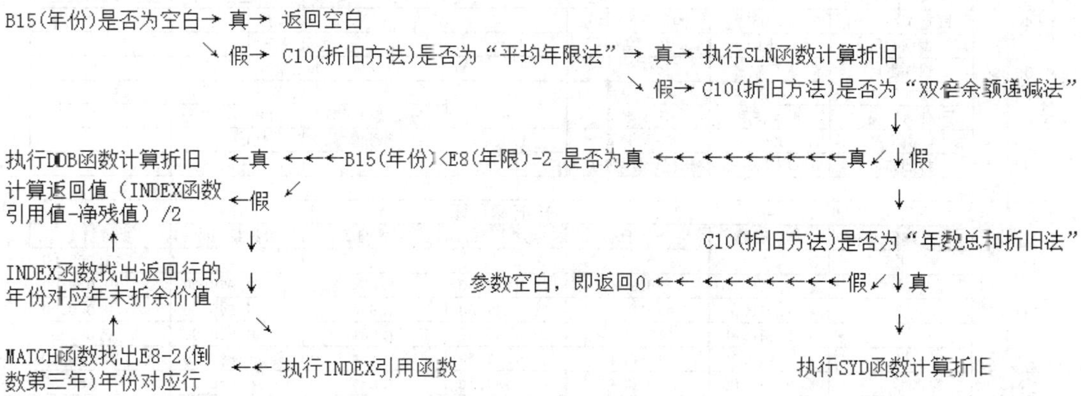

图 6-20　函数执行步骤及含义

⑫ 计算年折旧率。在单元格 D15 中输入公式“=IF(B15="","",IF($C$10="平均年限法",(1-$E$9)/$E$8,IF($C$10="双倍余额递减法",2/$E$8,IF($C$10="年数总和折旧法",($E$8-B15)/($E$8*($E$8+1)/2)))))”。

⑬ 计算月折旧额。此处涉及 ROUND 函数（四舍五入函数）的使用。

- ROUND 函数（四舍五入函数）的语法和功能

函数语法：ROUND(number,num_digits)。

函数功能：返回某个数字按指定位数取整后的数字。

参数含义：

number：需要进行四舍五入的数字。

num_digits：指定的位数，按此位数进行四舍五入。

在单元格 E15 中输入公式“=IF(B15="","",ROUND(C15/12,2))”。

⑭ 计算月折旧率，在单元格 F15 中输入公式“=IF(B15="","",ROUND(D15/12,4))”。

⑮ 计算累计折旧额，在单元格 G15 中输入公式“=IF(B15="","",G14+C15)”。

⑯ 计算固定资产在此期间扣除折旧后的折余价值。在单元格 H15 中输入公式“=IF(B15="","",$H$14-G15)”。

以上第⑨步～第⑯步的公式计算结果如图 6-21 所示。

折旧额计算						
年份	年折旧额	年折旧率	月折旧额	月折旧率	累计折旧额	折余价值
0						15,000.00
1	¥ 2,970.00	19.80%	247.50	1.65%	2,970.00	12,030.00

图 6-21 折旧额计算

⑰ 然后向下拖动单元格 B15:H15 右下角的序列填充柄复制公式，计算出其他年份的折旧额与折旧率等项目。

至此，固定资产卡片制作完成，效果如图 6-22 所示。

	A	B	C	D	E	F	G	H
1								
2		固定资产卡片						
3		卡片编号	00001				日期	2012年11月23日
4		固定资产编号	051055	固定资产名称	笔记本电脑			
5		类别编号	051	类别名称	办公设备			
6		规格型号	IBM	部门名称	办公室			
7		增加方式	购入	存放地点	办公室			
8		使用状况	正常使用	使用年限	5	开始使用日期	2011年10月5日	
9		原值	15,000.00	净残值率	1.00%	净残值	150.00	
10		折旧方法	平均年限法	已计提月数	12			
11								
12		折旧额计算						
13		年份	年折旧额	年折旧率	月折旧额	月折旧率	累计折旧额	折余价值
14		0						15,000.00
15		1	¥ 2,970.00	19.80%	247.50	1.65%	2,970.00	12,030.00
16		2	¥ 2,970.00	19.80%	247.50	1.65%	5,940.00	9,060.00
17		3	¥ 2,970.00	19.80%	247.50	1.65%	8,910.00	6,090.00
18		4	¥ 2,970.00	19.80%	247.50	1.65%	11,880.00	3,120.00
19		5	¥ 2,970.00	19.80%	247.50	1.65%	14,850.00	150.00
20								
21								
22								
23								

图 6-22 固定资产卡片制作效果

6.5 使用数据透视表分析折旧费用

数据透视表是一种交互式表格，它所具有的透视和筛选功能使其具有极强的数据分析能力，它可以转化行或列以查看源数据的不同汇总结果，可以显示不同页面的筛选数据，还可以根据需要显示区域中的明细数据。假如，需要按部门对固定资产的折旧费进行汇总，其具体操作步骤如下。

① 在工作表数据区域中单击选定任意单元格，单击菜单栏中的“数据>数据透视表和

数据透视图”命令，选定区域如图 6-23 所示。

图 6-23　选择数据源区域

② 在向导步骤中，单击“布局”按钮，将“资产名称”拖到“行”区、将“本年折旧月数”拖到“列”区，将“本年应折旧金额”拖到“数据”区，生成数据透视表如图 6-24 所示。

求和项:本年应折旧金额	本年折旧月数					
资产名称	0	2	9	11	12	总计
办公楼					23500.8	23500.8
笔记本电脑					6296.4	6296.4
仓库					4500	4500
厂房			250000			250000
传真机					613.8	613.8
吊车					26880	26880
复印机		135.3			1281.6	1416.9
货车－0152					12288	12288
货车－0158					16128	16128
机床	0				19003.2	19003.2
轿车-1668			29400			29400
轿车－1688				65129.16667		65129.16667
客车－EA358					34300	34300
台式电脑					3445.2	3445.2
总计	0	135.3	279400	65129.16667	148237	492901.4667

图 6-24　向导生成的数据透视表

③ 此时，还可以在该工作表中直接修改数据透视表的布局。例如，将“使用部门”字段拖至“页字段”，如图 6-25 所示。

使用部门	(全部)					
求和项:本年应折旧金额	本年折旧月数					
资产名称	0	2	9	11	12	总计
办公楼					23500.8	23500.8

图 6-25　添加页字段

④ 在使用部门的下拉列表中选定部门后，可以查看该部门的固定资产折旧费用汇总情况。例如，选择“销售部”，如图 6-26 所示。

使用部门	销售部			
求和项:本年应折旧金额	本年折旧月数			
资产名称	2	11	12	总计
传真机			613.8	613.8
复印机	135.3			135.3
货车－0152			12288	12288
货车－0158			16128	16128
轿车－1688		65129.16667		65129.16667
总计	135.3	65129.16667	29029.8	94294.26667

图 6-26　显示“销售部”的固定资产折旧费用

6.6 用图表法进行折旧分析

如果用户想直观地了解某设备每年度的折旧费用、总折旧额和剩余价值等详情时，可以通过图表的方式表现出来。

6.6.1 平均年限法图表分析

平均年限法折旧也称为直线折旧法，是我国普遍使用的一种折旧方法。该折旧方法对应的折旧函数 SLN()在前面已经介绍，本节将介绍用图表查看直线折旧法所求解的折旧费。操作步骤如下。

① 插入一个新工作表，并输入如图 6-27 所示的表格项目。

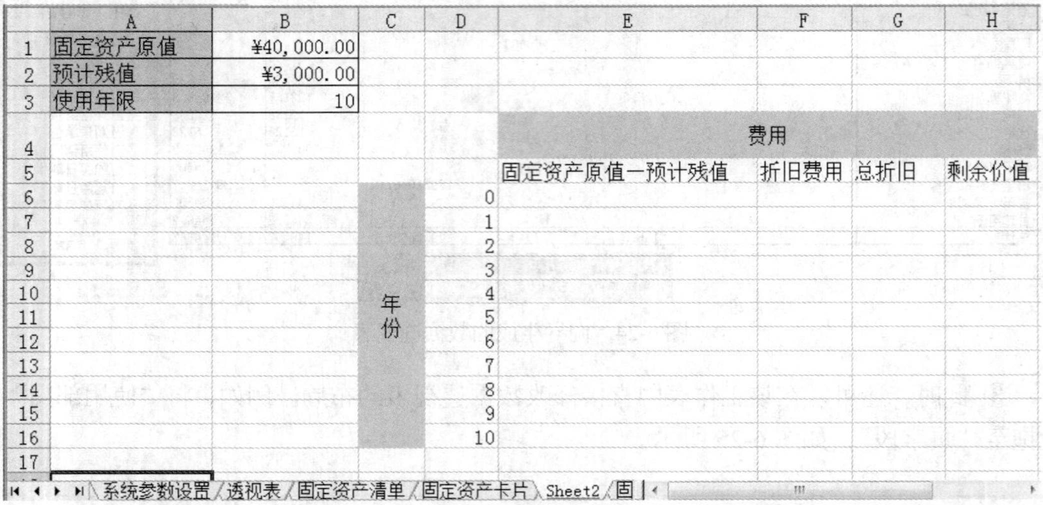

	A	B	C	D	E	F	G	H
1	固定资产原值	¥40,000.00						
2	预计残值	¥3,000.00						
3	使用年限	10						
4					费用			
5					固定资产原值一预计残值	折旧费用	总折旧	剩余价值
6			年份	0				
7				1				
8				2				
9				3				
10				4				
11				5				
12				6				
13				7				
14				8				
15				9				
16				10				
17								

图 6-27　输入表格项目

② 在单元格 H6 中输入公式“=$B$1”，即固定资产在未开始折旧时，剩余价值就等于固定资产原值。

③ 在单元格 E7 中输入公式“=$B$1-$B$2”，即计算固定资产原值与预计残值的差额，将公式复制到该列其他单元格。

④ 在单元格 F7 中输入公式“=SLN($B$1,$B$2,$B$3)”，计算各年度的折旧费，然后向下复制公式，由于是直线折旧法，所以计算出来的每年的折旧费是相等的。以上 3 步的计算结果如图 6-28 所示。

⑤ 计算总折旧。根据总折旧=折旧费×年份的公式计算总折旧，在单元格 G7 中输入公式“=D7*F7”，将公式复制到该列其他单元格。

⑥ 计算每年提取折旧后的剩余价值。在单元格 H7 中输入公式“=$H$6-G7”，将公式复制到该列其他单元格。以上两步的计算结果如图 6-29 所示。

	A	B	C	D	E	F	G	H
1	固定资产原值	¥40,000.00						
2	预计残值	¥3,000.00						
3	使用年限	10						
4					费用			
5					固定资产原值—预计残值	折旧费用	总折旧	剩余价值
6			年份	0				40,000.00
7				1	37,000.00	3,700.00		
8				2	37,000.00	3,700.00		
9				3	37,000.00	3,700.00		
10				4	37,000.00	3,700.00		
11				5	37,000.00	3,700.00		
12				6	37,000.00	3,700.00		
13				7	37,000.00	3,700.00		
14				8	37,000.00	3,700.00		
15				9	37,000.00	3,700.00		
16				10	37,000.00	3,700.00		

图 6-28　计算折旧费用

	A	B	C	D	E	F	G	H
1	固定资产原值	¥40,000.00						
2	预计残值	¥3,000.00						
3	使用年限	10						
4					费用			
5					固定资产原值—预计残值	折旧费用	总折旧	剩余价值
6			年份	0				40,000.00
7				1	37,000.00	3,700.00	3,700.00	36,300.00
8				2	37,000.00	3,700.00	7,400.00	32,600.00
9				3	37,000.00	3,700.00	11,100.00	28,900.00
10				4	37,000.00	3,700.00	14,800.00	25,200.00
11				5	37,000.00	3,700.00	18,500.00	21,500.00
12				6	37,000.00	3,700.00	22,200.00	17,800.00
13				7	37,000.00	3,700.00	25,900.00	14,100.00
14				8	37,000.00	3,700.00	29,600.00	10,400.00
15				9	37,000.00	3,700.00	33,300.00	6,700.00
16				10	37,000.00	3,700.00	37,000.00	3,000.00

图 6-29　计算剩余价值

⑦ 启动图表向导，选择“折线图”，选择单元格区域 E5:H5、E7:H16 作为图表的源数据区域，系列产生在“列”，并在图表选项里设置标题等，生成图表如图 6-30 所示。

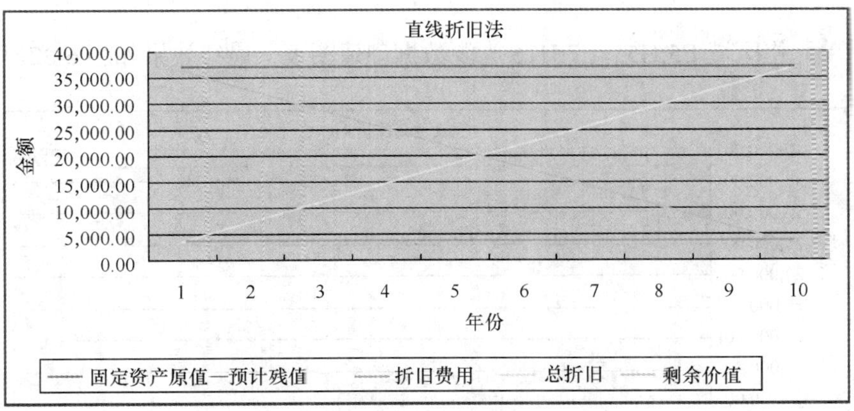

图 6-30　直线折旧法图表效果

6.6.2　余额递减法图表分析

接下来介绍利用图表分析余额递减法折旧，具体操作步骤如下。

① 将上一节创建的工作表重命名为“直线折旧费图表分析”，复制该工作表并重命名为“余额递减法图表分析”，然后清除单元格区域 F7:H16 中的数据。

② 计算各年的折旧费用，在单元格 F7 中输入公式“=DDB($B$1,$B$2,$B$3,D7)”，向下复制公式至 F14 单元格，由于双倍余额递减法最后两年折旧费用算法不同，所以在单元格 F15 中输入公式“=($H$14-$B$2)/2”，并将公式复制到 F16。

③ 计算总折旧。这里计算总折旧的方法和直线法完全不一致，由于余额递减法每年的折旧额是递减的，并不一致，所以总折旧额应等于各年折旧额之和。而第 1 年的总折旧就等于第 1 年的折旧费，所以在单元格 G7 中输入公式“=F7”，在单元格 G8 中输入公式“=G7+F8”，然后拖动单元格 G8 右下角的填充柄向下复制公式。

④ 计算剩余价值。在单元格 H7 中输入公式“=$H$6-G7”，然后向下复制公式。

以上步骤公式计算结果如图 6-31 所示。

	A	B	C	D	E	F	G	H
1	固定资产原值	¥40,000.00						
2	预计残值	¥3,000.00						
3	使用年限	10						
4					费用			
5					固定资产原值—预计残值	折旧费用	总折旧	剩余价值
6			年份	0				40,000.00
7				1	37,000.00	8,000.00	8,000.00	32,000.00
8				2	37,000.00	6,400.00	14,400.00	25,600.00
9				3	37,000.00	5,120.00	19,520.00	20,480.00
10				4	37,000.00	4,096.00	23,616.00	16,384.00
11				5	37,000.00	3,276.80	26,892.80	13,107.20
12				6	37,000.00	2,621.44	29,514.24	10,485.76
13				7	37,000.00	2,097.15	31,611.39	8,388.61
14				8	37,000.00	1,677.72	33,289.11	6,710.89
15				9	37,000.00	1,855.44	35,144.56	4,855.44
16				10	37,000.00	1,855.44	37,000.00	3,000.00
17								

固定资产卡片 / 直线折旧法图表分析 / 余额递减法图表分析 / 固定资产清单

图 6-31 余额递减法工作表

⑤ 以单元格区域 E5:H5、E7:H16 为源数据创建图表，最终效果如图 6-32 所示。

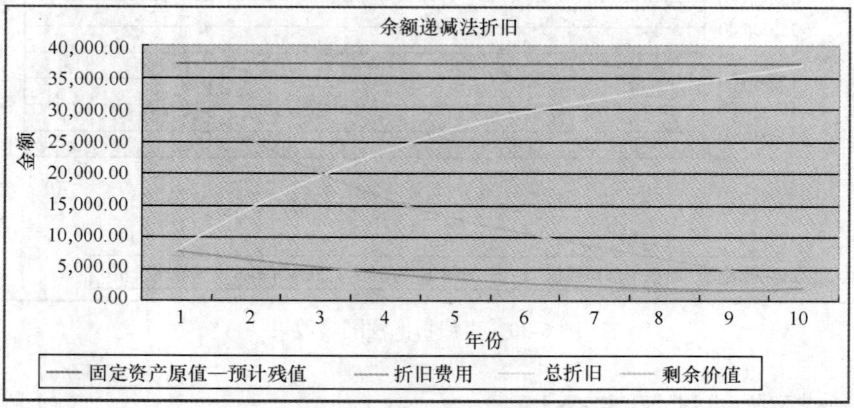

图 6-32 余额递减法折旧图表最终效果

课后实训

宏兴公司固定资产信息如表 6-1 所示。（假设当前日期为 2012 年 11 月）

表 6-1　　宏发公司固定资产信息

资产编号	使用部门	固定资产名称	增加方式	减少方式	使用状况	可使用年限	开始使用日期	折旧方法	固定资产原值
1001	企划部	办公楼	在建工程转入		在用	30	2009/7/1	直线法	1,500,000.00
1002	组装部	厂房	在建工程转入		在用	30	2009/7/1	直线法	1,200,000.00
1003	机修部	厂房	在建工程转入		在用	30	2009/7/1	直线法	500,000.00
1004	组装部	车床	直接购入		在用	10	2009/9/1	直线法	80,000.00
1005	组装部	铣床	直接购入		在用	10	2009/9/1	直线法	180,000.00
1006	组装部	钳工平台	直接购入		在用	10	2009/9/1	直线法	70,000.00
1007	组装部	专用量具	直接购入		在用	10	2009/9/1	直线法	15,000.00
1008	组装部	磨床	直接购入		在用	10	2009/9/1	直线法	50,000.00
1009	后勤部	原料库	在建工程转入		在用	30	2009/7/1	直线法	300,000.00
1010	后勤部	成品库	在建工程转入		在用	30	2009/7/1	直线法	600,000.00
1011	企划部	复印机	直接购入		在用	3	2010/1/1	直线法	12,000.00
1012	财务部	微机	直接购入	出售	报废	3	2010/1/1	直线法	5,000.00
1013	销售部	微机	直接购入		在用	3	2011/10/1	直线法	5,000.00
2014	企划部	汽车	直接购入		在用	10	2010/7/1	工作量法	250,000.00
3015	组装部	吊车	直接购入		在用	10	2010/10/1	双倍余额递减法	150,000.00
4016	组装部	刨床	直接购入		在用	10	2009/1/1	年数总和法	20,000.00
1017	财务部	微机	直接购入		在用	5	2011/11/1	直线法	3,600.00

其中，企划部的汽车总里程为 400 000 公里，已累计行驶里程为 40 000 公里，当月行驶 2 000 公里。

宏兴公司固定资产分为 4 类，即厂房建筑物、机器设备、运输设备、办公设备。类别编号分别如下：厂房建筑物 011，机器设备 021，运输设备 031，办公设备 041。4 类固定资产净残值率分别为 5%、4%、4%、3%。

实训要求：

（1）创建固定资产清单及计算固定资产折旧；

（2）制作固定资产卡片；

（3）按部门使用数据透视表分析折旧；

（4）使用图表分析组装部资产——铣床的折旧。

第 7 章

会计报表管理

会计报表是会计账务处理的最终环节，是会计工作的定期总结，是基于会计凭证、会计账簿、会计科目汇总表、会计科目余额表等会计资料的基础上编制的。财务会计报表主要包括资产负债表、利润表和现金流量表三大报表。

资产负债表主要用来呈现企业在运营期间某一个期间内的财务状况，利润表用来反映企业在一定的会计期间的经营成果，而现金流量表则是用来反映企业一定时期经营活动、投资活动和筹资活动产生的现金流量的动态情况。

【学习目标】

- 了解会计报表的概念。
- 掌握如何建立并编制资产负债表。
- 掌握如何建立并编制利润表。
- 了解现金流量表的建立及编制。

7.1 资产负债表

资产负债表又称财务状况表，是反映企业在某一特定时期财务状况的会计报表。它是根据资产、负债和所有者权益之间的相互关系，按照一定的分类标准和一定的顺序，把一定时期的资产、负债和所有者权益各项目进行整理和计算后编制而成的。

通常国际上流行的资产负债表的格式有账户式和报告式两种。

账户式的资产负债表是根据“资产=负债+所有者权益”将表分成左右两方，左方反映资产，右方反映负债和所有者权益，按其构成项目依据流动性（变现能力由强到弱）分类，并使左右双方总额相等，如表 7-1 所示。

表 7-1 账户式资产负债表格式

资产负债表（账户式）					
编制单位：			年 月 日		单位：元
资产	行次	金额	负债及所有者权益	行次	金额
流动资产			流动负债		
非流动资产			非流动负债		
			所有者权益		
资产合计			负债及所有者权益合计		

报告式的资产负债表是按照资产、负债、所有者权益顺序自上而下排列的报表格式，如表 7-2 所示。

表 7-2　　报告式资产负债表格式

资产负债表（报告式）		
编制单位：	年　月　日	单位：元
资　产		
流动资产	××××	
非流动资产	××××	
资产合计	××××	
负　债		
流动负债	××××	
非流动负债	××××	
负债合计	××××	
所有者权益		
实收资本	××××	
资本公积	××××	
盈余公积	××××	
未分配利润	××××	
所有者权益合计	××××	

7.1.1　设置资产负债表格式

在我国会计实务中多采用账户式的资产负债表，因此本小节介绍账户式资产负债表的设置，具体步骤如下。

① 新建“2012 年 5 月会计报表.xls”工作簿，将第 3 章“会计科目表.xls”中的“总账及试算平衡表”工作表复制到 Sheet1 前面，将 Sheet1 重命名为“资产负债表”。

② 按照图 7-1 所示样式制作表格，按照企业实际情况参照资产负债表的基本格式录入既定的项目，注意单元格的合并及部分项目标题加粗。

③ 给整个表格添加框线，外部为粗线，内部为细线，并对表格进行适当修饰及美化。生成效果如图 7-1 所示。

7.1.2　资产负债表的编制

在建立好的科目余额表基础上，可以很容易地编制出资产负债表。因为资产负债表的编制是根据各账户的余额加或减之后填列。资产负债表本期期初余额即为上期期末余额，可以直接从上期资产负债表中获得。本小节主要介绍期末余额的编制。

1. 资产负债表的编制方法

资产负债表各项目的数据来源主要通过以下几种方式获得。

① 根据总账科目余额直接填列。例如，“应收票据”、“短期借款”。

资产负债表

编制单位:				年 月 日			单位：元
行次	资产类科目	期初数	期末数	行次	负债及所有者权益科目	期初数	期末数
001	流动资产：			001	流动负债：		
002	货币资金			002	短期借款		
003	交易性金融资产			003	交易性金融负债		
004	应收票据			004	应付票据		
005	应收帐款			005	应付帐款		
006	预付帐款			006	预收帐款		
007	应收利息			007	应付职工薪酬		
008	应收股利			008	应交税费		
009	其他应收款			009	应付利息		
010	存货			010	应付股利		
011	一年内到期的非流动资产			011	其他应付款		
012	其他流动资产			012	一年内到期的非流动负债		
013	流动资产合计			013	其他流动负债		
014	非流动资产：			014	流动负债合计		
015	可供出售金融资产			015	非流动负债：		
016	持有至到期投资			016	长期借款		
017	长期应收款			017	应付债券		
018	长期股权投资			018	长期应付款		
019	投资性房地产			019	专项应付款		
020	固定资产			020	预计负债		
021	在建工程			021	递延所得税负债		
022	工程物资			022	其他非流动负债		
023	固定资产清理			023	非流动负债合计		
024	生产性生物资产			024	负债合计		
025	油气资产			025	所有者权益：		
026	无形资产			026	实收资本		
027	开发支出			027	资本公积		
028	商誉			028	减：库存股		
029	长期待摊费用			029	盈余公积		
030	递延所得税资产			030	未分配利润		
031	其他非流动资产			031	所有者权益合计：		
032	非流动资产合计			032			
033	资产总计			033	负债及所有者权益总计		

图 7-1 资产负债表

② 根据总账科目余额计算填列。例如，“货币资金=现金+银行存款+其他货币资金”。

③ 根据明细科目余额计算填列。例如，“应付账款”要分别根据“应付账款”和“预付账款”两科目所属明细科目的期末贷方余额计算。

④ 根据总账科目和明细账科目的期末余额计算填列。例如，“长期借款”应根据“长期借款”总账科目余额扣除“长期借款”科目所属的明细科目中将在资产负债表日期一年内到期、且企业不能自主地将清偿义务展期的长期借款后的金额计算。

⑤ 根据科目余额减去其备抵项目后的净额填列。例如，“固定资产”项目应根据“固定资产”科目期末余额减去“累计折旧”、“固定资产减值准备”科目余额后的净额填列。

2. 数据的填充

“期初数”可以按上月资产负债表中的数据进行填充，“期末数”可以以数据链接的方式引用“总账及试算平衡表”中的相关数据。

例如，货币资金项目需根据“库存现金”、“银行存款”、“其他货币资金”3 个总账科目的期末余额的合计数填列，可在输入“=”后切换界面至“总账及试算平衡表”，单击选取相应单元格进行相加，“D5=总账及试算平衡表!G2+总账及试算平衡表!G3+总账及试算平衡表!G4。

附：资产负债表期末数取数公式。

资产类科目：

货币资金=库存现金+银行存款+其他货币资金

交易性金融资产=交易性金融资产

应收票据=应收票据

应收账款=应收账款-坏账准备

预付账款=预付账款

其他应收款=其他应收款

存货=在途物资+原材料+周转材料+库存商品+生产成本

长期股权投资=长期股权投资

固定资产=固定资产-累计折旧

在建工程=在建工程

固定资产清理=固定资产清理

无形资产=无形资产-累计摊销

长期待摊费用=长期待摊费用

负债及所有者权益科目：

短期借款=短期借款

应付票据=应付票据

应付账款=应付账款

应付职工薪酬=应付职工薪酬

应交税费=应交税费

应付利息=应付利息

其他应付款=其他应付款

长期借款=长期借款

实收资本=实收资本

资本公积=资本公积

盈余公积=盈余公积

未分配利润=本年利润+利润分配

“资产负债表”中还有一部分单元格中的数据需要用本工作表中的数据计算取得。

流动资产合计=货币资金+交易性金融资产+应收票据+应收账款+预付账款−应收利息+应收股利+其他应收款+存货+一年内到期的非流动资产+其他流动资产

可在单元格 D16 中输入计算公式“=SUM(D5:D15)”。

同样，其余合计单元格的取数公式如下。

非流动资产合计 D35=SUM(D18:D34)

流动负债合计 H17=SUM(H5:H16)

非流动负债合计 H26=SUM(H19:H25)

所有者权益合计 H34=SUM(H29:H33)

资产总计=流动资产合计+非流动资产合计 D36=D16+D35

负债合计=流动负债合计+非流动负债合计 H27=H17+H26

负债及所有者权益总计=负债合计+所有者权益合计 H36=H27+H34

由以上操作可以看出，资产负债表中的数据不需要从键盘输入，只要前期有关的资料表格齐全，均可通过链接得到。资产负债表的编制结果如图 7-2 所示。

	A	B	C	D	E	F	G	H
1				资产负债表				
2	编制单位：江西联宇集团			2012 年 5 月 30 日				单位：元
3	行次	资产类科目	期初数	期末数	行次	负债及所有者权益科目	期初数	期末数
4	001	流动资产：			001	流动负债：		
5	002	货币资金		2, 514, 834. 00	002	短期借款		90, 000. 00
6	003	交易性金融资产		0. 00	003	交易性金融负债		
7	004	应收票据		246, 000. 00	004	应付票据		200, 000. 00
8	005	应收帐款		598, 200. 00	005	应付帐款		916, 850. 00
9	006	预付帐款		100, 000. 00	006	预收帐款		
10	007	应收利息			007	应付职工薪酬		152, 000. 00
11	008	应收股利			008	应交税费		128, 984. 00
12	009	其他应收款		4, 000. 00	009	应付利息		11, 500. 00
13	010	存货		2, 657, 750. 00	010	应付股利		
14	011	一年内到期的非流动资产			011	其他应付款		57, 600. 00
15	012	其他流动资产			012	一年内到期的非流动负债		
16	013	流动资产合计		6, 120, 784. 00	013	其他流动负债		
17	014	非流动资产：			014	流动负债合计		1, 556, 934. 00
18	015	可供出售金融资产			015	非流动负债：		
19	016	持有至到期投资			016	长期借款		1, 610, 000. 00
20	017	长期应收款			017	应付债券		
21	018	长期股权投资		250, 000. 00	018	长期应付款		
22	019	投资性房地产			019	专项应付款		
23	020	固定资产		2, 981, 000. 00	020	预计负债		
24	021	在建工程		300, 000. 00	021	递延所得税负债		
25	022	工程物资			022	其他非流动负债		
26	023	固定资产清理		0. 00	023	非流动负债合计		1, 610, 000. 00
27	024	生产性生物资产			024	负债合计		3, 166, 934. 00
28	025	油气资产			025	所有者权益：		
29	026	无形资产		590, 000. 00	026	实收资本		6, 000, 000. 00
30	027	开发支出			027	资本公积		593, 000. 00
31	028	商誉			028	减：库存股		
32	029	长期待摊费用		200, 000. 00	029	盈余公积		250, 000. 00
33	030	递延所得税资产			030	未分配利润		431, 850. 00
34	031	其他非流动资产			031	所有者权益合计：		7, 274, 850. 00
35	032	非流动资产合计		4, 321, 000. 00	032			
36	033	资产总计		10, 441, 784. 00	033	负债及所有者权益总计		10, 441, 784. 00
37								

图 7-2 资产负债表编制结果

7.2 损 益 表

损益表又称利润表，它是反映企业在一定期间（一月、一年）内经营成果的会计报表。它由收入、费用、利润 3 个动态会计要素组成，能够反映企业生产经营的收入情况及费用耗费情况，表明企业一定时期的生产经营成果。损益表的每一项基本上也是由会计账簿提供的。

目前比较普遍的利润表的格式有多步式和单步式两种。

多步式利润表是通过计算营业利润、利润总额多个步骤最后计算净利润而编制的利润表，如表 7-3 所示。

表 7-3　　多步式利润表格式

利润表

编制单位：　　年　月　　单位：元

行次	科目	本期金额	上期金额（略）
001	一、营业收入		
002	减：营业成本		
003	营业税金及附加		
004	销售费用		
005	管理费用		
006	财务费用		
007	资产减值损失		
008	加：公允价值变动损益		
009	投资收益		
010	其中：对联营企业和合营企业的投资收益		
011	二、营业利润		
012	加：营业外收入		
013	减：营业外支出		
014	其中：非流动资产处置损失		
015	三、利润总额		
016	减：所得税费用		
017	四、净利润		
018	五、每股收益		
019	（一）基本每股收益		
020	（二）稀释每股收益		

单步式利润表是通过将所有收入扣除所有费用后一次计算净利润而编制的利润表，如表 7-4 所示。

表 7-4　　单步式利润表格式

利润表

编制单位：　　年　月　　单位：元

行次	科目	本期金额	上期金额（略）
001	一、收入		
002	营业收入		
003	公允价值变动损益		
004	投资收益		
005	其中：对联营企业和合营企业的投资收益		

续表

利润表			
编制单位:	年 月		单位：元
行次	科目	本期金额	上期金额（略）
006	营业外收入		
007	收入合计		
008	二、费用		
009	营业成本		
010	营业税金及附加		
011	销售费用		
012	管理费用		
013	财务费用		
014	资产减值损失		
015	营业外支出		
016	其中：非流动资产处置损失		
017	所得税费用		
018	费用合计		
019	三、净利润		
020	四、每股收益		
021	（一）基本每股收益		
022	（二）稀释每股收益		

7.2.1 设置利润表格式

在我国会计实务中多采用多步式利润表，因此本小节介绍多步式利润表的设置，具体步骤如下。

① 打开“2012 年 5 月会计报表.xls”工作簿，将 Sheet2 重命名为“利润表”。按照表 7-3 所示样式制作表格，录入既定的项目，注意单元格的合并及部分项目标题加粗。

② 给整个表格添加框线，即外部粗线内部细线，并对表格进行适当修饰及美化。

7.2.2 利润表的编制

利润表的编制同样建立在科目余额表上，同样要建立起两表之间的链接，进行数据的调用。本小节主要介绍本期金额的编制。

“上期金额”可以按上月利润表中的数据进行填充，“本期金额”可以以数据链接的方式引用“总账及试算平衡表”中本期金额的相关数据。

例如，“一、营业收入”应引用“总账及试算平衡表”中的“主营业务收入”本期发生额填列，可在输入“=”后切换界面至“总账及试算平衡表”，单击选取相应单元格后按回

车键，即

C4=总账及试算平衡表!E38

附：利润表本期金额取数公式。

营业成本=主营业务成本 E40+其他业务成本 E41

营业税金及附加=营业税金及附加 E42

销售费用=销售费用 E43

管理费用=管理费用 E44

财务费用=财务费用 E45

投资收益=投资收益 E39

营业外支出=营业外支出 E46

所得税费用=所得税费用 E47

营业利润=营业收入-营业成本-营业税金及附加-销售费用-管理费用-财务费月-资产减值损失+公允价值变动损益+投资收益

即 C14=C4-C5-C6-C7-C8-C9-C10+C11+C12

利润总额=营业利润+营业外收入-营业外支出

即 C18=C14+C15-C16

净利润=利润总额-所得税费用

即 C20=C18-C19

按照以上公式完成利润表的编制，结果如图 7-3 所示。

A	B	C	D
	利润表		
编制单位：	年 月	单位：元	
行次	科目	本期金额	上期金额（略）
001	一、营业收入	1,000,000.00	
002	减：营业成本	600,000.00	
003	营业税金及附加	2,000.00	
004	销售费用	20,000.00	
005	管理费用	47,700.00	
006	财务费用	24,000.00	
007	资产减值损失		
008	加：公允价值变动损益		
009	投资收益	5,000.00	
010	其中：对联营企业和合营企业的投资收益		
011	二、营业利润	311,300.00	
012	加：营业外收入		
013	减：营业外支出	18,700.00	
014	其中：非流动资产处置损失		
015	三、利润总额	292,600.00	
016	减：所得税费用	73,150.00	
017	四、净利润	219,450.00	
018	五、每股收益		
019	（一）基本每股收益		
020	（二）稀释每股收益		

图 7-3 利润表编制结果

7.2.3 创建损益分析图表

图表的优点是能充分体现文字所无法展现的效果，弥补数字的不足。因此，报表口利用图片进行说明，也是常见的一种表达方式。

在完成了利润表中相关数据计算后，可以对利润表中当期的主营业务收入、主营业务成本、营业费用等项目进行比对分析。具体操作步骤如下。

① 打开“2012 年 5 月会计报表.xls”工作簿，新建一个工作表，重命名为“收入与费用分析”，并将其移动到工作表的最后位置，然后从“利润表”工作表中复制收入与费用相关数据，并进行适当格式设置，如图 7-4 所示。

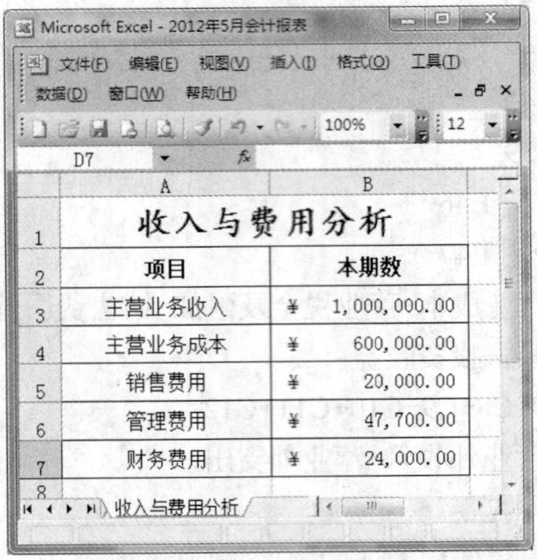

图 7-4 损益表相关数据

② 单击菜单栏中的“插入>图表”命令，在图表类型中选择“柱形图”及“簇状柱形图”，选择数据源区域及图表，相应设置如图 7-5～图 7-7 所示，生成的图表如图 7-8 所示。

③ 同样的，可以以各类费用为数据源生成柱形图，如图 7-9 所示。可在图表选项中设置“数据标签”显示“值”，及修改各条柱的颜色以示区分。

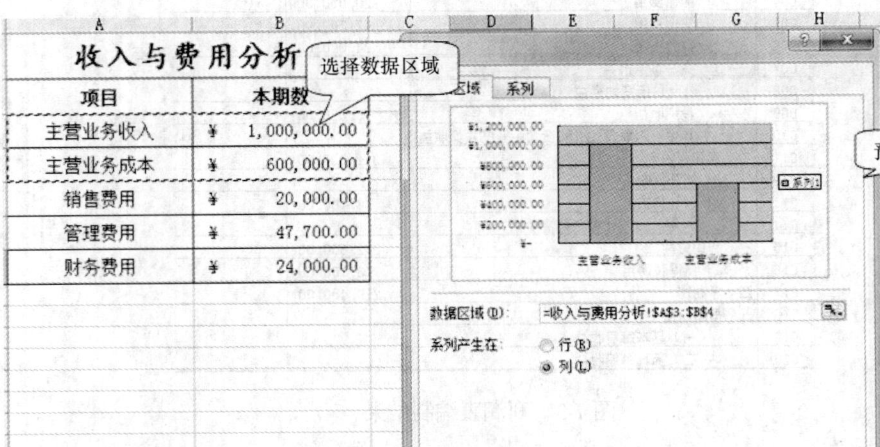

图 7-5 设置数据区域

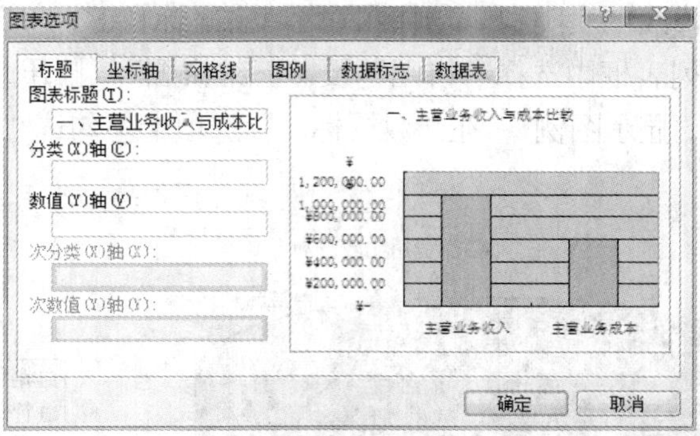

图 7-6　输入标题

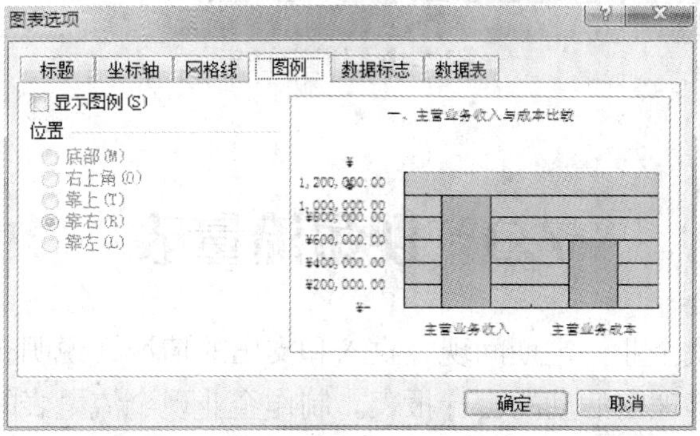

图 7-7　取消“显示图例”

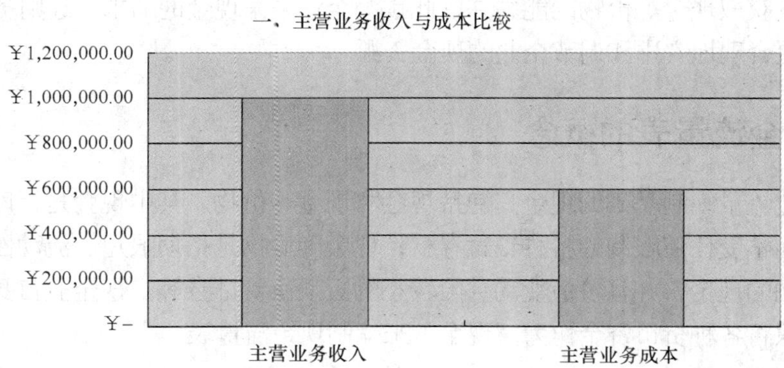

图 7-8　生成的图表

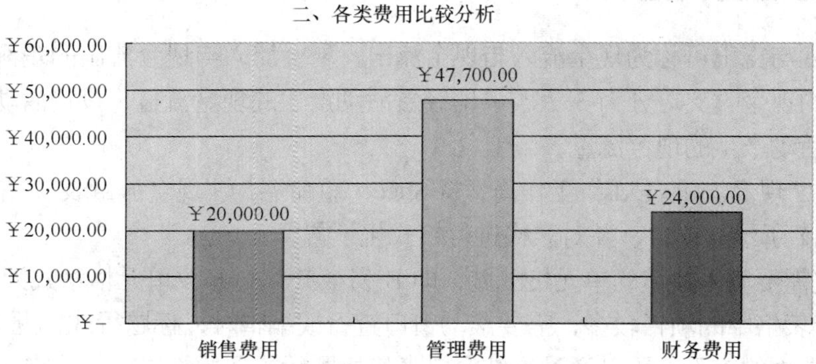

图 7-9　各类费用比较分析

④ 还可根据需要修改图表类型。选中绘图区单击鼠标右键，在弹出的快捷菜单中选择“图表类型”命令，在列表框中选择“饼图”及“三维饼图”。打开“图表选项”窗口，在“图例”选项卡中勾选“显示图例”，在“数据标志”选项卡里勾选“百分比”，得到图表如图 7-10 所示。

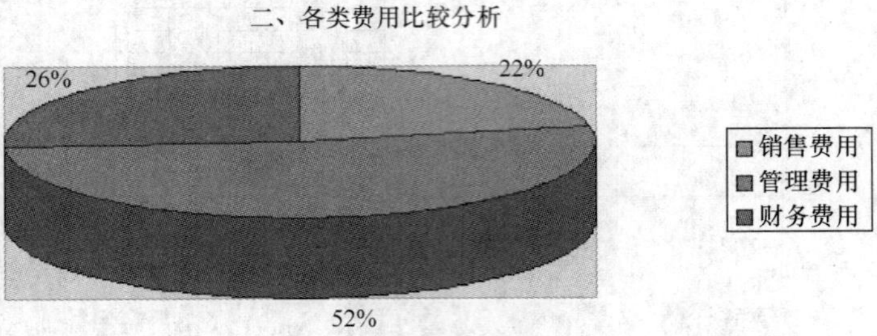

图 7-10　饼图分析

7.3　现金流量表

现金流量表是反映企业一定期间现金收入和支出的情况，说明企业在该期间的营业活动与投资活动、筹资等理财活动的会计报表。制作企业现金流量表的主要目的就是为财务人员提供企业在某一段财务会计期间内现金和现金等价物流入和流出的信息，以便于财务人员评价企业获取现金等价物的能力并以此预测企业未来现金的需求，让财务人员以及企业的投资人更合理地安排和调节企业的现金资源。

7.3.1　现金流量表的概念

作为现金流量编制基础的现金，包括现金和现金等价物。其中现金是指库存现金和可以随意存取而不受任何限制的各种银行存款；现金等价物是指期限短、流动性强、容易变换成已知金额的现金，并且价值变动风险较小的短期有价证券等。视企业自身具体情况而定，也可以只将各种货币资金作为“现金”来编制现金流量表。

7.3.2 创建现金流量表

现金收入与支出可称为现金流入与现金流出，现金流入与现金流出的差额称为现金净流量。企业的现金收支可分为 3 大类，即经营活动产生的现金流量、投资活动产生的现金流量、筹资活动产生的现金流量。

① 新建“现金流量表.xls”工作簿，将 Sheet1 重命名为“现金流量表”，在该工作表中输入如图 7-11 所示的项目，并对表格进行格式化设置。

② 选定需要填入数值的单元格区域，即 B 列至 E 列，修改单元格格式为会计专用。

③ 由于表格中的项目较多，需要滚动窗口查看或编辑时，标题行或标题列会被隐藏，这样不利于数据的查看，可以通过冻结窗口来使标题行或列始终显示。选定 B4 单元格，

单击菜单栏“窗口>冻结窗口”命令。

A	B	C	D	E
现金流量表				
			年度：2012年	
项目名称	第一季度	第二季度	第三季度	第四季度
一、经营活动产生的现金流量				
销售商品，提供劳务收到的现金				
收到的税费返还				
收到的其他与经营活动有关的现金				
现金流入小计				
购买商品，接受劳务支付的现金				
支付给职工以及为职工支付的现金				
支付的各项税费				
支付的其他与经营活动有关的现金				
现金流出小计				
经营活动产生的现金流量净额				
二、投资活动产生的现金流量				
收回投资所收到的现金				
取得投资收益所收到的现金				
处置固定资产无形资产其他资产收到的现金净额				
收到的其他与投资活动有关的现金				
现金流入小计				
购建固定资产无形资产其他资产支付的现金				
投资所支付的现金				
支付的其他与投资活动有关的现金				
现金流出小计				
投资活动产生的现金流量净额				
三、筹资活动产生的现金流量				
吸收投资收到的现金				
借款所收到的现金				
收到的其他与筹资活动有关的现金				
现金流入小计				
偿还债务所支付的现金				
分配股利利润或偿付利息支付的现金				
支付的其他与筹资活动有关的现金				
现金流出小计				
筹资活动产生的现金流量净额				
四、现金及现金等价物增加净额				

图 7-11　输入现金流量表基本项目

小提示

当选定某个单元格执行“冻结窗口”命令时，该单元格左侧和上方的所有单元格将被冻结，而不是冻结选定的单元格。

7.3.3　现金流量区域内的公式计算

在前面已介绍过现金流入和现金流出的概念，本节将介绍如何计算现金流量表中的相关项目。首先要了解现金流量表中各项的计算公式：

现金流入-现金流出=现金净流量

经营活动产生的现金流量净额+投资产生的现金流量净额+筹资活动产生的现金流量净额=现金及现金等价物增加净额：

期末现金合计-期初现金合计=现金净流量

在实际工作中，当设置好现金流量表的格式后，可以通过日记账或总账筛选或汇总相关数据，来填制现金流量表，在 Excel 中可以通过函数实现。

这里假定引用后的数据如图 7-12 所示。

现金流量表				
			年度：2012年	
项目名称	第一季度	第二季度	第三季度	第四季度
一、经营活动产生的现金流量				
销售商品，提供劳务收到的现金	¥ 580,000.00	¥ 600,000.00	¥ 630,000.00	¥ 700,000.00
收到的税费返还	¥ 1,200.00	¥ 1,500.00	¥ 1,600.00	¥ 1,800.00
收到的其他与经营活动有关的现金	¥ 8,000.00	¥ 75,000.00	¥ 6,000.00	¥ 6,300.00
现金流入小计				
购买商品，接受劳务支付的现金	¥ 125,000.00	¥ 132,000.00	¥ 138,000.00	¥ 143,000.00
支付给职工以及为职工支付的现金	¥ 27,000.00	¥ 31,000.00	¥ 35,000.00	¥ 37,800.00
支付的各项税费	¥ 32,800.00	¥ 43,000.00	¥ 46,000.00	¥ 48,000.00
支付的其他与经营活动有关的现金	¥ 2,600.00	¥ 2,700.00	¥ 2,800.00	¥ 2,900.00
现金流出小计				
经营活动产生的现金流量净额				
二、投资活动产生的现金流量				
收回投资所收到的现金	¥ 200,000.00	¥ 162,000.00	¥ 178,000.00	¥ 164,000.00
取得投资收益所收到的现金	¥ 18,000.00	¥ 15,000.00	¥ 16,000.00	¥ 12,000.00
处置固定资产无形资产其他资产收到的现金净额	¥ 4,600.00	¥ 4,000.00	¥ 4,200.00	¥ 4,300.00
收到的其他与投资活动有关的现金	¥ 1,800.00	¥ 1,600.00	¥ 1,500.00	¥ 1,700.00
现金流入小计				
购建固定资产无形资产其他资产支付的现金	¥ 17,500.00	¥ 17,200.00	¥ 17,800.00	¥ 19,000.00
投资所支付的现金	¥ 2,600.00	¥ 4,300.00	¥ 5,200.00	¥ 4,000.00
支付的其他与投资活动有关的现金	¥ 560.00	¥ 780.00	¥ 850.00	¥ 930.00
现金流出小计				
投资活动产生的现金流量净额				
三、筹资活动产生的现金流量				
吸收投资收到的现金	¥ 120,000.00	¥ 80,000.00	¥ 170,000.00	¥ 50,000.00
借款所收到的现金	¥ 300,000.00	¥ 230,000.00	¥ 100,000.00	¥ 120,000.00
收到的其他与筹资活动有关的现金	¥ 5,000.00	¥ 3,000.00	¥ 2,500.00	¥ 1,800.00
现金流入小计				
偿还债务所支付的现金	¥ 58,000.00	¥ 120,000.00	¥ 146,000.00	¥ 20,000.00
分配股利利润或偿付利息支付的现金	¥ 5,000.00	¥ 12,000.00	¥ 13,200.00	¥ 20,500.00
支付的其他与筹资活动有关的现金	¥ 10,000.00	¥ 11,000.00	¥ 8,000.00	¥ 9,800.00
现金流出小计				
筹资活动产生的现金流量净额				
四、现金及现金等价物增加净额				

图 7-12　引用数据

① 选中单元格 B8，单击“格式”工具栏中的“自动求和”按钮Σ·，从弹出的下拉菜单中选择“求和”，则此时会自动对单元格区域 B5:B7 中的数据求和，如图 7-13 所示。

项目名称	第一季度	第二季度
一、经营活动产生的现金流里		
销售商品，提供劳务收到的现金	¥ 580,000.00	¥ 600,000.00
收到的税费返还	¥ 1,200.00	¥ 1,500.00
收到的其他与经营活动有关的现金	¥ 8,000.00	¥ 75,000.00
现金流入小计	=SUM(B5:B7)	
购买商品，接受劳务支付的现金	¥ SUM(number1, [number2], ...)	
支付给职工以及为职工支付的现金	¥ 27,000.00	¥ 31,000.00

图 7-13　使用自动求和

② 利用公式拖动填充，将公式复制到 C8、D8、E8，计算出其余季度现金流入小计。同样，利用求和公式计算 4 个季度的现金流出小计。

③ 根据现金净流量=现金流入-现金流出的计算公式，在单元格 B14 中输入公式“=B8-B13”，如图 7-14 所示。同样可向右复制公式。

④ 用同样的方法，分别设置公式计算投资与筹资活动产生的现金流入小计、现金流出小计和现金净流量。

女到的其他与经营活动有关的现金	¥ 8,000.00
现金流入小计	¥ 589,200.00
购买商品，接受劳务支付的现金	¥ 125,000.00
支付给职工以及为职工支付的现金	¥ 27,000.00
支付的各项税费	¥ 32,800.00
支付的其他与经营活动有关的现金	¥ 2,600.00
现金流出小计	¥ 187,400.00
经营活动产生的现金流量净额	=B8-B13

图 7-14　计算现金净流量

⑤ 最后计算现金及现金等价物增加净额，在单元格 B36 中输入公式“=B14+B25+B35”，以及将公式复制到其他季度。计算结果如图 7-15 所示。

年度：2012年

项目名称	第一季度	第二季度	第三季度	第四季度
现金流出小计	¥ 73,000.00	¥ 143,000.00	¥ 167,200.00	¥ 50,300.00
筹资活动产生的现金流量净额	¥ 352,000.00	¥ 170,000.00	¥ 105,300.00	¥ 121,500.00
四、现金及现金等价物增加净额	¥ 957,540.00	¥ 798,120.00	¥ 696,950.00	¥ 755,970.00

图 7-15　计算现金及现金等价物增加净额

7.3.4　现金流量表的趋势分析

现金流量表的趋势分析是通过观察连续阶段的会计报表，比较各阶段的有关项目金额，分析某些指标的增减变动情况，在此基础上判断其发展趋势，从而对未来可能出现的结果做出预测的一种方法。

通常通过计算趋势百分比进行趋势分析，而趋势百分比分为定比和环比。定比就是指选定某一年作为基期，然后与其余各年的数据进行比较，计算出趋势百分数。由于此种方法计算出的各会计期间的趋势百分数均是以基期为计算基准的，所以能够明确地反映出有关项目和基期相比所产生的变化，即趋势运动，或称为趋势走向。

1. 制定现金流量定比表

制定现金流量定比表也是趋势分析的方法之一，具体操作步骤如下。

① 首先建立现金流量汇总表，重命名工作表 Sheet2 为“现金流量汇总表”，在工作表中创建如图 7-16 所示的项目。

② 选定表格区域，单击菜单栏中的“格式>自动套用格式”命令，弹出“自动套用格式”对话框。选择“会计 2”样式，然后单击“选项”按钮，在对话框底部取消选择“字体”和“列宽/行高”两个复选框，如图 7-17 所示。

③ 在单元格 B4 中输入公式“=现金流量表!B8”，向右复制公式，得出各季度投资产生的现金流入量。

④ 同理，从现金流量表中取出各个活动产生的现金流入量、现金流出量，以及在单元格区域 B3:E3 和 B7:E7 中利用公式算出各个季度现金流入、现金流出的总计，得到结果如图 7-18 所示。

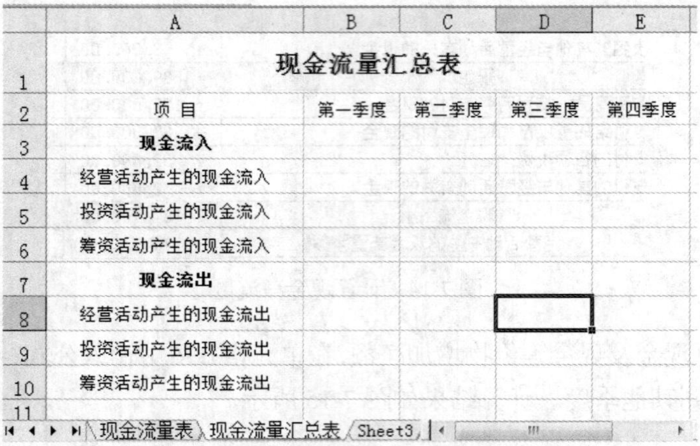

	A	B	C	D	E
1	现金流量汇总表				
2	项 目	第一季度	第二季度	第三季度	第四季度
3	**现金流入**				
4	经营活动产生的现金流入				
5	投资活动产生的现金流入				
6	筹资活动产生的现金流入				
7	**现金流出**				
8	经营活动产生的现金流出				
9	投资活动产生的现金流出				
10	筹资活动产生的现金流出				
11					

图 7-16 输入表格项目

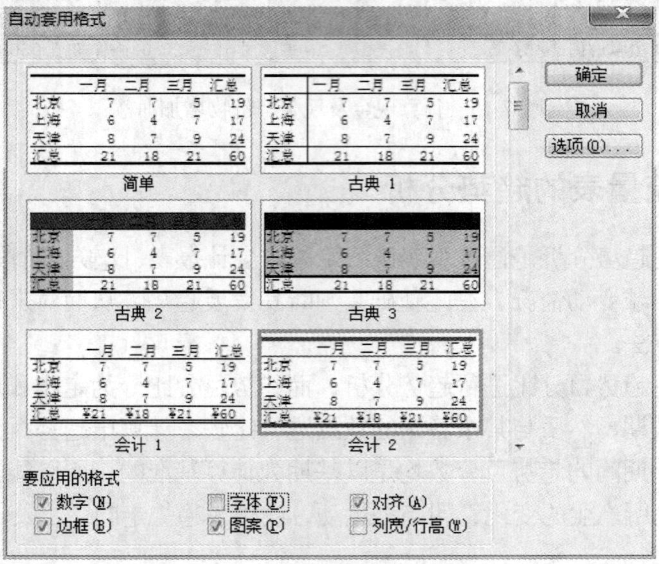

图 7-17 “自动套用格式”对话框

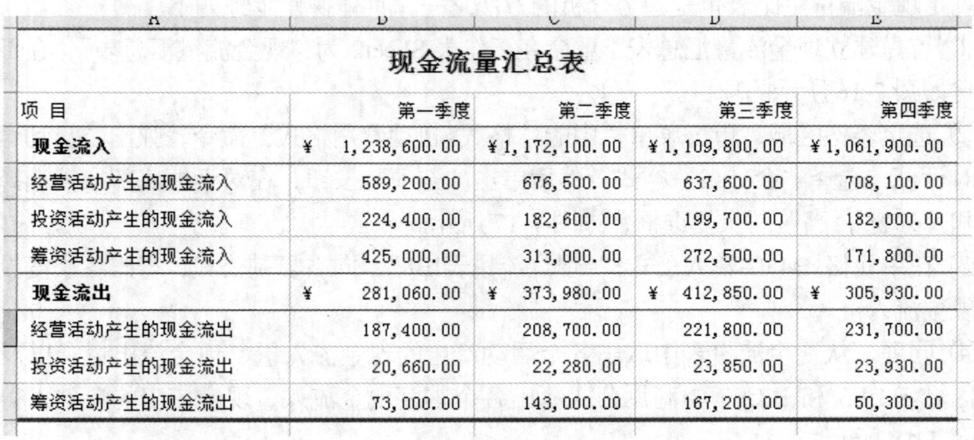

现金流量汇总表				
项 目	第一季度	第二季度	第三季度	第四季度
现金流入	¥ 1,238,600.00	¥1,172,100.00	¥1,109,800.00	¥1,061,900.00
经营活动产生的现金流入	589,200.00	676,500.00	637,600.00	708,100.00
投资活动产生的现金流入	224,400.00	182,600.00	199,700.00	182,000.00
筹资活动产生的现金流入	425,000.00	313,000.00	272,500.00	171,800.00
现金流出	¥ 281,060.00	¥ 373,980.00	¥ 412,850.00	¥ 305,930.00
经营活动产生的现金流出	187,400.00	208,700.00	221,800.00	231,700.00
投资活动产生的现金流出	20,660.00	22,280.00	23,850.00	23,930.00
筹资活动产生的现金流出	73,000.00	143,000.00	167,200.00	50,300.00

图 7-18 输入数据

⑤ 复制该工作表标签的副本到新工作表，如图 7-19 所示。

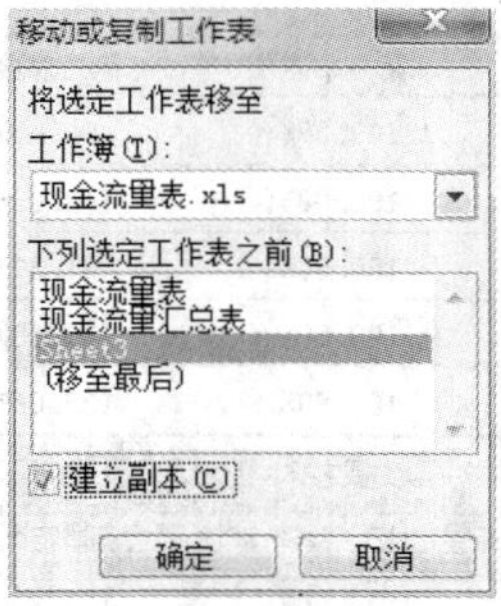

图 7-19　复制工作表标签

⑥ 重命名该复制的工作表为“现金流量定比表”，将工作表中单元格区域 B3:E10 的数据清除，然后选定该区域，将单元格格式改为“数字、百分比、小数位数 2 位”。

⑦ 下面以第一季度各项目的流入与流出为基数，其余各季度的数据均与第一季度进行比较，得出以第一季度为基础的定比表。即在单元格 B3 中输入公式：

B3=现金流量汇总表!B3/现金流量汇总表!$B3

然后使用序列填充功能，将单元格 B3 中的公式填充至其余单元格中，自动计算出结果，如图 7-20 所示。

	A	B	C	D	E
1	现金流量汇总表				
2	项　目	第一季度	第二季度	第三季度	第四季度
3	**现金流入**	100.00%	94.63%	89.60%	85.73%
4	经营活动产生的现金流入	100.00%	114.82%	108.21%	120.18%
5	投资活动产生的现金流入	100.00%	81.37%	88.99%	81.11%
6	筹资活动产生的现金流入	100.00%	73.65%	64.12%	40.42%
7	**现金流出**	100.00%	133.06%	146.89%	108.85%
8	经营活动产生的现金流出	100.00%	111.37%	118.36%	123.64%
9	投资活动产生的现金流出	100.00%	107.84%	115.44%	115.83%
10	筹资活动产生的现金流出	100.00%	195.89%	229.04%	68.93%

图 7-20　定比表

2. 用图表进行趋势分析

虽然从表格中的数据也能够看出筹资活动产生的现金流入呈下降趋势，经营活动产生的现金流入呈上升趋势，但数据永远也比不上图表来得直观。为了更明显地说明问题，接下来创建趋势图表，其操作步骤如下。

① 启动图表向导后，选择“折线图”，然后选择如图 7-21 所示的图表源数据区域：单元格区域 A2:E2 和 A4:E6。

② 在图表选项中设置图表标题为“一、现金流入趋势”，并设置图例的位置为“底部”。生成图表如图 7-22 所示。

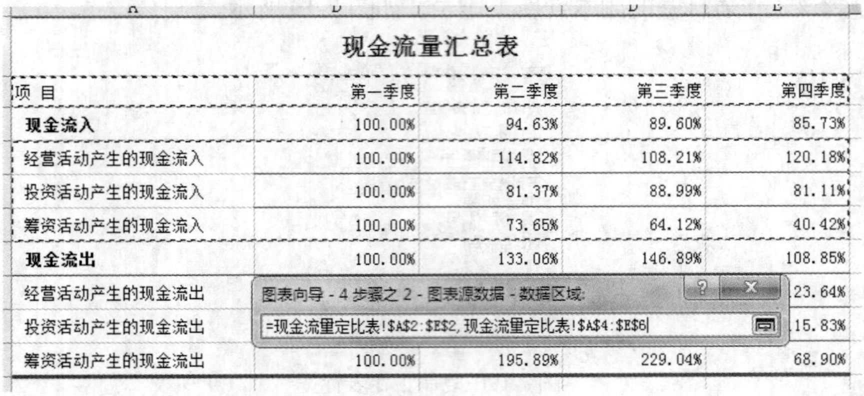

现金流量汇总表				
项 目	第一季度	第二季度	第三季度	第四季度
现金流入	100.00%	94.63%	89.60%	85.73%
经营活动产生的现金流入	100.00%	114.82%	108.21%	120.18%
投资活动产生的现金流入	100.00%	81.37%	88.99%	81.11%
筹资活动产生的现金流入	100.00%	73.65%	64.12%	40.42%
现金流出	100.00%	133.06%	146.89%	108.85%
经营活动产生的现金流出	[illegible]	[illegible]	[illegible]	23.64%
投资活动产生的现金流出	[illegible]	[illegible]	[illegible]	15.83%
筹资活动产生的现金流出	100.00%	195.89%	229.04%	68.90%

图 7-21　选择图表源数据区域

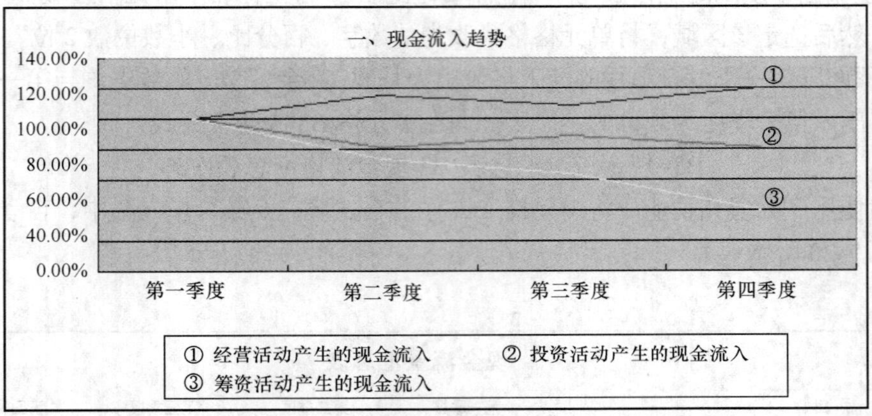

图 7-22　生成的图表

③ 选中绘图区并右击，在“绘图区格式”对话框中将颜色面板改为“白色”；选中现金流入趋势图表中的数据系列并右击，从快捷菜单中选择“数据系列格式”命令，在“线形”区域中的“颜色”下拉列表中选择“绿色”，在“粗细”下拉列表中选择 3 磅粗的线型，并将各条折线粗细都设为 3 磅。选定绘图区的网格线右击，在快捷菜单中选择“清除”命令，以便于图表更容易看清楚。设置好的图表效果如图 7-23 所示。

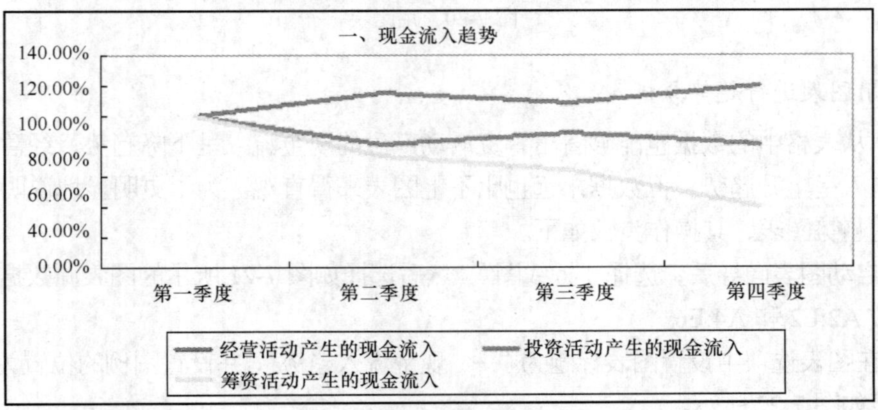

图 7-23　图表最终效果图

④ 参照前面的方法，以单元格区域 A2:E2 和 A8:E10 创建如图 7-24 所示的“现金流出趋势图表”，以单元格区域 A2:E3 和 A7:E7 创建总现金流入与总现金流出趋势比较图表，如图 7-25 所示。

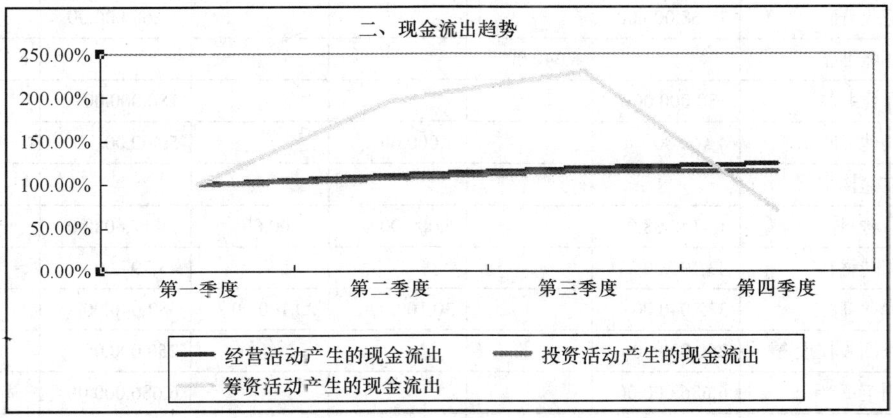

图 7-24　现金流出趋势图表

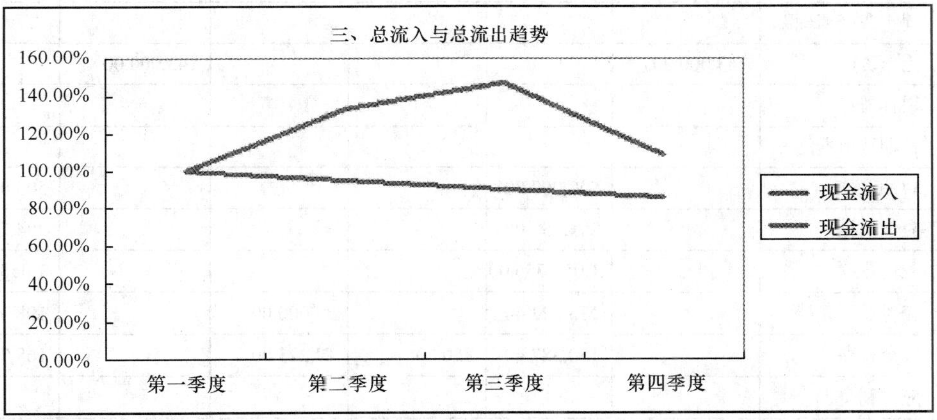

图 7-25　总现金流入与总现金流出趋势比较图表

课后实训

青岛宏发公司 2012 年 12 月的总账及试算平衡表如表 7-5 所示。

表 7-5　2012 年 12 月总账及试算平衡表

科目编码	科目名称	期初借方余额	期初贷方余额	本期借方发生额合计	本期贷方发生额合计	期末借方余额	期末贷方余额
1001	库存现金	4,038.00		2,000.00	1,000.00	5,038.00	
1002	银行存款	672,038.10		74,880.00	8,370.00	738,548.10	
1012	其他货币资金	1,000,000.00				1,000,000.00	
1101	交易性金融资产						

续表

科目编码	科目名称	期初借方余额	期初贷方余额	本期借方发生额合计	本期贷方发生额合计	期末借方余额	期末贷方余额
1121	应收票据	292,300.00				292,300.00	
1122	应收账款	1,268,000.00				1,268,000.00	
1231	坏账准备		6,340.00				6,340.00
1123	预付账款	180,000.00				180,000.00	
1221	其他应收款	4,400.00		1,000.00		5,400.00	
1402	在途物资						
1403	原材料	1,414,708.00		5,000.00	2,100.00	1,417,608.00	
1411	周转材料	43,797.00				43,797.00	
1405	库存商品	372,040.00		30,100.00	20,100.00	382,040.00	
1511	长期股权投资	250,000.00				250,000.00	
1601	固定资产	6,686,000.00				6,686,000.00	
1602	累计折旧		1,952,514.00		3,000.00		1,955,514.00
1604	在建工程						
1606	固定资产清理						
1701	无形资产	143,000.00				143,000.00	
1702	累计摊销						
1801	长期待摊费用						
2001	短期借款		500,000.00				500,000.00
2201	应付票据		204,750.00				204,750.00
2202	应付账款		1,058,756.00				1,058,756.00
2211	应付职工薪酬		173,323.40		25,000.00		198,323.40
2221	应交税费		150,387.40	850.00	19,225.00		168,762.40
2231	应付利息						
2241	其他应付款		86,454.00				86,454.00
2501	长期借款		860,400.00				860,400.00
2502	应付债券		100,000.00				100,000.00
2701	长期应付款		68,695.30				68,695.30
4001	实收资本		6,200,000.00				6,200,000.00
4002	资本公积		582,701.00				582,701.00
4101	盈余公积		300,000.00				300,000.00
4103	本年利润			64,000.00	64,000.00		
4104	利润分配		126,000.00		25,035.00		151,035.00
5001	生产成本	40,000.00		20,100.00	30,100.00	30,000.00	
5101	制造费用						
6001	主营业务收入			64,000.00	64,000.00		
6111	投资收益						

续表

科目编码	科目名称	期初借方余额	期初贷方余额	本期借方发生额合计	本期贷方发生额合计	期末借方余额	期末贷方余额
6401	主营业务成本			20,100.00	20,100.00		
6402	其他业务成本						
6403	营业税金及附加						
6601	销售费用						
6602	管理费用			10,400.00	10,400.00		
6603	财务费用			120.00	120.00		
6711	营业外支出						
6801	所得税费用			8,345.00	8,345.00		
合计		12370321.10	12370321.10	300895.00	300895.00	12441731.10	12441731.10

实训要求：

（1）编制 2012 年 12 月资产负债表；

（2）编制 2012 年 12 月利润表；

（3）创建该月的损益分析图表。

第8章

会计报表分析

财务分析，是以企业的财务报表和其他资料为依据和起点，对企业的财务状况和经营成果、财务信用和财务风险、财务总体情况和未来发展趋势等进行的分析和评价。通过财务分析，可为企业的投资者、债权人、经营者及其他关心企业的组织或者个人做出正确决策提供准确的信息或者依据，以便于他们了解企业的过去、评价企业的现状、预测企业的未来。

会计报表是建立在会计核算基础上的，是对企业经营活动的综合反应。财务工作中的三大主要会计报表即资产负债表、损益表和现金流量表，本章主要结合报表的分析方法利用 Excel 对这三大报表进行分析。

【学习目标】

- 了解会计报表分析的基本方法。
- 掌握财务状况及变动分析。
- 掌握资产负债表综合分析。
- 掌握利润表综合分析。
- 掌握现金流量表综合分析。
- 牢固掌握各分析法中图表的绘制。
- 学会针对图表进行报表分析。

8.1 财务状况及变化分析

8.1.1 背景资料

某公司的资产负债表、利润表和现金流量表分别如图 8-1、图 8-2、图 8-3 所示。

8.1.2 财务状况分析

下面将以上面的三大会计报表中的数据为例，分析该企业目前的财务状况，具体操作步骤如下。

① 在“现金流量表”工作表之后插入一个新工作表，重命名为“财务状况及变化分析”，然后输入如图 8-4 所示的表格项目。将期末数、期初数、增长额对应列单元格格式改为“数值，千位分隔符，两位小数”，增长率对应列单元格格式改为“百分比”。

资产负债表

编制单位：　　　　　　　　　　　　　　　　　　单位：元

资产类科目	2012/12/31	2011/12/31	负债及所有者权益科目	2012/12/31	2011/12/31
流动资产：			流动负债：		
货币资金	735,204,979.84	467,612,180.59	短期借款	274,000,000.00	300,700,000.00
短期投资			应付票据	90,582,683.91	73,484,799.22
应收票据	624,375,847.86	363,147,763.88	应付帐款	199,904,445.71	217,739,318.01
应收股利			预收帐款	584,723,563.43	102,299,281.63
应收利息			应付工资	32,887,152.35	
应收帐款	4,000.00	122,721.58	应付福利费	31,231,962.56	22,085,853.67
其他应收款	1,416,848.35	3,642,209.58	应付股利		
预付帐款	86,448,381.65	54,311,170.97	应交税金	446,965,036.63	174,431,925.89
应收补贴款			其他应交款	1,771,703.37	953,853.52
存货	1,254,543,580.86	622,649,696.61	其他应付款	54,525,028.23	212,529,890.24
待摊费用	12,646,443.79	8,738,927.97	预提费用	1,694,279.29	2,981,280.43
一年内到期的长期债权			一年内到期的长期负债	403,986,000.00	400,000,008.00
其他流动资产			其他流动负债		
流动资产合计	**2,714,640,082.35**	**1,520,224,671.18**	**流动负债合计**	**2,122,271,855.48**	**1,507,206,200.61**
长期投资：			长期负债：		
长期股权投资			长期借款	1,607,627,600.00	1,037,760,000.00
长期债权投资			应付债券		
长期投资合计			长期应付款		
固定资产：			其他长期负债		
固定资产原值	6,120,700,922.58	4,058,189,062.93	**长期负债合计**	**1,607,627,600.00**	**1,037,760,000.00**
减：累计折旧	1,874,773,420.31	1,520,624,895.97	递延税项：		
固定资产净值	4,245,927,502.27	2,537,564,166.96	递延税项贷项		
减：固定资产减值准备	21,859,077.15	9,553,398.08	**负债合计**	**3,729,899,455.48**	**2,544,966,200.61**
固定资产净值	4,224,068,425.12	2,528,010,768.88	所有者权益：		
工程物资	392,909,004.54		股本	838,200,000.00	447,200,000.00
在建工程	716,899,275.36	1,225,630,781.84	资本公积	1,906,669,123.71	1,521,739,648.01
固定资产清理			盈余公积	351,651,631.88	204,392,411.64
固定资产合计	**5,333,876,705.02**	**3,753,641,550.72**	其中：法定公益金	117,217,210.62	68,130,803.87
无形资产及其他资产：			拟分配现金股利	251,460,000.00	
无形资产			未分配利润	970,936,876.30	555,547,961.64
长期待摊费用			**股东权益合计**	**4,318,917,631.89**	**2,728,880,021.29**
其他长期资产					
无形资产及其他资产合计					
递延税项：					
递延税项借项					
资产总计	8,048,516,787.37	5,273,866,221.90	**负债及所有者权益总计**	8,048,817,087.37	5,373,846,221.90

资产负债表／利润表／现金流量表

图 8-1　本年与上年的资产负债表

年度利润表

编制单位：　　　　　　　　　　　　单位：元

项目名称	2012年度	2011年度
一、主营业务收入	7,160,864,275.53	4,430,833,020.53
减：主营业务成本	5,596,198,414.00	3,740,863,287.41
主营业务税金及附加	39,679,411.70	25,904,207.79
二、主营业务利润（亏损以“-”号填列）	1,524,986,449.83	664,065,525.33
加：其他业务利润（亏损以“-”号填列）	17,478,039.66	7,376,815.40
减：营业费用	18,291,277.96	23,528,913.89
管理费用	129,318,989.08	104,416,856.90
财务费用	30,469,265.19	20,502,541.67
三、营业利润	1,364,384,957.26	522,994,028.27
加：投资收益（亏损以“-”号填列）		
补贴收入		
营业外收入	132,930.63	1,116,398.72
减：营业外支出	25,506,103.02	9,553,398.72
四、利润总额	1,339,011,784.87	514,557,028.27
减：所得税费用	357,283,679.34	165,477,223.91
五、净利润	981,728,105.53	349,079,804.36
加：年初未分配利润	555,567,961.64	258,850,127.44
六、可供分配的利润	1,537,296,067.17	607,929,931.80
减：提取法定公积	98,172,813.49	34,907,980.49
提取法定公益金	49,086,406.75	17,453,990.24
分配普通股股利	419,100,000.00	
七、年末未分配利润	970,936,846.93	555,567,961.07

资产负债表／利润表／现金流量表

图 8-2　本年与上年度利润表

现金流量表	
	2012年1~12月
项目名称	**金额**
一、经营活动产生的现金流量	
销售商品，提供劳务收到的现金	8, 783, 578, 034. 09
收到的税费返还	
收到的其他与经营活动有关的现金	31, 993, 860. 53
现金流入小计	**8, 815, 571, 894. 62**
购买商品，接受劳务支付的现金	6, 332, 388, 713. 02
支付给职工以及为职工支付的现金	421, 720, 300. 31
支付的各项税费	650, 717, 745. 04
支付的其他与经营活动有关的现金	49, 716, 003. 54
现金流出小计	**7, 454, 542, 761. 91**
经营活动产生的现金流量净额	1, 361, 029, 132. 71
二、投资活动产生的现金流量	
收回投资所收到的现金	
取得投资收益所收到的现金	
处置固定资产无形资产其他资产收到的现金净额	7, 086, 446. 00
收到的其他与投资活动有关的现金	
现金流入小计	**7, 086, 446. 00**
购建固定资产无形资产其他资产支付的现金	2, 142, 556, 679. 58
投资所支付的现金	
支付的其他与投资活动有关的现金	
现金流出小计	**2, 142, 556, 679. 58**
投资活动产生的现金流量净额	-2, 135, 470, 233. 58
三、筹资活动产生的现金流量	
吸收投资收到的现金	783, 006, 475. 70
借款所收到的现金	1, 554, 013, 300. 00
收到的其他与筹资活动有关的现金	
现金流入小计	**2, 337, 019, 775. 70**
偿还债务所支付的现金	1, 007, 160, 000. 00
分配股利利润或偿付利息支付的现金	283, 298, 875. 58
支付的其他与筹资活动有关的现金	4, 527, 000. 00
现金流出小计	**1, 294, 985, 875. 58**
筹资活动产生的现金流量净额	1, 042, 033, 900. 12
四、汇率变动对现金的影响	
五、现金及现金等价物净额增加额	**267, 592, 799. 25**

资产负债表 / 利润表 / 现金流量表

图 8-3 本年度现金流量表

	A	B	C	D	E
1	**1、财务状况分析**				
2	项目	期末数	期初数	增长率	增长额
3	资产总额				
4	年末股东权益总额				
5	年末负债总额				
6	主营业务收入				
7	主营业务利润				
8	净利润				
9					

利润表 / 现金流量表 / 财务状况及变化分析

图 8-4 创建表格项目

② 在单元格 B3 中输入公式“=资产负债表!B40”，从资产负债表中引用数据。用同样方法从资产负债表中引用年末股东权益、年末负债总额等项目的期末数和期初数。

③ 同样的方法从利润表中引用主营业务收入、主营业务利润和净利润项目的期末数和期初数，然后计算各项目的增长额，在单元格 E3 中输入公式“=B3−C3”，把公式复制填充到该列其他单元格；接着计算各项目的增长率，在单元格 D3 中输入公式“=E3/C3”，效果如图 8-5 所示。

1、财务状况分析

项目	期末数	期初数	增长率	增长额
资产总额	8,048,516,787.37	5,273,866,221.90	52.61%	2,774,650,565.47
年末股东权益总额	4,318,917,631.89	2,728,880,021.29	58.27%	1,590,037,610.60
年末负债总额	3,729,899,455.48	2,544,966,200.61	46.56%	1,184,933,254.87
主营业务收入	7,160,864,275.53	4,430,833,020.53	61.61%	2,730,031,255.00
主营业务利润	1,524,986,449.83	664,065,525.33	129.64%	860,920,924.50
净利润	981,728,105.53	349,079,804.36	181.23%	632,648,301.17

图 8-5　计算增长额

④ 启动图表向导，选择“柱形图”，在“源数据”对话框中设置“数据区域”为单元格区域 A2:C8，系列产生在“列”，按向导提示进行操作，生成图表如图 8-6 所示。

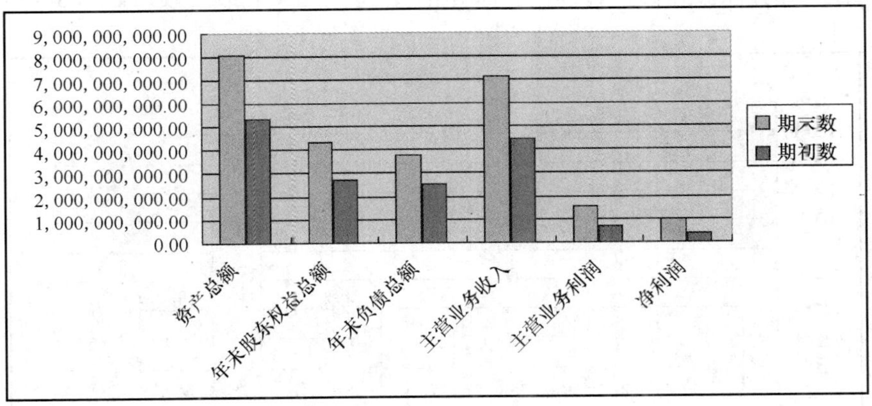

图 8-6　生成图表效果

⑤ 由于纵坐标轴上数据太长，可右击纵坐标位置，从弹出的快捷菜单中选择“坐标轴格式”命令，单击“刻度”选项卡，在“显示单位”下拉列表中选择“亿”，如图 8-7 所示。

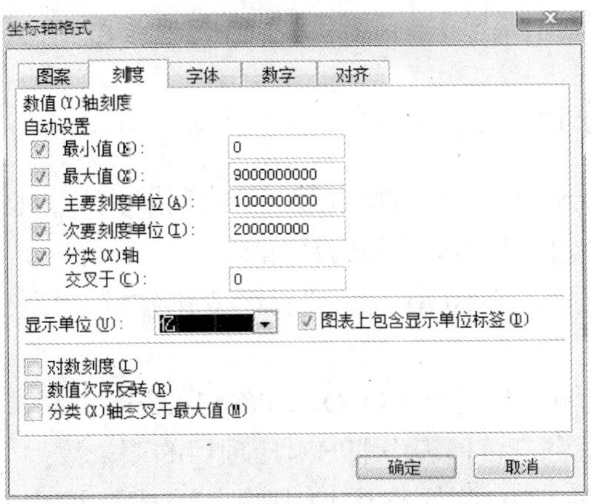

图 8-7　设置坐标轴格式

⑥ 给图表添加标题“期末期初数比较”，图表的最终效果如图 8-8 所示。

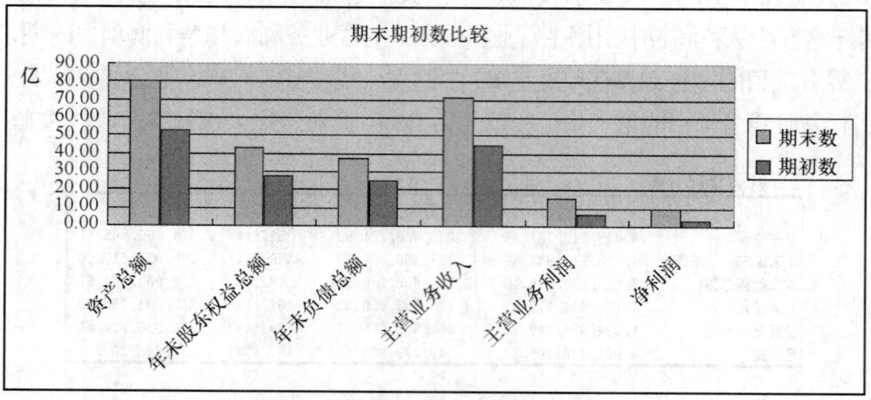

图 8-8 图表最终效果

⑦ 以工作表中的单元格区域 A2:A8 和 D2:D8 为图表源数据区域，选择系列产生在“列”，创建图表后按照前面的方法适当设置图表的格式，得到的图表最终效果如图 8-9 所示。

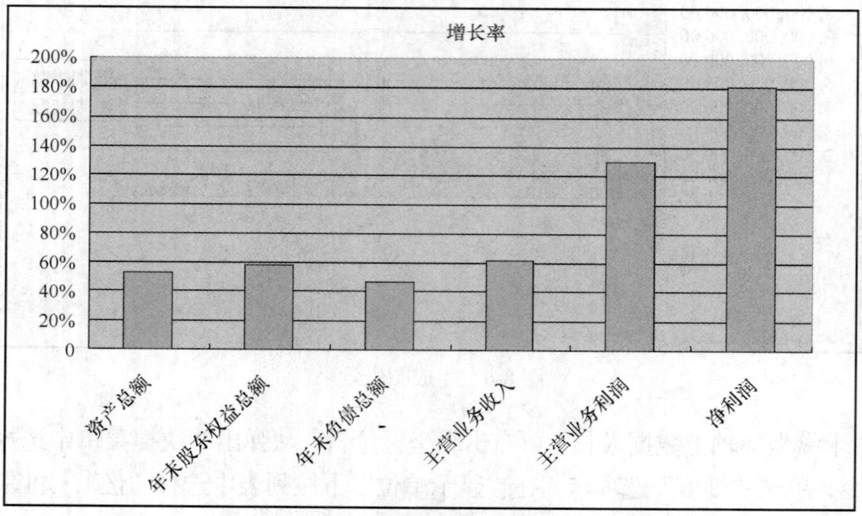

图 8-9 “增长率”图表最终效果

8.1.3 资产变化分析

资产变化分析通常涉及的项目有货币资金、应收票据、应收账款、其他应收款、预付账款、存货及待摊费用等项目。具体的分析方法如下。

① 在工作表中创建如图 8-10 所示的“资产变化分析”表格，并按图示设置好表格格式。

② 在单元格 B14 中输入公式“=VLOOKUP($A14,资产负债表!$A$5:$C$17,2,0)”，然后将公式向下拖动复制，从资产负债表中取出对应项目的期末数。

③ 同样，在 C14 ~ C20 单元格区域中输入公式，取出对应项目的期初数。即

C14=VLOOKUP ($A15,资产负债表!$A$5:$C$17,3,0)，向下复制公式。

	A	B	C	D	E
12	2、资产变化分析				
13	项目	期末数	期初数	增长率	增长额
14	货币资金				
15	应收票据				
16	应收帐款				
17	其他应收款				
18	预付帐款				
19	存货				
20	待摊费用				
21	资产总趋势				

图 8-10 创建资产变化分析表格

④ 在单元格 B21 和 C21 中输入求和公式，计算出资产期末和期初各自的合计值，如图 8-11 所示。

⑤ 计算增长额，在单元格 E14 中输入公式“=B14−C14”，然后向下复制公式；计算增长率，在单元格 D14 中输入公式“=E14/C14”，然后向下复制公式，计算结果如图 8-12 所示。

B21 fx =SUM(B14:B20)

	A	B	C	D	E
12	2、资产变化分析				
13	项目	期末数	期初数	增长率	增长额
14	货币资金	735,204,979.84	467,612,180.59		
15	应收票据	624,375,847.86	363,147,763.88		
16	应收帐款	4,000.00	122,721.58		
17	其他应收款	1,416,848.35	3,642,209.58		
18	预付帐款	86,448,381.65	54,311,170.97		
19	存货	1,254,543,580.86	622,649,696.61		
20	待摊费用	12,546,443.79	8,738,927.97		
21	资产总趋势	2,714,540,082.35	1,520,224,671.18		

图 8-11 引用期末数、期初数及计算合计数

D14 fx =E14/C14

	A	B	C	D	E
12	2、资产变化分析				
13	项目	期末数	期初数	增长率	增长额
14	货币资金	735,204,979.84	467,612,180.59	57.23%	267,592,799.25
15	应收票据	624,375,847.86	363,147,763.88	71.93%	261,228,083.98
16	应收帐款	4,000.00	122,721.58	-96.74%	-118,721.58
17	其他应收款	1,416,848.35	3,642,209.58	-61.10%	-2,225,361.23
18	预付帐款	86,448,381.65	54,311,170.97	59.17%	32,137,210.68
19	存货	1,254,543,580.86	622,649,696.61	101.48%	631,893,884.25
20	待摊费用	12,546,443.79	8,738,927.97	44.71%	3,907,515.82
21	资产总趋势	2,714,540,082.35	1,520,224,671.18	78.57%	1,194,415,411.17

图 8-12 计算增长额及增长率

⑥ 以工作表中的单元格区域 A14:C20 为图表源数据区域绘制“折线图”，并选择系列产生在“列”选项，创建图表后按照前面的方法设置数值轴的格式并添加好图表标题，图表的最终效果如图 8-13 所示。

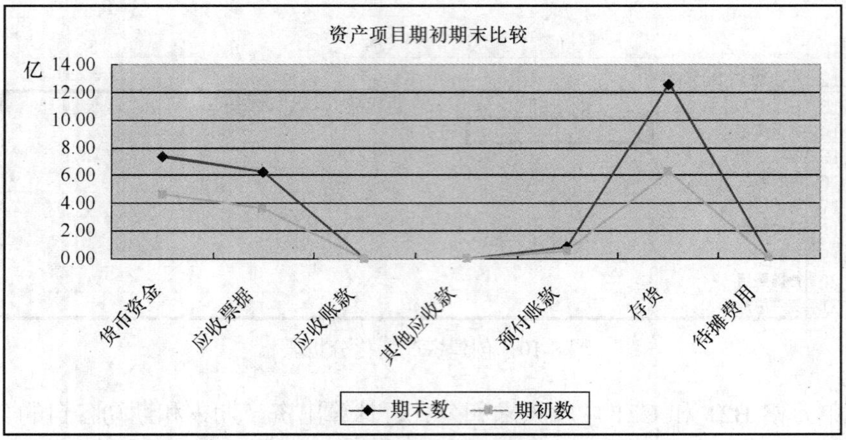

图 8-13　系列产生在列的图表效果

⑦ 以单元格区域 A14:C21 为图表源数据区域，并修改选择系列产生在“行”选项，产生的图表效果如图 8-14 所示。

可见，有时虽然是同样的数据区域，但选择系列产生的方向不同，所得出的分析结果也是不同的。从图 8-13 中可以直观地比较各项目的期末和期初的值，而图 8-14 却可以直观地反映出各项目的变动趋势。

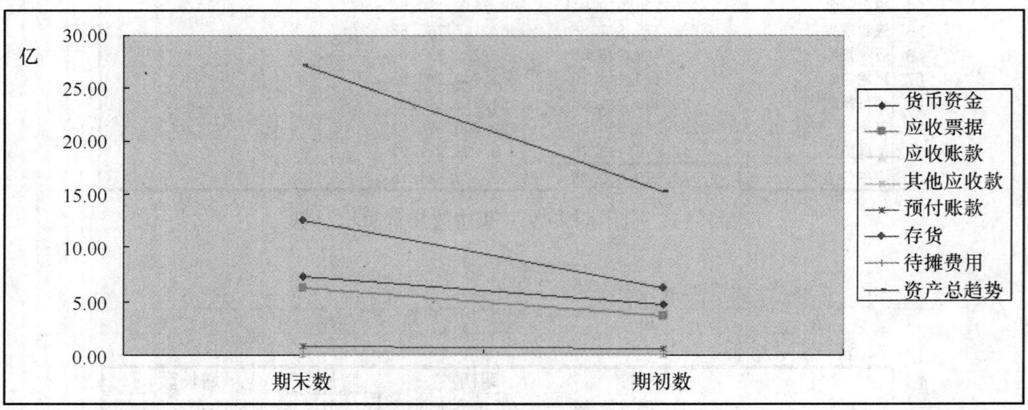

图 8-14　系列产生在行的图表效果

8.1.4 负债变化分析

接下来对负债项目的变化进行分析，这些项目包括应付票据、应付账款、预收账款和其他应付款，具体的分析过程如下。

① 创建如图 8-15 所示的表格，并在单元格 B27 中输入公式“=VLOOKUP($A27,资产负债表!$D$5:$F$17,2,0)”，并向下复制公式。

② 同样的方法引用各分析项目的期初数，以及计算出各项目的增长额和增长率，表格最终效果如图 8-16 所示。

B27　　f_x　=VLOOKUP($A27,资产负债表!$D$5:$F$17,2,0)

	A	B	C	D	E
25	3、负债变化分析				
26	项目	期末数	期初数	增长率	增长额
27	应付票据	90,582,683.91			
28	应付帐款	199,904,445.71			
29	预收帐款	584,723,563.43			
30	其他应付款	54,525,028.23			

图 8-15　引用各分析项目的期末数

3、负债变化分析

项目	期末数	期初数	增长率	增长额
应付票据	90,582,683.91	73,484,799.22	23.27%	17,097,884.69
应付帐款	199,904,445.71	217,739,314.01	-8.19%	-17,834,868.30
预收帐款	584,723,563.43	102,299,281.63	471.58%	482,424,281.80
其他应付款	54,525,028.23	212,529,890.24	-74.34%	-158,004,862.01

图 8-16　表格最终效果

③ 以单元格区域 A26:C30 为图表源数据区域，创建如图 8-17 所示的“负债项目期初期末比较”折线图图表。

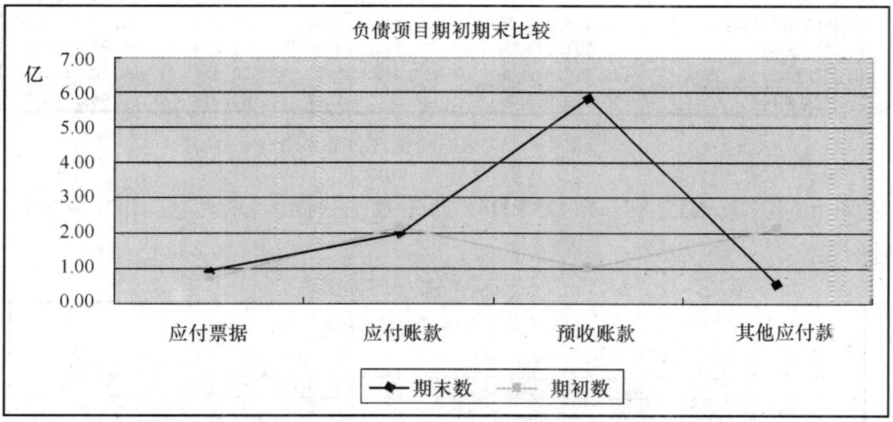

图 8-17　负债项目期初期末比较图表

④ 以单元格区域 A26:A30 和 D26:D30 为图表源数据区域，创建如图 8-18 所示的反映各项目增长率的柱形图图表。

从以上分析可以得出结论：预收账款期末余额较期初余额大幅度增长，说明企业的产品呈现热销状况；应付账款和其他应收款与期初相比呈下降趋势，这说明该年度企业逐步还清了一些应付债务。

8.1.5　损益变化分析

损益变化分析的主要项目有：主营业务收入、主营业务成本、其他业务利润、营业费用、管理费用和财务费用，具体分析方法如下。

① 创建如图 8-19 所示的表格，并从利润表中引用各项目的期初数和期末数，然后计算出各项目的增长额和增长率。

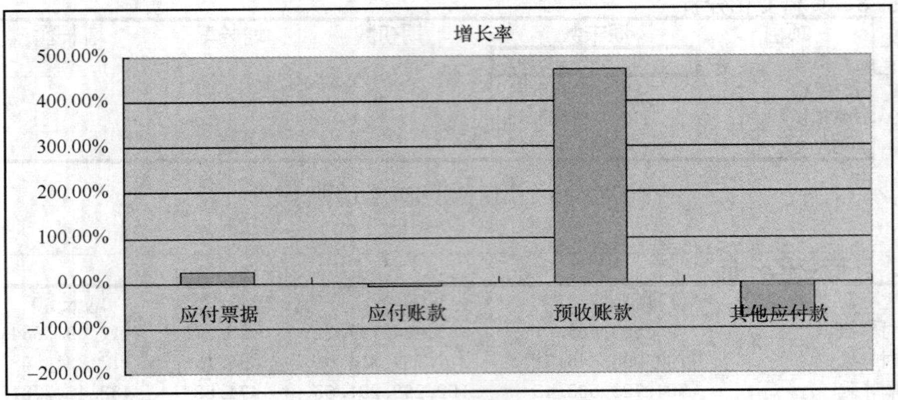

图 8-18　各项目增长率图表

B36　fx =利润表!B4

	A	B	C	D	E
34	**4、损益变化分析**				
35	项目	期末数	期初数	增长率	增长额
36	主营业务收入	7,160,864,275.53	4,430,833,020.53	61.61%	2,730,031,255.00
37	主营业务成本	5,596,198,414.00	3,740,863,287.41	49.60%	1,855,335,126.59
38	其他业务利润	17,478,039.66	7,376,815.40	136.93%	10,101,224.26
39	营业费用	18,291,277.96	23,528,913.89	-22.26%	-5,237,635.93
40	管理费用	129,318,989.08	104,416,856.90	23.85%	24,902,132.18
41	财务费用	30,469,265.19	20,502,541.67	48.61%	9,966,723.52

图 8-19　创建损益变化分析表格

② 以单元格区域 A35:A41 和 D35:D41 为图表源数据区域，创建如图 8-20 所示的增长率折线图图表。

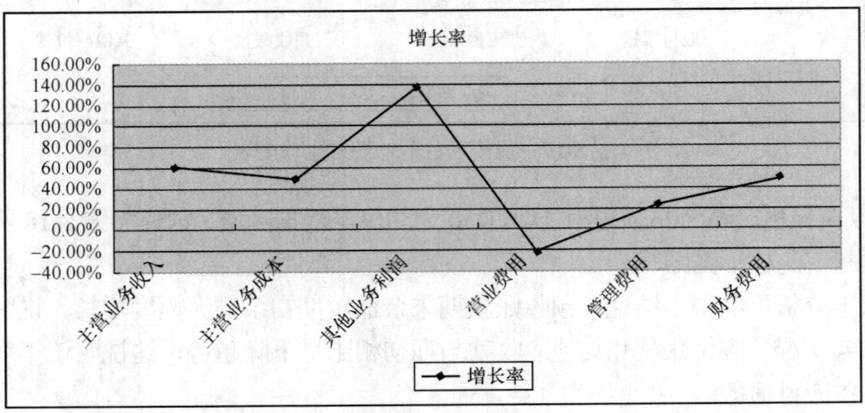

图 8-20　损益增长率图表

从损益表和增长率图表可以看出，期末主营业务收入比期初增长了 61.61%，相应主营业务成本比期初增长 49.6%，而其他业务利润的增长幅度为 136.93%，营业费用下降了 22.26%，说明企业采取了一定的措施，有效地控制了营业费用。

8.2　资产负债表综合分析

对于企业来说，资产负债表是一张基本报表，具有十分重要的作用。其具体作用体现在以下几个方面。

① 反映企业的资产总量及其构成状况。

② 反映企业的资本结构及其相互关系。

③ 反映企业的偿债能力。

④ 预测企业财务状况的发展趋势。

资产负债表综合分析的内容较多，本节侧重于进行资产结构分析和偿债能力分析。

8.2.1　资产结构分析

企业的资产结构包括负债与所有者权益之间的比例，负债中流动负债与长期负债之间的比例等。一般而言，负债与所有者权益比例的大小会影响到债权人与投资者所冒风险的大小，负债与资产比例的高低会影响到企业债权的权益保障程度，也反映了企业财务结构的特点。资本结构合理与否将直接关系到企业财务状况的好坏。

本小节将通过资产负债率、所有者权益比率和产权比率来分析资产负债表的结构。具体操作步骤如下。

① 新建一个新工作表，重命名为“资产负债表综合分析”，然后输入如图 8-21 所示的表格项目，并将 B2:B4 单元格格式修改为“百分比”。

② 计算资产负债率。资产负债率是负债总额与资产总额的百分比，表明在企业的总资产中共有多大比例是通过负债形成的，也可以衡量企业在清算时对债权人利益的保障程度。其计算公式如下：

资产负债率=负债总额/资产总额×100%

	A	B	C	D
1	1、资产结构分析			
2	资产负债率			
3	所有者权益比率			
4	产权比率			
5				

财务状况及变化分析 / 资产负债表综

图 8-21　创建表格基本项目

因此，在 B2 单元格中输入公式“=资产负债表!E27/资产负债表!B40”，按 Enter 键后得到的结果如图 8-22 所示。

	A	B
1	1、资产结构分析	
2	资产负债率	46.34%
3	所有者权益比率	
4	产权比率	

图 8-22　计算资产负债率

这里用于比较的负债总额，是指流动负债和长期负债的合计值，资产总额既包括流动资产也包括固定资产。通常认为资产负债率应为 50%，这种比例下的资金结构比较合理。

③ 计算所有者权益比率。如果是股份制公司，通常称为股东权益比率。所有者权益比率是指企业总资产中自有资金的比例。这个比例与资产负债表成反比，即所有者权益比率越高，资产负债率越低，反之亦然。计算公式如下：

所有者权益比率=所有者权益总额/资产总额×100%

因此，在 B3 单元格中输入公式“=资产负债表!E35/资产负债表!B40”。

所有者权益比率反映企业自有资金的比例，因此，一般认为当这个比率较高时，企业财务结构相对稳健，但过高时，反映企业经营过于保守；反之，这个比率较低时，企业财务结构不稳定，借款过多，经营风险加大。

④ 计算产权比率。产权比率是衡量企业长期偿债能力的指标，这个指标是负债总额与所有者权益总额的比率。计算公式如下：

产权比率=负债总额/所有者权益总额

因此，在 B4 单元格中输入公式“=资产负债表!E27/资产负债表!E35”。

产权比率反映由债权人提供的资金与所有者提供资金的相对关系，反映企业基本财务结构是否稳定。通常，所有者投入的资金大于借入资金，企业较安全。

以上 3 项比率指标计算结果如图 8-23 所示，从中看出产权比率为 86.36%，说明该企业债权人提供的资金高于企业的自由资金，但高出的比例不是太高，如果该比率超过百分之百时，说明企业举债的程度偏高，财务结构不稳定，存在较大风险。

	A	B
1	1、资产结构分析	
2	资产负债率	46.34%
3	所有者权益比率	53.66%
4	产权比率	86.36%

图 8-23 3 项指标计算结果

8.2.2 偿债能力分析

企业的偿债能力分析主要是短期偿债能力，主要指标包括流动比率、速动比率和利息保障倍数。

① 创建如图 8-24 所示的偿债能力分析表格。

	A	B	C	D
6	2、偿债能力分析			
7	流动比率			
8	速动比率			
9	利息保障倍数			
10				

图 8-24 偿债能力分析表格

② 计算流动比率。流动比率是流动资产处于流动负债的比值。其计算公式为：

流动比率=流动资产合计/流动负债合计×100%

即 B7=资产负债表!B18/资产负债表!E18。

企业能否偿还短期债务，要看持有债务的多少，以及可变现偿债的流动资产比例的高低。企业可变现的流动资产越多，短期债务越少，则偿债能力越强。

③ 计算速动比率。速动比率是从流动资产中扣除存货等部分，再除以流动负债的比值。其计算公式为：

速动比率=（流动资产-存货）/流动负债×100%

即 B8=(资产负债表!B18-资产负债表!B14)/资产负债表!E18

在流动资产中剔除存货后被称为速动资产。这些资产按照制度规定，是较易变现的，因此，剔除存货等变现能力较弱的流动资产所计算出的速动比率，更能准确地反映企业的短期偿债能力。

④ 计算利息保障倍数。利息保障倍数也称为已获利息倍数，是指企业税息前收益与利息支出的比率，用以衡量偿付借款的能力。其计算公式为：

利息保障倍数=（净利润+所得税+利息支出）/利息支出

由于利息支出并不能准确地体现在这三大会计报表中，所以这里我们假定利润表中的财务费用全部都是利息支出，即

B9=(利润表!B19+利润表!B18+利润表!B11)/利润表!B11

得到百分比结果后将单元格格式改为数值格式。

利息保障倍数指标反映企业经营收益是所需支付的债务利息的多少倍，只要利息保障倍数足够大，企业就有充足的能力偿付利息，否则相反。

以上 3 个偿债能力分析指标计算结果如图 8-25 所示。

2、偿债能力分析	
流动比率	127.91%
速动比率	68.80%
利息保障倍数	44.95

图 8-25　偿债能力分析结果

通常仅计算出这些指标是不够的，为了能够说明问题，还需要与上一年或上两年的指标进行比较。图 8-26 所示，其中 2010 年、2011 年的数据为假定值，2012 年的数据从上面的表格中获取。

	A	B	C	D
11	近三年偿债能力对比分析			
12	年度	流动比率	速动比率	资产负债率
13	2010年	1.11	1.00	0.52
14	2011年	1.01	0.80	0.50
15	2012年	1.28	0.69	0.46

图 8-26　创建近 3 年偿债能力对比分析表格

选定单元格区域 A12:D15 作为图表的源数据区域，绘制一个系列产生在“列”的折线图图表，并为图表添加标题及适当修改格式，图表效果如图 8-27 所示。

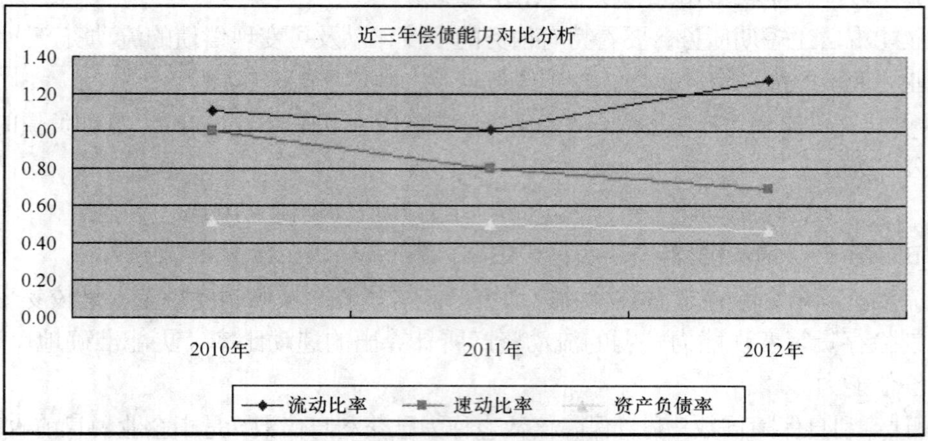

图 8-27 偿债能力比较图表

由图表可以看出，从 2010 年到 2012 年，速动比率呈明显下降趋势，资产负债率也呈现一定的降幅，但差距不大，而流动比率总体上呈现增长趋势，虽然 2011 年该项指标值最低。

8.3 利润表综合分析

利润表又称为损益表，它是反映企业在一定时期（月份或年度）经营成果（利润额或亏损额）的报表，是企业的定期报表之一。企业定期编制的利润表，对内向企业管理部门报告，同时也要向外部有关部门和人员报告。因此，编制利润表对企业及其相关部门和人员来说，具有重要作用，具体体现在以下几个方面。

① 利用利润表提供的财务信息，可以了解和分析企业的经营成果和获利能力。

② 利用利润表提供的财务信息，可以为经营管理者进行未来经营决策提供依据。

③ 利用利润表提供的财务信息，可以预测企业未来经营的盈利能力和发展趋势。

利润表的比率分析主要分析企业的盈利能力和成本费用消化能力，下面分为两小节进行介绍。

8.3.1 盈利能力分析

反映企业盈利能力的指标有很多，通常使用的主要有主营业务利润率、主营业务毛利率、总资产报酬率、净资产收益率、资本收益率等。

① 新建一个新工作表，重命名为“利润表综合分析”，然后输入如图 8-28 所示的表格项目，并将 B2～B8 单元格格式修改为“百分比”。

	A	B	C	D
1	**1、盈利能力分析**			
2	**指标**	**百分比**		
3	主营业务利润率			
4	主营业务成本利润率			
5	主营业务税金及附加利润率			
6	总资产报酬率			
7	净资产收益率			
8	资本收益率			
9				

资产负债表综合分析 / 利润表综合分析

图 8-28　输入表格项目

② 计算主营业务利润率。主营业务利润率是指企业主营业务利润与主营业务净收入的百分比。其计算公式为：

主营业务利润率=主营业务利润/主营业务净收入 × 100%

主营业务净收入是指扣除销售折扣等项目后的主营业务收入，在资产负债表中通常就是指主营业务收入，即

B3=利润表!B7/利润表!B4

主营业务利润率反映的是每百元主营业务收入带来的利润是多少，主营业务利润是计算主营业务利润总额的基础，反映企业基本获利能力，一个企业没有足够大的主营业务利润便不能持续盈利。

③ 计算主营业务成本率。主营业务成本率是分析主营业务成本对主营业务利润的影响。其计算公式为：

主营业务成本利润率=主营业务利润/主营业务成本 × 100%

即 B4=利润表!B7/利润表!B5。

④ 计算主营业务税金及附加利润率。主营业务税金及附加利润率分析的目的是分析主营业务税金与附加对主营业务的影响。其公式为：

主营业务税金及附加利润率=主营业务利润/主营业务税金及附加 × 100%

即 B5=利润表!B7/利润表!B6。

⑤ 计算总资产报酬率。总资产报酬率是企业利润与平均资产总额的百分比，其计算公式为：

总资产报酬率=（利润总额+利息支出）/平均资产总额 × 100%

假定该企业本年度所发生的财务费用全部为利息支出，则在单元格 B6 中输入公式为：

B6=(利润表!B17+利润表!B11)/((资产负债表!B40+资产负债表!C40)/2)

该公式从利润表中引用利润总额和利息支出的金额，从资产负债表中的期初和期末资产数计算得出平均资产总额。

⑥ 计算净资产收益率。净资产收益率是净利润与平均所有者权益（股东权益）的百分比，也叫股东权益报酬率。其计算公式为：

净资产报酬率=净利润/平均所有者权益（股东权益）× 100%

股东权益是指年初股东权益与年末股东权益的平均数，即

B7=利润表!B19/((资产负债表!E35+资产负债表!F35)/2)

⑦ 计算资本收益率。资本收益率是指净利润与实收资本的百分比，它反映企业投资者原始投资的收益率。其计算公式为：

资本收益率=净利润/实收资本×100%

对于股份制企业，实收资本即为股本。即

B8=利润表!B19/资产负债表!E29

由于资本收益率反映了投资者原始投资的收益率，因此，该项指标越高越好。投资人可以据以分析投资收益，决定资金投向。

以上盈利能力分析 6 项指标分析结果如图 8-29 所示。

1、盈利能力分析

指标	百分比
主营业务利润率	21.30%
主营业务成本利润率	27.25%
主营业务税金及附加利润率	3843.27%
总资产报酬率	20.56%
净资产收益率	27.86%
资本收益率	117.12%

图 8-29　盈利能力分析

8.3.2　成本、费用消化能力分析

成本、费用消化能力分析主要是分析企业主营业务收入的流向。企业主营业务收入主要有三大流向：成本、费用和税金。企业对三大开支的负担能力决定了企业的盈利能力。按照重要性原则，成本、费用消化能力分析主要有以下指标：主营业务成本率、管理费用率、财务费用率和成本、费用利润率。具体分析过程如下。

① 创建如图 8-30 所示的成本、费用消化能力分析表格。

	A	B	C
10	2、成本、费用消化能力分析		
11	指标	百分比	
12	主营业务成本率		
13	管理费用率		
14	财务费用率		
15	成本、费用利润率		
16			

资产负债表 / 利润表 / 现金流量表 / 财务状况及变化

图 8-30　成本、费用消化能力分析表格

② 计算主营业务成本率。主营业务成本率是指主营业务成本与主营业务收入的百分比，它反映每百元主营业务收入中收回垫支的成本是多少。其计算公式为：

主营业务成本率=主营业务成本/主营业务收入×100%

即 B12=利润表!B5/利润表!B4。

主营业务成本率的高低无固定标准衡量，通常在有同类同种产品时可以相互比较，也可以将不同时期同一产品的成本利润率进行比较。考核一个企业主营业务成本率的高低通常是与行业平均水平相比较。

③ 计算管理费用率。管理费用率是指管理费用与主营业务收入的百分比。管理费用是影响企业盈利能力的重要因素，反映了企业经营管理水平。如果管理费用过高，说明企业的利润被组织、管理性的费用消耗掉了，必须加强管理费用的控制才能提高盈利水平。其计算公式为：

管理费用率=管理费用/主营业务收入×100%

即 B13=利润表!B10/利润表!B4。

④ 计算财务费用率。财务费用率是指财务费用与主营业务收入的百分比。其计算公式为：

财务费用率=财务费用/主营业务收入×100%

即 B14=利润表!B11/利润表!B4。

⑤ 计算成本、费用利润率。成本、费用利润率是指利润总额与成本、费用的百分比。它反映企业每百元成本、费用支出能获得的利润。其计算公式为：

成本、费用利润率=利润总额/（主营业务成本+期间费用）×100%

其中，期间费用包括管理费用、财务费用和营业费用，即

B15=利润表!B17/(利润表!B9+利润表!B10+利润表!B11)

企业发生的成本、费用是一种垫支行为，其目的是通过这种垫支取得更大的收益，因此，成本、费用利润率越高越好。

以上成本、费用消化能力分析 6 项指标分析结果如图 8-31 所示。

2、成本、费用消化能力分析

指标	百分比
主营业务成本率	78.15%
管理费用率	1.81%
财务费用率	0.43%
成本、费用利润率	751.92%

图 8-31　成本、费用消化能力分析

8.4　现金流量表综合分析

现金流量表反映企业一定会计期间经营活动、投资活动和筹资活动产生的现金流入、流出量。现金流量表的作用主要表现在 3 个方面。

① 现金流量表有助于评价企业支付能力、偿债能力和周转能力。

② 现金流量表有助于预测企业未来现金流量。

③ 现金流量表有助于分析企业收益质量及影响现金净流量的因素。

对于现金流量表的分析，可以从现金流量结构分析和现金流量比率分析两个方面进行，下面将分别进行介绍。

8.4.1　现金流量结构分析

现金流量的结构分析就是在现金流量表的有关数据的基础上，进一步明确现金收入的

构成、现金支出的构成及现金余额是如何形成的。现金流量的结构分析可以分为现金收入结构分析、现金支出结构分析和现金余额结构分析 3 个方面。

1. 现金收入结构分析

现金收入构成分析反映企业经营活动现金收入、投资活动现金收入及筹资现金活动现金收入在全部现金中的比重，以及各项业务现金收入中具体项目的构成情况，明确企业的现金来自何方，要增加现金收入主要靠什么途径。

① 新建一个新工作表，重命名为“现金流量表综合分析”，然后输入如图 8-32 所示的表格项目，并将 B3～B16 单元格格式修改为“数值”，C3～C16 单元格格式修改为“百分比”。

	A	B	C
1	一、现金收入结构表		
2		金额	结构百分比
3	经营活动产生的现金收入		
4	其中：销售商品、提供劳务收到的现金		
5	收到的税费返还		
6	收到的其他与经营活动有关的现金		
7	投资活动产生的现金收入		
8	其中：收回投资所收到的现金		
9	取得投资收益所收到的现金		
10	处置固定资产、无形资产和其他长期资产而收回的现金净额		
11	收到的其他与投资活动有关的现金		
12	筹资活动产生的现金收入		
13	其中：吸收投资所收到的现金		
14	借款所收到的现金		
15	收到的其他与筹资活动有关的现金		
16	现金收入合计		
17			

利润表综合分析 / 现金流量表综合分析

图 8-32 创建现金收入分析表格项目

② 在单元格 B4 中输入公式“=现金流量表!B5”，用同样的方法，从现金流量表中提取出该表格中其他现金收入金额。

③ 分别计算经营活动、投资活动及筹资活动各自产生的现金收入结构，然后计算出现金收入合计，在单元格 B16 中输入公式“=B3+B7+B12”，求出现金收入合计总数，如图 8-33 所示。

一、现金收入结构表		
	金额	结构百分比
经营活动产生的现金收入	8,815,571,894.62	
其中：销售商品、提供劳务收到的现金	8,783,578,034.09	
收到的税费返还	0.00	
收到的其他与经营活动有关的现金	31,993,860.53	
投资活动产生的现金收入	7,086,446.00	
其中：收回投资所收到的现金	0.00	
取得投资收益所收到的现金	0.00	
处置固定资产、无形资产和其他长期资产而收回的现金净额	7,086,446.00	
收到的其他与投资活动有关的现金	0.00	
筹资活动产生的现金收入	2,337,019,775.70	
其中：吸收投资所收到的现金	783,006,475.70	
借款所收到的现金	1,554,013,300.00	
收到的其他与筹资活动有关的现金	0.00	
现金收入合计	11,159,678,116.32	

图 8-33 计算现金收入合计

④ 在单元格 C3 中输入公式“=B3/$B$16”，计算经营活动产生的现金收入占总现金收入的百分比，然后复制公式到单元格 C7、C12 和 C16 中。

⑤ 在单元格 C4 中输入公式“=B4/$B$3”，计算经营活动现金收入项目下的子项目所占的结构百分比，然后复制公式到单元格 C5、C6 中。

⑥ 同样的方法，计算投资活动和筹资活动中各自项目产生的现金收入结构百分比。计算结果如图 8-34 所示。

	A	B	C
1	一、现金收入结构表		
2		金额	结构百分比
3	经营活动产生的现金收入	8,815,571,894.62	78.99%
4	其中：销售商品、提供劳务收到的现金	8,783,578,034.09	99.64%
5	收到的税费返还	0.00	0.00%
6	收到的其他与经营活动有关的现金	31,993,860.53	0.36%
7	投资活动产生的现金收入	7,086,446.00	0.06%
8	其中：收回投资所收到的现金	0.00	0.00%
9	取得投资收益所收到的现金	0.00	0.00%
10	处置固定资产、无形资产和其他长期资产而收回的现金净额	7,086,446.00	100.00%
11	收到的其他与投资活动有关的现金	0.00	0.00%
12	筹资活动产生的现金收入	2,337,019,775.70	20.94%
13	其中：吸收投资所收到的现金	783,006,475.70	33.50%
14	借款所收到的现金	1,554,013,300.00	66.50%
15	收到的其他与筹资活动有关的现金	0.00	0.00%
16	现金收入合计	11,159,678,116.32	

图 8-34　计算各子项目结构百分比

⑦ 已不连续的单元格 A3、C3、A7、C7、A12、C12 为图表源数据区域，创建如图 8-35 所示的现金收入结构分析图表。

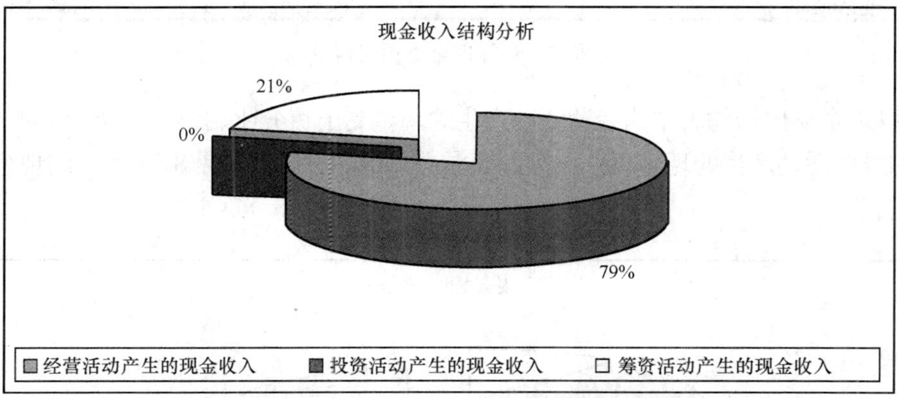

图 8-35　现金收入结构分析图表

2. 现金支出结构分析

现金支出结构分析是指企业的各项现金支出占企业当期全部现金支出的百分比，它具体反映企业的现金用在哪些方面。

① 创建如图 8-36 所示的现金支出结构表项目。

② 按照前面介绍过的方法，从现金流量表中引用数据完成该表格中的各项目，然后计算出百分比，如图 8-37 所示。

	A	B	C
20	二、现金支出结构表		
21	项目	金额	结构百分比
22	经营活动产生的现金支出		
23	其中：购买商品，接受劳务支付的现金		
24	支付给职工以及为职工支付的现金		
25	支付的各项税费		
26	支付的其他与经营活动有关的现金		
27	投资活动产生的现金支出		
28	其中：购建固定资产无形资产其他资产支付的现金		
29	筹资活动产生的现金支出		
30	其中：偿还债务所支付的现金		
31	分配股利利润或偿付利息支付的现金		
32	支付的其他与筹资活动有关的现金		
33	现金支出合计		
34			

利润表综合分析 / 现金流量表综合分析

图 8-36　现金支出结构表

二、现金支出结构表

项目	金额	结构百分比
经营活动产生的现金支出	7,454,542,761.91	68.44%
其中：购买商品，接受劳务支付的现金	6,332,388,713.02	84.95%
支付给职工以及为职工支付的现金	421,720,300.31	5.66%
支付的各项税费	650,717,745.04	8.73%
支付的其他与经营活动有关的现金	49,716,003.54	0.67%
投资活动产生的现金支出	2,142,556,679.58	19.67%
其中：购建固定资产无形资产其他资产支付的现金	2,142,556,679.58	100.00%
筹资活动产生的现金支出	1,294,985,875.58	11.89%
其中：偿还债务所支付的现金	1,007,160,000.00	77.77%
分配股利利润或偿付利息支付的现金	283,298,875.58	21.88%
支付的其他与筹资活动有关的现金	4,527,000.00	0.35%
现金支出合计	10,892,085,317.07	100.00%

图 8-37　计算现金支出表百分比

③ 以现金支出结构表中的经营活动产生的现金支出百分比、投资活动产生的现金支出百分比和筹资活动产生的现金百分比为图表源数据区域，创建如图 8-38 所示的现金支出结构比较图表。

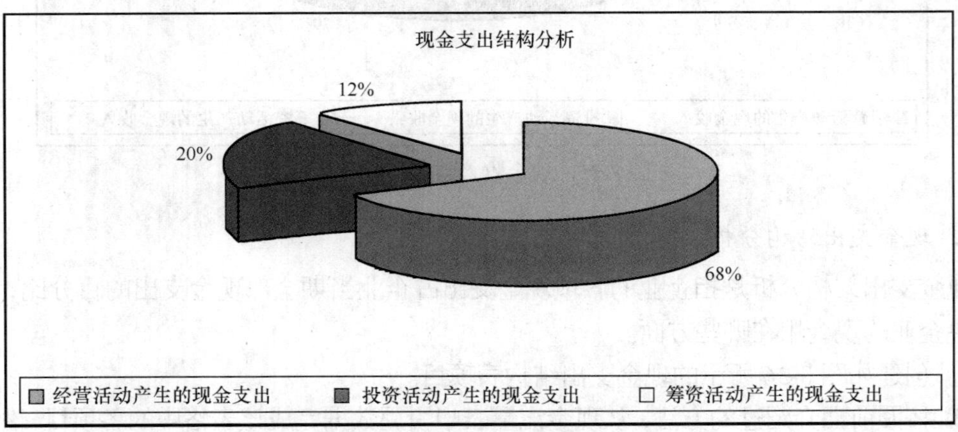

图 8-38　现金支出结构分析图表

3. 现金净额比较

现金净额比较主要反映企业的现金余额是怎样形成的。

① 创建如图 8-39 所示的现金净额结构表项目，然后从现金流量表中引用数据，完成该表格中的各项目及计算出百分比。

	A	B	C
37	三、现金净额结构表		
38	项目	金额	结构百分比
39	经营活动现金净额	1,361,029,132.71	508.62%
40	投资活动现金净额	-2,135,470,233.58	-798.03%
41	筹资活动现金净额	1,042,033,900.12	389.41%
42	现金净额合计	267,592,799.25	100.00%
43			

利润表综合分析　现金流量表综合分析

图 8-39　计算现金净额百分比

② 根据单元格区域 A39:B41 创建现金净额比较图表，如图 8-40 所示。

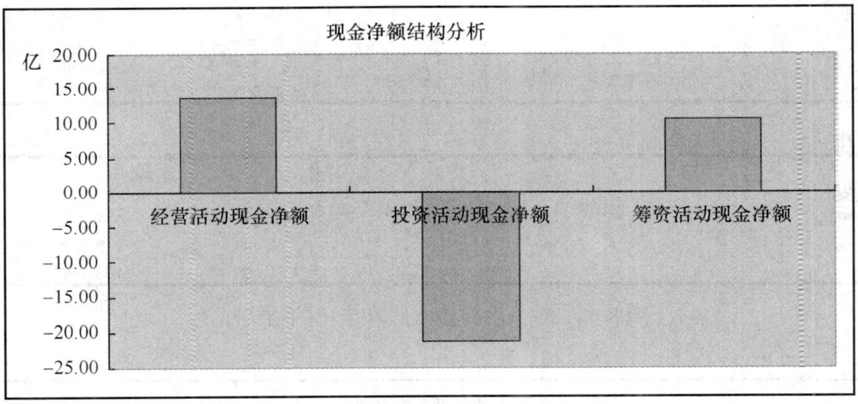

图 8-40　现金净额比较图表

4. 近 3 年收入、支出结构趋势分析

如果将不同时期的现金流量放在一起进行比较，就可以了解到企业现金流量结构的变化及未来发展趋势。

① 创建如图 8-41 所示的现金净额结构表项目。

② 从前面的表格中引用 2012 年度的现金收入和支出结构百分比，这里假定前两年的结构数据如图 8-42 所示。在实际工作中，2010 年和 2011 年的数据也可以通过引用的方法取得。

③ 以单元格区域 A57:D60 为图表源数据区域，创建如图 8-43 所示的现金收入趋势图；以单元格区域 A64:D67 为图表源数据区域，创建如图 8-44 所示的现金支出趋势图。

从图 8-43 可以看出在企业的现金收入中，经营活动现金收入不仅占的比重很大，而且该比例仍在上升；筹资活动的现金收入比重不断下降，这说明企业对筹资的依赖性逐步减少，而越来越依赖经营活动的现金收入。

	A	B	C	D
55	**四、现金收入、支出结构趋势分析**			
56	**1、现金收入**			
57	项目	2010年	2011年	2012年
58	经营活动现金收入			
59	投资活动现金收入			
60	筹资活动现金收入			
61	现金收入合计			
62				
63	**2、现金支出**			
64	项目	2010年	2011年	2012年
65	经营活动现金支出			
66	投资活动现金支出			
67	筹资活动现金支出			
68	现金支出合计			
69				

利润表综合分析 / 现金流量表综合分析

图 8-41 近 3 年现金收入和支出比较表格

四、现金收入、支出结构趋势分析

1、现金收入

项目	2010年	2011年	2012年
经营活动现金收入	53.21%	64.18%	78.99%
投资活动现金收入	5.56%	3.42%	0.06%
筹资活动现金收入	41.23%	32.40%	20.94%
现金收入合计	100.00%	100.00%	100.00%

2、现金支出

项目	2010年	2011年	2012年
经营活动现金支出	79.88%	72.35%	68.44%
投资活动现金支出	15.68%	17.85%	19.67%
筹资活动现金支出	4.44%	9.80%	11.89%
现金支出合计	100.00%	100.00%	100.00%

图 8-42 输入各年度收入和支出的结构比例

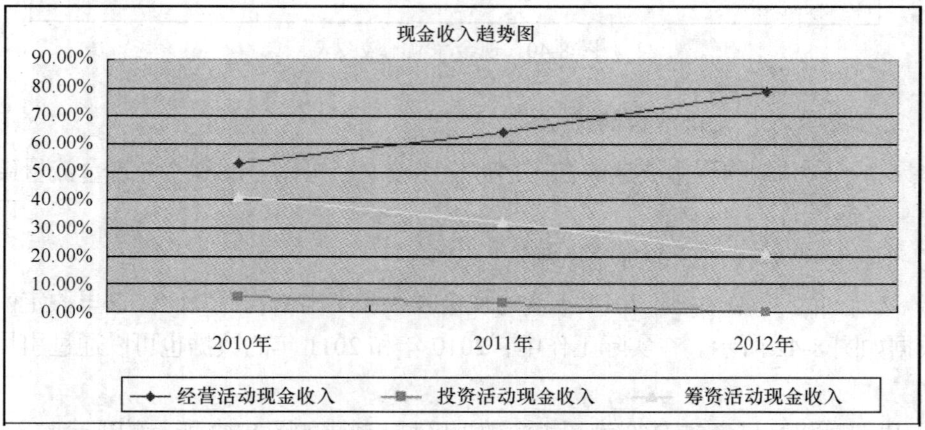

图 8-43 现金收入趋势图

同样的，从图 8-44 可以看出，在企业的全部现金支出中，经营活动的现金支出虽然比重很大，但已明显呈下降趋势，而投资活动和筹资活动的现金支出的比重呈上升趋势。投资活动比重上升说明企业在保证现有生产经营的基础上，用更多的现金进行扩大再生产和对外投资，以使企业得到进一步的发展；而筹资活动现金支出的比重上升则说明企业以前举借的债务到期，因而企业用来偿还债务的现金支出上升。

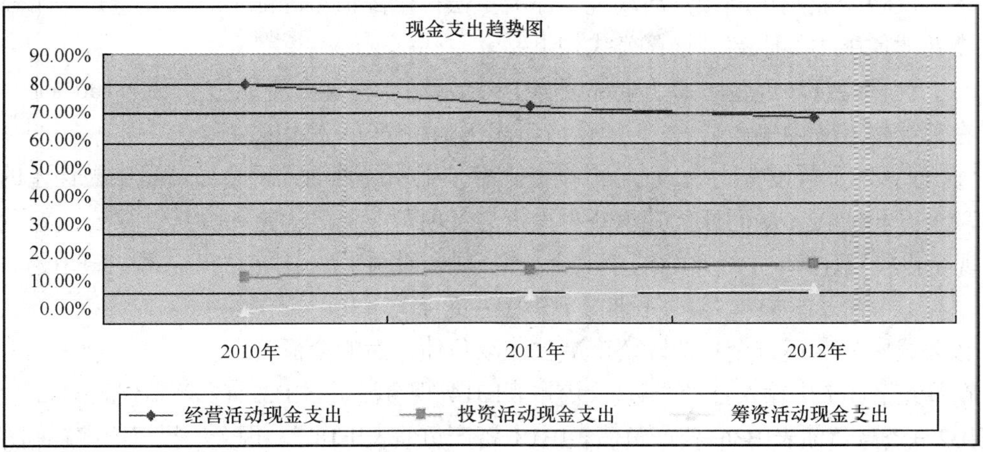

图 8-44　现金支出趋势图

8.4.2　现金流量表比率分析

现金流量表的比率分析，主要是指对现金比率、经营净现金比率（短期债务）、经营净现金比率（全部债务）、现金再投资比率、经营活动净现金流量对现金股利比率指标的分析。现分别介绍如下。

创建如图 8-45 所示的现金流量比率分析表项目。

	A	B
72	五、现金流量表比率分析	
73	指标	值
74	现金比率	
75	经营净现金比率（短期债务）	
76	经营净现金比率（全部债务）	
77	现金再投资比率	
78	经营活动净现金流量对现金股利比率	
79		

利润表综合分析 / 现金流量表综合分析

图 8-45　现金流量表比率分析表格

① 计算现金比率。现金比率是指企业的现金余额与企业的流动负债的比例，是衡量企业短期偿债能力的一个重要指标。用公式表示为：

现金比率=现金余额/流动负债×100%

其中，现金余额是指会计期末企业拥有的现金数额，它可以通过现金流量表中的“现金及现金等价物的期末余额”项目体现；流动负债则明确地反映在资产负债表中。因此，在单元格 B74 中输入公式“=现金流量表!B37/资产负债表!E18”。

② 计算经营净现金比率（短期债务）。该比率是指经营活动的净现金流量与流动负债的比率，反映企业获得现金偿还短期债务的能力。计算公式为：

经营净现金比率（短期债务）=经营活动净现金流量/流动负债×100%

在单元格 B75 中输入公式“=现金流量表!B14/资产负债表!E18”，该比率越大表明企业的短期偿债能力越强。

③ 计算经营净现金比率（全部债务）。该比率是指经营活动的净现金流量与全部债务的比率，反映企业用年度经营活动现金净流量偿付全部债务的能力，因此也是一个较综合反映企业偿债能力的比率。计算公式如下：

计算经营净现金比率（全部债务）=经营活动净现金流量/总负债×100%

在单元格 B76 中输入公式“=现金流量表!B14/资产负债表!E27”。

④ 计算现金再投资比率。现金再投资比率是指用经营活动现金净流量中被保留的部分同各项资产相比较，从而评价其重新再投资与各项营业资产的比率。其计算公式如下：

现金再投资比率=（经营活动净现金流量-现金股利）/（固定资产总额+长期投资+其他长期资产+营运资金）×100%

该公式中的营运资金指流动资产减去流动负债之后的余额。

在单元格 B77 中输入公式“=(现金流量表!B14-现金流量表!B32)/(资产负债表!B32+资产负债表!B22+资产负债表!B36+资产负债表!B18-资产负债表!E18)”。现金的投资比率越高，表明企业可用于再投资于各项资产的现金越多；反之，比率越低，表示可用于再投资的现金越少。

⑤ 计算经营活动净现金流量对现金股利比率。该比率反映企业用年度正常的经营活动所产生的现金流量来支付现金股利的能力，其计算公式如下：

经营活动净现金流量对现金股利比率=经营活动净现金流量/现金股利

在单元格 B78 中输入公式“=现金流量表!B14/现金流量表!B32”，该比率越高，表明企业支付现金股利的能力也就越高。

以上 5 项指标的计算结果如图 8-46 所示。

	A	B
72	五、现金流量表比率分析	
73	指标	值
74	现金比率	12.61%
75	经营净现金比率（短期债务）	64.13%
76	经营净现金比率（全部债务）	36.49%
77	现金再投资比率	18.19%
78	经营活动净现金流量对现金股利比率	4.80

图 8-46 现金流量表比率分析结果

除了上述指标外，股份制企业还可以计算每股现金流量指标。每股现金流量反映企业发行在外每股普通股的现金流量，其计算公式为：

每股现金流量=经营活动现金净流量/流通在外的普通股股数

每股现金流量越高，表明企业每股普通股所获得的现金流量越多，反之亦然。

课后实训

以第 7 章的资产负债表和利润表为基础，参照课本会计报表分析，进行青岛宏发公司 2012 年 5 月的会计报表分析。